16	3	2	13
5	10	11	8
9	6	7	12
4	15	14	1

Fabio Cesar Alves

ARMAS DE PAPEL

Graciliano Ramos, as *Memórias do cárcere*
e o Partido Comunista Brasileiro

Prefácio de Francisco Alambert

editora 34

EDITORA 34

Editora 34 Ltda.
Rua Hungria, 592 Jardim Europa CEP 01455-000
São Paulo - SP Brasil Tel/Fax (11) 3811-6777 www.editora34.com.br

Copyright © Editora 34 Ltda., 2016
Armas de papel © Fabio Cesar Alves, 2016

A FOTOCÓPIA DE QUALQUER FOLHA DESTE LIVRO É ILEGAL E CONFIGURA UMA
APROPRIAÇÃO INDEVIDA DOS DIREITOS INTELECTUAIS E PATRIMONIAIS DO AUTOR.

*As opiniões, hipóteses e conclusões ou recomendações
expressas neste livro são de responsabilidade do autor
e não necessariamente refletem a visão da FAPESP.*

Imagem da capa:
*A partir de ilustração de Santa Rosa para a capa do volume 2
das* Memórias do cárcere, *de Graciliano Ramos, 1ª edição,
Rio de Janeiro, Livraria José Olympio Editora, 1953*

Capa, projeto gráfico e editoração eletrônica:
Bracher & Malta Produção Gráfica

Revisão:
Livia Lima, Cide Piquet, Beatriz de Freitas Moreira

1ª Edição - 2016

CIP - Brasil. Catalogação-na-Fonte
(Sindicato Nacional dos Editores de Livros, RJ, Brasil)

Alves, Fabio Cesar, 1978
A668a   Armas de papel: Graciliano Ramos,
as *Memórias do cárcere* e o Partido Comunista
Brasileiro / Fabio Cesar Alves; prefácio de
Francisco Alambert — São Paulo: Editora 34,
2016 (1ª Edição).
336 p.

ISBN 978-85-7326-638-2

1. Ramos, Graciliano, 1892-1953.
2. *Memórias do cárcere* (1953). 3. Partido
Comunista Brasileiro (PCB). 4. Memorialismo.
5. Forma literária e processo social. I. Alambert,
Francisco. II. Título.

CDD - 801

ARMAS DE PAPEL
Graciliano Ramos, as *Memórias do cárcere* e o Partido Comunista Brasileiro

Prefácio, *Francisco Alambert*...	7
Apresentação..	17
1. Um homem de partido	19
O narrador e o seu leitor	19
A crítica: entre transparência e opacidade........................	50
As estações do cárcere	58
Da escravidão à sedição...	66
2. A sociabilidade cordial e os subterrâneos do espírito	85
Os "carrascos amáveis"...	86
O carrasco de si mesmo...	125
3. "Quem trabalha é que tem razão": figurações da malandragem	163
A polícia de Vargas e o "curral de arame"	164
O mundo dos sem-trabalho..	178
Os militantes e as "criaturas perdidas"............................	207
4. A força do concreto e a toada irrealista.......................	225
Um jogo perigoso	228
Apóstolos e apóstatas...	256
A guerra semântica	271
A batalha campal..	282
5. A dimensão privada da história pública	291
Apêndice: As personagens das *Memórias*	305
Anexo: Carta de Graciliano Ramos a Getúlio Vargas.......	311
Agradecimentos...	315
Referências bibliográficas..	317
Crédito das imagens..	331
Sobre o autor	333

Experiência, figuração e engajamento

Francisco Alambert

Para quem tem os olhos bem abertos, examinar a história da cultura e das artes no Brasil do século XX significa perceber, entre muitas outras coisas, os indícios e a presença (às vezes explícita, às vezes implícita) do pensamento marxista, do raciocínio dialético e da sensibilidade de esquerda que, difusa, estrutura estéticas, define posições. Na literatura e no mundo literário, sempre podemos buscar compreender essa presença a partir das obras de escritores como Graciliano Ramos, Jorge Amado, Oswald de Andrade, Drummond ou, mais recentemente, Paulo Lins — cujo romance *Cidade de Deus* ("descoberto" pelo crítico literário Roberto Schwarz, que leu uma primeira prova do livro e incentivou o autor a terminá-lo) parece haver se tornado, no início do século XXI, emblemático da retomada de uma autorreflexão impiedosa. No ângulo da crítica, a presença ainda decisiva de pensadores como Antonio Candido e o próprio Schwarz, para ficar apenas em dois exemplos célebres, pode corroborar a hipótese.

A meu ver, o livro de Fabio Cesar Alves está plenamente contido nesse universo, em forma e conteúdo. E é também, do ângulo da crítica literária, uma realização prodigiosa dessa tradição adentrando e se sofisticando no novo século. Pois o que o leitor tem em mãos é um estudo notável, excelente, escrito com elegância e objetividade exemplares, por um jovem crítico que desdobra, atualiza e inova diante de seus mestres.

Estou longe de ser um desses mestres, ou mesmo um especialista no tema. Mas sou um leitor curioso e desconfiado, e acredito que os leitores versados na imensa e profundíssima fortuna crítica de Graciliano Ramos ficarão tão surpresos quanto eu ao descobrir, graças à pesquisa cuidadosa e dedicada de Fabio, que uma compreensão de *Memórias do cárcere* e sua forma literária especialmente a partir da figura do narrador nunca havia sido levada a cabo. A crítica no Brasil (não apenas a de literatura) nos espanta por seus momentos agudos tanto quanto por sua recorrente indigência e desatenção.

Do ponto de vista do esclarecimento histórico-literário, este livro marca um ponto que fará dele referência fundamental para os estudos sobre Graciliano daqui em diante: a demonstração do caráter da "crispação" como forma narrativa e como figuração esclarecedora da condição do escritor-pensador no contexto da Era Vargas. A tese de Fabio desvenda o contexto histórico e ideológico no qual Graciliano vivia, definido como um "cárcere dentro do cárcere". E desse lugar, que é histórico mas é também o ponto central da matéria literária, o escritor criará a narrativa que sintetiza a tríade, materialista aliás, da experiência histórica, da sua figuração ideológica e de seu destino engajado. Toda a matéria, plano e fundo do extraordinário romance-depoimento-ensaio de Graciliano Ramos toma forma e se revela novamente para nós, seus leitores e agora leitores de seu crítico.

Armas de papel é um estudo exemplar também por seu método multidisciplinar. O livro do crítico é elaborado, da mesma forma que *Memórias do cárcere*, como uma narrativa de "gênero híbrido": situa-se entre o exame minucioso do crítico literário e a narrativa explicativa do historiador. Por isso este livro é fundamental tanto para críticos de literatura quanto para sociólogos e historiadores das ideias. Ou para qualquer um que queira entender melhor o grande romancista e seu país.

Aprendemos com este livro que um dos lances mais interessantes que decorrem do peculiar memorialismo crítico de Graciliano Ramos é a maneira com que o escritor elabora a ideia de "experiência". Como em sua linguagem "seca" e "dura", já tão celebrada e analisada pela fortuna crítica, predomina sempre em sua elaboração intelectual certo empirismo que, a princípio, reduziria o alcance da reflexão (o próprio Graciliano reforçava essa atitude, por exemplo, quando frequentemente rangia contra qualquer coisa que lhe parecesse "fumaceira teórica"). Mas a análise de Fabio Alves mostra que, ao contrário do que parece, esse empirismo é um peculiar materialismo histórico (ou, como diz o crítico em outra bela definição, é um particular "senso do concreto"). Por exemplo: todas as reflexões que Graciliano elabora sobre a situação agrária no Nordeste são basicamente empíricas. Mas as conclusões a que chega através dessa relação com a experiência direta não se esgotam no empirismo ou em suas consequências ortodoxas. A experiência elaborada pelo narrador crispado o faz ver que não se pode falar em "feudal" para descrever o patriarcalismo nordestino. Daí ele usa a imagem do "patriarcalismo bíblico", que, como Fabio nota, em um texto histórico seria uma imagem desistoricizante, mas na rememoração ganha sentido histórico preciso e mostra a anti-historicidade do conceito de feudalismo aplicado ao Brasil agrário (como era dogma entre os intelectuais do Partido Comunista à época). Na verdade, Graciliano Ramos chega à mesma conclusão do historiador Caio Prado Jr., mas por vias completamente diferentes.

Por essas e outras, o livro nos mostra um Graciliano próximo aos célebres "Intérpretes do Brasil", ao mesmo tempo que um participante ativo da crise que tocava os intelectuais da década de 1940. Uma condição histórica que pedia prudência, mas, como o próprio escritor diz, uma "prudência que de fato me humilhava". Esse o mote, doloroso e paradoxal, deste narrador-ensaísta-crítico social.

Isso leva a outra vereda que o livro nos abre. A questão da imobilidade prática do intelectual modernista de esquerda na década de 1940 e sua peculiar "torre de marfim", que é figurada na narrativa de *Memórias*, é também uma tirada genial do crítico. Normalmente, na historiografia literária, a questão é apresentada apenas em termos de ceticismo e desapego do mundo. Aqui acompanhamos, através de Graciliano, o caminho dessa "prudência humilhante" que foi também uma passagem para o difícil retorno ao engajamento depois das catástrofes do período.

É preciso notar que essa condição não é apenas brasileira ou local. É a condição de quase toda a esquerda na conjuntura do pós-

-guerra, à exceção da asiática e de alguns países latino-americanos. É também uma condição do capitalismo avançado, e é por ela que podemos entender certas posições dos pensadores da chamada Escola de Frankfurt (e a crítica que a geração dos anos 1960 fará delas). É sobretudo uma questão da Guerra Fria na vida intelectual da periferia, tema muito importante que o estudo de Fabio nos sugere e que poderá ter desdobramentos extraordinários, uma vez que a situação do intelectual engajado do início do século XXI é muito semelhante àquela da época de Graciliano.

Armas de papel também propõe uma maneira inovadora de entrar em outro debate, já clássico, sobre a história da esquerda no Brasil, com frequência discutido apenas em termos meramente dogmáticos: aquele que opôs comunistas e trotskistas. Ao contrário dessa posição de imobilismo ou de prudência humilhante que tocava os intelectuais do Partido Comunista mais esclarecidos (e a que Graciliano deu forma literária), havia os grupos minoritários dos trotskistas e dos socialistas democráticos. A figura mais exemplar de ambos os grupos foi possivelmente Mário Pedrosa, que como *persona* intelectual é o exato oposto de Graciliano. Não à toa, Pedrosa foi o nosso grande crítico das artes visuais, linguagem que deu lugar ao agrupamento mais livre e criativo do período, sem imobilismo ou prudência, mais ousado, desinibido e menos dogmático. No final do livro, esse potencial paralelo aparece. A necessidade de adotar práticas reformistas em contexto desenvolvimentista foi de fato uma questão central para todos, tanto quanto temas como recuo tático, experimentalismo, reconstrução, capitalismo de Estado, etc. No entanto, para o grupo de Pedrosa e para as correntes minoritárias de esquerda, a sentença da "imobilidade" não fazia sentido.

O depoimento do crítico de cinema Paulo Emílio Sales Gomes, citado no final do livro, diz algo sobre isso. Paulo Emílio acreditava que uma das razões da crise da esquerda era o incondicional "amor à Rússia", incluindo aí não apenas os stalinistas mas também os trotskistas. Esse não era o caso de Pedrosa nem dos intelectuais do grupo em torno do jornal *Vanguarda Socialista*, que logo fundariam o Partido Socialista Brasileiro (entre eles Antonio

Candido, Sérgio Buarque de Holanda, Sérgio Milliet, além do próprio Pedrosa). O que importa é que esse afastamento da URSS como modelo a ser seguido ou restaurado permitiu o surgimento entre nós de um pensamento bastante original em torno do marxismo. Graciliano não teve nada a ver com isso diretamente (ele vivia às voltas com seus muitos cárceres e experiências traumáticas). O que torna seu caso ainda mais interessante, uma vez que ele não saiu do Partido Comunista, mas criou uma forma de conciliar esse "cárcere" com um pensamento e uma escrita livre e experimental a seu modo. E por isso, ao contrário de Jorge Amado, sempre interessou a nossos pensadores mais criativos, como Fabio Cesar Alves.

ARMAS DE PAPEL

Graciliano Ramos, as *Memórias do cárcere*
e o Partido Comunista Brasileiro

"As minhas armas, fracas e de papel, só podiam ser manejadas no isolamento."

Graciliano Ramos, *Memórias do cárcere*

Apresentação

Não são poucos os desafios que as *Memórias do cárcere* (1953), de Graciliano Ramos (1892-1953), impõem aos seus intérpretes. A complexa sobreposição de depoimento, documento e literatura resulta em uma narrativa cuja compreensão mais efetiva requer o conhecimento da matéria histórica apresentada, ao mesmo tempo que demanda um olhar para a estruturação interna desse material. Talvez por isso, boa parte das análises sobre o livro tenha preferido deter-se nas questões relativas ao gênero híbrido ou à própria linguagem, quando não às particularidades do testemunho, demissionando a tarefa, sempre árdua, de examinar referências.

Sem minimizar a importância de se reconhecer a diferença dos textos memorialísticos em relação às narrativas ficcionais ou a discussão, nas *Memórias*, do ponto de vista do escritor sobre a sua própria produção, faz-se necessário ao trabalho interpretativo esclarecer referências fundamentais, com base em informações do texto e outras, complementares, presentes em documentos da época e nas crônicas do autor, uma vez que elas interessam na medida em que funcionam como agentes da estrutura composicional. Como consequência, trata-se de tentar entender de que maneira a obra formaliza, por meio do narrador e do ritmo narrativo, uma realidade que reclama decifração.

Por essa razão, e sem a pretensão de esgotar o problema, este livro busca analisar as questões temáticas e formais presentes nas *Memórias do cárcere*, tendo por eixo a configuração literária do narrador e a duplicidade de vozes e de temporalidades que se instauram em seu discurso. Esse eixo interpretativo possibilitou a discussão dos assuntos que aparecem no livro e, em regime recíproco, abriu caminho para uma tentativa de compreender o andamento da prosa como a sedimentação de uma realidade historicamente pautada: a experiência de parte da intelectualidade de esquerda entre os anos 1940 e 1950.

Em perspectiva mais ampla, o estudo procura mostrar como Graciliano, nas *Memórias*, dá curso ao processo de interpretação da realidade do país periférico, tarefa a que se dedicou em seus romances. Essa concepção supõe atentar para a maneira pela qual o narrador recria a sua experiência de prisão com vistas à discussão política, uma vez que o "eu literário" não corresponde exatamente ao autor empírico e, tampouco, o mundo narrado permanece infenso às marcas subjetivas de quem conta a história. Esse ângulo de análise possibilita compreender em que medida a militância partidária, à qual o escritor se dedicou nos últimos anos de vida, moldou o olhar do sujeito para o seu próprio passado, seja por meio da denúncia contundente de dilemas relativos à sociabilidade e ao Partido Comunista Brasileiro, seja pela autocrítica por ele interiorizada e que define o seu modo de ser.

Se, diante da leitura do livro, algumas das questões apresentadas parecem datadas ou por demais circunscritas ao universo dos anos 1930, seria o caso de se perguntar por que outras delas ressurgem como matéria de memória para o sujeito que reconstrói a sua experiência uma década depois. Talvez seja preciso indagar, especialmente, por que os impasses desdobrados e fixados pelo narrador das *Memórias* ainda nos soam familiares, ao reverberarem, na experiência de leitura, aspectos de uma formação social fraturada que continua a se atualizar na lógica dos dias.

1.

Um homem de partido

> "O presente dirige o passado assim como o maestro dirige os seus músicos."
>
> Beatriz Sarlo

O NARRADOR E O SEU LEITOR

"Resolvo-me a contar, depois de muita hesitação, casos passados há dez anos — e, antes de começar, digo os motivos por que silenciei e por que me decido."[1]

A sentença de abertura das *Memórias do cárcere* tende a gerar certa expectativa nos leitores: o narrador, que confessa ter permanecido em dúvida durante uma década, decide-se enfim pelo livro que ora se apresenta. Mas não se trata apenas de revelar tal decisão: antes de relatar os acontecimentos vividos, ele pretende expor as razões de seu mutismo durante esse tempo e também a conversão dessas razões em motivos que o levaram, decididamente, a falar.

É possível que o impacto do início do livro decorra da firme resolução do narrador, mas também da presença simultânea de motivos que poderiam tê-lo demovido da certeza apresentada: o que será narrado é tão complexo que o seu silêncio poderia perdurar. A decisão de narrar, tomada depois de muita hesitação, re-

---

[1] Graciliano Ramos, *Memórias do cárcere*, São Paulo/Rio de Janeiro, Record, 2008, p. 11. As citações seguintes terão como referência esta edição, abreviada sob a forma de *MC* e acrescida da respectiva parte do livro da qual se extraiu o excerto: V ("Viagens"), PP ("Pavilhão dos Primários"), CC ("Colônia Correcional") e CR ("Casa de Correção").

vela a determinação do sujeito, detentor de uma força que, suprimindo cada um dos obstáculos à consecução da narrativa, pôde por fim realizá-la, o que sugere ousadia no enfrentamento dos entraves por ele aludidos.

Ao mesmo tempo, porém, a revelação da dúvida do narrador expõe o reverso da sua força, pois não esconde a possibilidade pusilânime de silêncio, mutismo enfim vencido, mas que o calou durante toda uma década. Dessa forma, acompanha a força do sujeito a exposição crua de sua falibilidade, revelando que não estava infenso de todo à alternativa menos arriscada com a qual ele termina por romper. Assim, antes de se arvorar no heroísmo de contar algo que até então teria permanecido na sombra, o narrador confessa, sem meneios, que não se encontra completamente dissociado dos problemas que conseguiu, enfim, figurar.

A afirmação da necessidade de relatar a própria experiência, a resolução de contar, a força capaz de converter em trunfo os empecilhos que dificultavam a narração não excluem, no pórtico das *Memórias*, a autocrítica do sujeito e a consciência de sua falibilidade, em uma exposição que relativiza qualquer tipo de presunção: é como se a obstinação do narrador fosse necessariamente proporcional às muitas hesitações (no caso, como veremos, dificuldades objetivas) que dele se apossaram. De todo modo, a sentença que começa com uma revelação de força ("resolvo-me") reitera ao final a mesma ideia ("me decido"), o que mostra a subsunção dos entraves à necessidade maior do relato. Entre uma e outra forma verbal, a confissão das fraquezas alimenta uma vigorosa subjetividade convicta em dar representação literária a um episódio traumático de sua vida pública e íntima.

Esses breves traços de fisionomia de um narrador decidido a mostrar e a mostrar-se importam para a compreensão das quatro partes das *Memórias* e, nas outras passagens deste primeiro capítulo, serão definidos em caráter mais preciso. Por ora, cabe resgatar, no plano empírico, as circunstâncias que deram origem aos "casos passados há dez anos", referidos na abertura. Como se sabe, a prisão de Graciliano Ramos aconteceu em março de 1936, sem formulação de processo ou acusação formal, quando ele ain-

Luís Carlos Prestes e Graciliano Ramos em 1949.

da residia em Maceió; de Alagoas, ele foi enviado ao Recife e ao Rio de Janeiro (para a Casa de Detenção, no centro da cidade, e para a Colônia Correcional de Dois Rios, na Ilha Grande).[2] Por fim, o escritor foi libertado onze meses depois, efeito da pressão exercida por um grupo de intelectuais, como o romancista José Lins do Rego e o editor José Olympio, junto ao governo de Getúlio Vargas.

O plano histórico imediato é o desmantelamento dos setores de esquerda e de suas áreas de influência promovido pela repressão policial que se abateu sobre o país após os levantes de 1935, mas que a rigor acontecia desde, pelo menos, a decretação da Lei de Segurança Nacional, de abril do mesmo ano (o projeto de lei havia sido enviado à Câmara dos Deputados ainda em janeiro).

Já a escritura da obra tem início em janeiro de 1946 (embora logo ao sair da prisão o escritor tenha feito alguns apontamentos),[3] e o processo lento é interrompido diversas vezes, pelas tarefas de militância a que o autor se dedica no período, pelo desenvolvimento de trabalhos literários para compor a renda familiar e também em função dos dois cargos que Graciliano passa a exercer: inspetor de ensino do Distrito Federal e, a partir de 1947, revisor do jornal *Correio da Manhã*.[4]

---

[2] Não por acaso, cada uma das partes do livro corresponde aos espaços percorridos pelo escritor: o quartel em Maceió, no Recife e a viagem no porão do navio *Manaus* ("Viagens"); o Pavilhão dos Primários (segunda parte); a Colônia Correcional, na Ilha Grande (terceira parte), e a Casa de Detenção, no Rio de Janeiro (quarta parte, "Casa de Correção").

[3] Ainda em 1937 (data deduzida a partir das referências do manuscrito), o escritor esboça, em onze páginas, uma primeira tentativa de redação das *Memórias* fora da prisão: "O ano passado, numa situação bastante difícil, escrevi a lápis algumas notas que escondi no sapato, mas joguei-as na água e não me aventurei a fazer outras" (Arquivo IEB-USP, Fundo Graciliano Ramos, Série Manuscritos, Subsérie Memórias do Cárcere, Not. 6.1.).

[4] A redação do livro obedece à seguinte cronologia: primeira parte, de 25 de janeiro de 1946 a 28 de maio de 1947; segunda, de 29 de maio de 1947 a 12 de setembro de 1948; terceira, de 15 de setembro de 1948 a 6 de abril de 1950; quarta, de 6 de abril de 1950 a 1º de setembro de 1951 (Dênis de

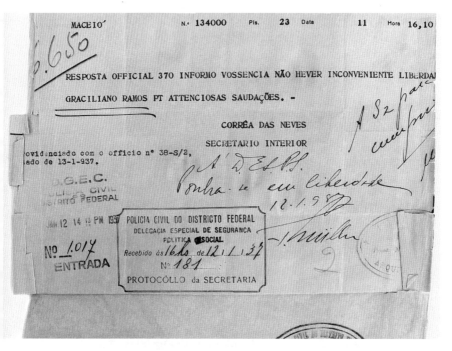

Registro do serviço de rádio da Polícia Civil do Distrito Federal, de 12 de janeiro de 1937, com a assinatura de Filinto Müller, autorizando a libertação de Graciliano Ramos.

As primeiras tentativas de escrita sobre a cadeia remetem ainda à época da prisão e são relatadas nas *Memórias*: ao ser transferido para o Rio de Janeiro a bordo do navio *Manaus*, o prisioneiro começa a redigir alguns apontamentos. Os registros continuam no Pavilhão dos Primários, mas o detento, temeroso das consequências que lhe poderiam advir, livra-se das notas quando é transferido para a Ilha Grande. Uma nova tentativa é feita na Colônia Correcional, porém o prisioneiro abandona as anotações no forro da cama no momento em que é transferido para a Casa de Correção.

Dois entraves para a reconstituição dos acontecimentos ajudam a explicar as hesitações do narrador na abertura do livro. Primeiro, a decalagem temporal, que separa o prisioneiro do escritor situado dez anos depois; segundo, a ausência dos manuscritos, que a princípio dificultaria a lembrança dos fatos. Esses impasses são registrados no primeiro capítulo das *Memórias*, nos parágrafos que seguem a declaração resolutiva de contar:

> "Não resguardei os apontamentos obtidos em largos dias e meses de observação: num momento de aperto fui obrigado a atirá-los na água. Certamente me irão fazer falta, mas terá sido uma perda irreparável? Quase me inclino a supor que foi bom privar-me desse material. Se ele existisse, ver-me-ia propenso a consultá-lo a cada instante, mortificar-me-ia por dizer com rigor a hora exata de uma partida, quantas demoradas tristezas se aqueciam ao sol pálido, em manhã de bruma, a cor das folhas que tombavam das árvores, num pátio branco, a forma dos montes verdes, tintos de luz, frases autênticas, gestos, gritos, gemidos. Mas que significa isso? Essas coisas verdadeiras podem não ser verossímeis."[5]

Moraes, *O velho Graça: uma biografia intelectual de Graciliano Ramos*, Rio de Janeiro, José Olympio, 1996, p. 255).

[5] *MC*, V, p. 14.

No processo de rememoração, porém, a perda das notas, antes entendida como empecilho, transforma-se em trunfo: sem elas, o narrador se livra da necessidade de ser fiel aos acontecimentos, fidelidade da qual, aliás, ele parece desconfiar: a transcrição supostamente objetiva do passado pode ser menos crível do que a sua reelaboração, declaração que põe em xeque a imparcialidade das narrativas historiográficas e a objetividade do documento realista.[6] Por conseguinte, para o narrador das *Memórias*, o passado, manipulado pela imaginação, somente lhe interessa na medida em que responde à "necessidade urgente de recompô-lo", ou seja, conforme atenda aos dilemas enfrentados e repostos para o sujeito situado no presente da escritura:

> "E se [as lembranças] esmoreceram, deixá-las no esquecimento: valiam pouco, pelo menos imagino que valiam pouco. Outras, porém, conservaram-se, cresceram, associaram-se, e é inevitável mencioná-las. Afirmarei que sejam absolutamente exatas? Leviandade."[7]

O narrador expõe o interesse no que permanece vivo, nas lembranças condicionadas e, principalmente, modificadas pelo presente, avivadas pela situação do memorialista que, agora, pertence aos quadros partidários. Embora date de um longínquo 1914 o primeiro contato declarado de Graciliano, ainda em Palmeira dos Índios, com *O Capital*,[8] somente em 18 de agosto de 1945 o escritor ingressou formalmente no Partido Comunista do Brasil

---

[6] O discurso historiográfico vale-se, segundo Benedito Nunes, de um "passado reconstruído" que é também figuração ("Narrativa histórica e narrativa ficcional", em Dirce Côrtes Riedel, *Narrativa, ficção e história*, Rio de Janeiro, Imago, 1988, p. 33).

[7] *Ibidem*.

[8] Em carta ao amigo Joaquim Mota Lima Filho, a 8 de fevereiro de 1914, o escritor revela ter iniciado a leitura de *O Capital*, *A origem das espécies*, *A campanha da Rússia* "e outras cacetadas" (Graciliano Ramos, em *Cartas*, Rio de Janeiro, Record, 1980, p. 23). Mais tarde, a 1º de janeiro de

(PCB — Seção Brasileira da Internacional Comunista), a convite de Luís Carlos Prestes. No mesmo ano se candidatou a deputado federal por Alagoas, atuando no comitê antifascista da Tijuca (onde morava) e depois na célula Theodore Dreiser (no centro do Rio de Janeiro), destinada aos intelectuais e dissolvida em 1947 pelo dirigente Diógenes Arruda.[9] Na vida pública, Graciliano sempre fez questão de reiterar os seus compromissos partidários, como atesta uma de suas últimas entrevistas, concedida ao periódico comunista *Imprensa Popular* quinze dias antes de morrer. Já bastante adoecido, o autor refuta falsas opiniões reacionárias que lhe haviam sido atribuídas por um repórter português quando da viagem à União Soviética em 1952 (na delegação que representou o Partido e que resultou no livro *Viagem*) e reafirma as suas convicções:

"— Eu sou comunista e me orgulho disso — disse Graciliano Ramos.

1926, afirma ao mesmo amigo: "Mais interessante é te haveres tornado comunista, um comunista com Deus e almas do outro mundo. Ora aí está como a gente é. Antigamente, quando eu abria o livro de Karl Marx, tu tapava os ouvidos e ia refugiar-se nos *Fatos do espírito humano*. Venham-me agora falar em convicções" (*idem*, p. 76).

[9] A matéria "Graciliano Ramos, escritor do povo e militante do Partido Comunista", de Rui Facó e Ruy Santos, anuncia a intenção do autor de escrever sobre a prisão, que, segundo os repórteres, "abriu mais os olhos de Graciliano Ramos, trouxe-o mais para perto da vida, fazendo-o enxergar a vida por ângulos até então imperceptíveis. Era o caminho aberto para sua última resolução, resolução mais importante de toda a sua vida: o ingresso no Partido Comunista. [...] Iniciou-se para Graciliano Ramos uma nova fase na sua vida: ao lado da literatura, ele se decidira também ao Partido Comunista do Brasil, em trabalhos de ordem prática que faz questão de realizar como tarefas". *Tribuna Popular*, Rio de Janeiro, 26/8/1945. Arquivo Instituto de Estudos Brasileiros (IEB-USP), Fundo Graciliano Ramos, Série Manuscritos, Subsérie Crônicas, Ensaios e Fragmentos. Incluído em *Conversas* (org. Thiago Mio Salla e Ieda Lebensztayn), Rio de Janeiro/São Paulo, Record, 2014, p. 157.

— Portanto não podia nunca dizer tais coisas [a calúnia a ele atribuída]. Agora, mais que nunca, sou um homem de Partido. Minhas ideias e minha filiação política não constituem segredo para ninguém."[10]

É considerando esse aspecto biográfico, o do posicionamento explícito, que o outro empecilho aludido pelo narrador das *Memórias* também se converte em trunfo: somente permaneceu como memória o que foi ativado pelo tempo da enunciação, indicando que, no texto, fundem-se as vozes do prisioneiro de 1936 e do escritor militante de 1946, em uma combinação que raramente pode ser desfeita ao longo dos quatro volumes e que aparece estilisticamente configurada por meio do discurso indireto livre.[11]

A implicação do olhar para o passado, perspectivado pelo presente ("as lembranças conjugam-se, completam-se, e me dão hoje impressão de realidade"), é a de que os dilemas enfrentados na cadeia podem ser também compreendidos à luz dos anos 1940. Nesse momento, embora nem o sujeito, nem a realidade do país sejam as mesmas, a revivescência "fermentada" de determinadas lembranças pode apontar para impasses históricos irresolvidos e para a permanência de conflitos da subjetividade e da militância de esquerda.

---

[10] "Sou um homem de partido — afirma Graciliano Ramos", *Imprensa Popular*, Rio de Janeiro, 5/3/1953. Arquivo Público do Estado do Rio de Janeiro (APERJ), Fundo Polícias Políticas, Pasta 11.473.

[11] Para Mikhail Bakhtin, a peculiaridade do discurso indireto livre consiste no "fato de o herói e o autor exprimirem-se conjuntamente, de, nos limites de uma mesma e única construção, ouvirem-se ressoar as entoações de duas vozes diferentes". E completa: "No fenômeno linguístico objetivo do discurso indireto livre, temos uma combinação, não de empatia e distanciamento dentro dos limites da alma individual, mas das entoações da personagem (empatia) e das entoações do autor (distanciamento) dentro dos limites de uma mesma e única construção linguística" (em *Marxismo e filosofia da linguagem*, São Paulo, Hucitec, 2006, pp. 184 e 198).

Esses elementos mostram que a confissão, longe de ser o retrato "autêntico" da alma do escritor, encerra boa dose de elaboração, já que o narrador seleciona e reordena a matéria tratada conforme a sua perspectiva diante de seu tempo, o que implica a figuração da subjetividade que narra as *Memórias*, como se o narrador se olhasse a partir de fora. Não parece casual que Graciliano tenha revelado plena consciência do processo de elaboração literária do livro em discurso proferido na Theodore Dreiser:

"Se nos abalançamos a reproduzir um carnaval, não exteriormente, mas o interior dele, a bagunça que turba os espíritos, com certeza manejamos serpentinas e lança-perfumes, gritamos, bebemos chopes, declamamos tolices, perdemos a cabeça; quando escrevemos, porém, não conservamos a máscara no rosto, não nos atordoa o cheiro do éter, estamos livres da influência dos cordões. Ninguém pensará que formamos uma passagem de romance trepados num automóvel, sob nuvens de confete, ouvindo berros e toques de clarim. E estamos longe da prisão, da oficina, da caserna ao *selecionar e dispor* o material que esses pontos nos sugeriram. Dormimos na esteira do cárcere, familiarizamo-nos com as máquinas, volvemos à direita ou à esquerda, em obediência à voz do instrutor, nos exercícios militares, fomos partículas da multidão; achamo-nos, entretanto, fora dela no ato da criação artística: nessa hora estamos sós, de pijama e chinelos, em silêncio: temos horror às campainhas, ao telefone, ao próximo. Houve uma desintegração. E até se nos ocupamos de nós mesmos, se fazemos autobiografia, desdobramo-nos, somos, por assim dizer, *o nosso próprio objeto*."[12]

---

[12] Discurso, 16/7/1947. Arquivo IEB-USP, Fundo Graciliano Ramos, Série Manuscritos, Subsérie Discursos, Not. 12-20, grifos meus (incluído em

Na fala do escritor, fica nítida a concepção do texto como mimese poética, ainda quando autobiográfico. E, conforme assinala Antonio Candido, para Graciliano só parece possível escrever sobre o vivido, pois a experiência é condição de sua escrita.[13] O mergulho na experiência não anula, porém, o distanciamento: a obra literária pressupõe uma seleção e uma disposição do material da realidade e da vivência, e a elaboração posterior inclui, nas memórias, o sujeito que as viveu, transformado, no ato da criação, em objeto de si próprio. Não é difícil perceber a recusa em fazer das *Memórias* uma reportagem sobre a opressão varguista, e sim um relato pessoal e sujeito à elaboração ficcional, filtrado pelo momento histórico, do militante que rememora.

Essa concepção dialoga com o que a seção literária da *Tribuna Popular* considerava a grande contribuição do romance brasileiro de 1930, a despeito de sua qualidade irregular: a ênfase na reportagem ("é um romance desordenado, de altos e baixos, pouco realizado, mas tocado de uma humanidade mal saída da barbárie, da miséria, das condições de semifeudalismo em que vive"). Segundo o jornal, o apego à realidade concreta serviria para o advento de um romance, nos anos 1940, "mais maduro", mais "bem escrito", com foco nos "temas que agitam as grandes massas do país".[14] Embora o seu ponto de partida seja a realidade vivida, a circunscrição de Graciliano à experiência pessoal e a recusa ao gênero romanesco assumidas pelo escritor a partir desse mesmo ano de 1945 apontam, então, para certo desvio quanto às expectativas alimentadas pela crítica partidária.[15]

Garranchos, "Discurso à célula Theodoro Dreiser I", Rio de Janeiro, Record, 2012, pp. 178-9).

[13] Antonio Candido, *Ficção e confissão: ensaios sobre Graciliano Ramos*, Rio de Janeiro, Ouro sobre Azul, 2006, p. 82.

[14] "A literatura e a vida", *Tribuna Popular*, Rio de Janeiro, 16/9/1945. Centro de Documentação e Memória da UNESP, CEDEM/ASMOB.

[15] Recusando a ficção, as *Memórias*, no entanto, reiteram as convicções de Graciliano expressas na crônica "Norte e sul", de 1937, na qual atacava o "espiritismo literário" dos romances que se descolavam da realidade ou re-

Nesse sentido, é possível, por meio das indicações do próprio narrador, entender as *Memórias* como uma resposta do militante à política do Estado desenvolvimentista de Vargas e às diretrizes encampadas pelo seu Partido em meados da década de 1940, cujos desdobramentos e consequências se estendem para além do período mencionado. Como reforço dessa hipótese, é preciso atentar para o fato de que, no esboço não publicado da obra, Graciliano afirma:

> "O material que desejava aproveitar existia ainda, existia sempre na minha memória, era um tesouro que eu queria guardar com avareza, mas um tesouro de podridões [...] Apesar de viver aqui fora, sinto às vezes que tudo em redor se aperta e estreita, as nuvens que me toldavam o espírito *reapareceram, engrossaram*, tenho uma escuridão dentro do cérebro."[16]

Dessa maneira, alguns dos temas que aparecem no livro, como a relação do prisioneiro com os trotskistas, a visão sobre o governo de Vargas e o papel dos intelectuais, devem ser entendidos também à luz dos anos de Guerra Fria, do governo Dutra e de uma militância às voltas com as rígidas diretrizes stalinistas encarnadas pelos dirigentes locais. Como frequentemente as duas vozes (a do passado e a do presente), no texto, não se distinguem — como bem notou Boris Schnaiderman —,[17] a tendência dos leitores (e de parte da crítica) tem sido a de considerar uma identidade entre ambas, como se o prisioneiro tivesse permanecido o mesmo com o passar dos anos. Porém a advertência, no primeiro capítulo, é feita pelo próprio narrador: sobre as suas memórias atuam as forças

---

moíam "torturas interiores, sem causa" (em *Linhas tortas*, Rio de Janeiro/São Paulo, Record, 2005, pp. 191-3).

[16] Arquivo IEB-USP, Fundo Graciliano Ramos, Série Manuscritos, Subsérie Memórias do Cárcere, Not. 6.1, grifos meus.

[17] "Duas vozes diferentes em *Memórias do cárcere*?", *Revista de Estudos Avançados*, vol. 9, nº 23, 1995, pp. 332-7.

do presente,[18] e a "exumação" dos casos passados é tarefa urgente que se impõe, a fim de evitar "desgraças futuras":

> "Estarei próximo dos homens gordos do primado espiritual? Poderei refestelar-me? Não, felizmente. Se me achasse assim, iria roncar, pensar na eternidade. Quem dormiu no chão deve lembrar-se disso, impor-se disciplina, sentar em cadeiras duras, escrever em tábuas estreitas. Escreverá talvez asperezas, mas é delas que a vida é feita: inútil negá-las, contorná-las, envolvê-las em gaze. Contudo é indispensável um mínimo de tranquilidade, é necessário afastar as miseriazinhas que nos envenenam. [...] Que desgraças inomináveis e vergonhosas nos chegarão amanhã? Terei desviado esses espectros?"[19]

A necessidade de tornar públicos temas candentes é uma forma de debate e também tem alcance social, no sentido de que ao escritor não refestelado (nos quadros partidários, governamentais e nos da própria consciência) cabe contribuir a fim de evitar a repetição da História. Considerando os meados da década de 1940, momento em que o texto é escrito, não é possível pensar na acomodação condenada pelo narrador sem levar em conta a complexa relação entre intelectuais e Estado, cristalizada no processo de cooptação dos homens de letras pelo governo Vargas, incluindo-se boa parte dos escritores de esquerda, como o próprio Graciliano:[20] "Sei é que, se obtenho sossego bastante para trabalhar um

---

[18] A admissão desse processo pelo narrador das *Memórias* certamente é muito mais significativa para a compreensão do livro do que as teorias sobre os textos de memória, apesar de também encontrarmos nelas elementos que mostram a força do presente no ato literário de lembrar (cf., p. ex., Pascal Ifri, "Focalisation et récits autobiographiques. L'exemple de Gide", em *Poétique*, Paris, vol. 72, 1987, pp. 483-95).

[19] *MC*, V, pp. 12-3.

[20] Segundo Sergio Miceli, o regime de Vargas define e constitui o domínio da cultura como um "negócio oficial", porque o ingresso no serviço pú-

mês, provavelmente conseguirei meio de trabalhar outro mês. Estamos livres das colaborações de jornais e das encomendas odiosas? Bem".[21]

Parece clara a alusão às dificuldades materiais e ao entrelaçamento de interesses entre o Estado e amplos setores da intelectualidade nos anos 1930 e 1940, como também o teor da autocrítica: Graciliano produziu obras de encomenda para o Ministério da Educação (como *A terra dos meninos pelados*) e colaborou regularmente na revista *Cultura Política*, veículo do Departamento de Imprensa e Propaganda, nas funções de articulista e revisor, além do já mencionado cargo de inspetor de ensino. A ironia do narrador expõe a situação de dependência para com os trabalhos episódicos e as encomendas do Estado, diante dos quais parece não haver muita alternativa de recusa, dada a possibilidade efetiva de boa remuneração e alguma regularidade.[22]

---

blico permitiu aos herdeiros dos ramos empobrecidos da oligarquia resgatarem o declínio social a que se viram condenados, assumindo diferentes tarefas no trabalho de dominação. Diferenciando os "funcionários-escritores" (que se sujeitaram às diretrizes políticas do regime, como Hermes Lima) dos "escritores-funcionários" (que ocuparam cargos de confiança no segundo escalão do estamento, como Graciliano Ramos e Carlos Drummond de Andrade), Miceli salienta que esses últimos "buscam minimizar o quanto suas obras devem aos laços clientelísticos de que são beneficiários. Afinal, eles são os grandes interessados em corroborar a imagem de que suas obras pouco devem às servidões do mundo temporal" (em *Intelectuais e classe dirigente no Brasil (1920-1945)*, São Paulo, Difel, 1979, pp. 22, 151-2). Como veremos, Graciliano nas *Memórias* constrói um narrador que não procura diluir as marcas de classe, e tampouco minimiza ou oculta a relação que manteve com o "mundo temporal", que inclusive aparece problematizada na abertura do livro.

[21] MC, V, p. 35.

[22] Sobre a colaboração na *Cultura Política*, revista da elite intelectual que tolerava a ambiguidade e mesmo a oposição, além de pagar melhor e "em dia" os seus colaboradores, ver Valentim Facioli, "Um homem bruto da terra — biografia intelectual", em José Carlos Garbuglio *et al.*, *Graciliano Ramos: antologia e estudos*, São Paulo, Ática, 1987, p. 68.

Como parâmetro da relação paternalista estabelecida entre o Estado Novo e os setores da intelectualidade por ele arregimentada (o que pressupõe um sistema de mútuas concessões), cabe lembrar que em 1938, um ano após ter deixado a prisão, Graciliano escreveu ao presidente Vargas uma carta paradigmática, provavelmente nunca enviada, na qual relata a sua mudança forçada para o Rio de Janeiro e reivindica ao ditador determinadas providências:

> "Como disse a V. Ex.a, a comissão repressora dum dos extremismos, do primeiro, achou inconveniente que eu permanecesse em Alagoas, trouxe-me para o Rio e concedeu-me hospedagem durante onze meses. Sem motivo, suprimiu-se a hospedagem, o que me causou transtorno considerável. Agora é necessário que eu trabalhe, não apenas em livros, mas em coisas menos aéreas. Ou que o Estado me remeta ao ponto donde me afastou, porque enfim não tive a intenção de mudar-me nem de ser literato. [...]
> Apresento-lhe os meus respeitos, senhor Presidente, e confesso-me admirador de V. Ex.a."[23]

A carta, plena de ironia a respeito da "hospedagem", ironia que pode ser estendida inclusive à suposta "admiração" pelo Presidente, possui também certo tom ameaçador: é responsabilidade do mesmo Estado que alterou drasticamente a vida prática do escritor garantir-lhe algum modo de sobrevivência, oferecendo a contrapartida pela prisão sem processo.

Confirmada no plano biográfico, a dependência e a ambiguidade no trato com o Estado, que o militante conhece bem, ao contrário de calá-lo definitivamente, alimentou o teor de denúncia de suas memórias. Nesse sentido, a narrativa, já no primeiro capítulo, começa a configurar um narrador cuja força se revela por meio

---

[23] Cf. Anexo.

da aspiração ao depoimento integral — ainda que tal projeto exponha as próprias contradições desse sujeito e os seus embates com os imperativos partidários e a política de Estado.

Na abertura das *Memórias*, a combinação de crítica política e de autocrítica se torna muito visível ao longo de todo o processo de exumação do passado, como quando o narrador dispõe dos fatos históricos de modo a ressaltar a inépcia da censura durante a vigência do Estado Novo:

> "Restar-me-ia alegar que o DIP, a polícia, enfim, os hábitos de um decênio de arrocho me impediram o trabalho. Isto, porém, seria injustiça. Nunca tivemos censura prévia em obra de arte. Efetivamente se queimaram alguns livros, mas foram raríssimos esses autos de fé. Em geral a reação se limitou a suprimir ataques diretos, palavras de ordem, tiradas demagógicas, e disto escasso prejuízo veio à produção literária. Certos escritores se desculpam de não haverem forjado coisas excelentes por falta de liberdade — talvez ingênuo recurso de justificar inépcia ou preguiça. Liberdade completa ninguém desfruta: começamos oprimidos pela sintaxe e acabamos às voltas com a Delegacia de Ordem Política e Social, mas, nos estreitos limites a que nos coagem a gramática e a lei, ainda nos podemos mexer. Não será impossível acharmos nas livrarias libelos terríveis contra a república novíssima, às vezes com louvores dos sustentáculos dela, indulgentes ou cegos. Não caluniemos o nosso pequenino fascismo tupinambá: se o fizermos, perderemos qualquer vestígio de autoridade e, quando formos verazes, ninguém nos dará crédito."[24]

O foco, aqui, é seletivo: a negação de censura prévia durante o Estado Novo restringe-se ao âmbito literário, uma vez que ela

---

[24] *MC*, V, pp. 11-2.

existiu para as artes públicas: as peças teatrais e a imprensa eram fiscalizadas pela polícia desde 1934; o decreto-lei 1.949, de 30 de dezembro de 1939, sujeitava também à verificação a transmissão radiofônica, cartazes, filmes e fotografias.[25] O narrador, embora confirme a apreensão e o impedimento de circulação de produções literárias, minimiza os casos em que isso ocorreu (e que fez vítimas ilustres, como os escritores Jorge Amado e José Lins do Rego).[26] Tal posicionamento gerou observações por parte de notórios militantes contemporâneos de Graciliano, como Jacob Gorender,[27] para quem haveria, no texto, uma apreciação falsa da realidade: o autor das *Memórias* teria negado a censura prévia durante o Estado Novo. O que se pode inferir, no entanto, é que, além de rechaçar apenas a existência de censura prévia *na literatura*, o narrador realça o fato de que os escritores, durante o período, não deveriam ter deixado de produzir, a despeito das condições adversas.

Paradoxalmente, a opção por revelar os limites da coerção estado-novista transforma o que seria uma acusação ao governo em um libelo político contra os autores que silenciaram ou produziram irrelevâncias, sob pretexto de um impedimento cuja eficácia

---

[25] Cf. Nelson Jahr Garcia, "O controle ideológico", em *Estado Novo: ideologia e propaganda política*, São Paulo, Edições Loyola, 1982, pp. 111-2. Para um estudo sobre as apreensões de livros e o funcionamento de editoras clandestinas durante a Era Vargas, ver Maria Luiza Tucci Carneiro, *Livros proibidos, ideias malditas*, São Paulo, Ateliê, 2002.

[26] A edição do *Jornal do Brasil* do dia 9 de dezembro de 1937 noticiava, sob o título "Livros inconvenientes", as "numerosas apreensões efetuadas pela delegacia especial de segurança política" nas livrarias do Rio de Janeiro. O *Jornal do Estado da Bahia* de 17 de dezembro do mesmo ano registrava a apreensão e incineração de numerosos "livros simpatizantes do credo comunista", muitos dos quais escritos por Jorge Amado. Dois anos depois a censura é institucionalizada, com a criação do Departamento de Imprensa e Propaganda (DIP), dirigido por Lourival Fontes, e de suas seções estaduais (DEIPs), com as mesmas funções e obrigações (Edgar Carone, *O Estado Novo: 1937-1945*, São Paulo, Difel, 1977, p. 171).

[27] Cf. Jacob Gorender, "Graciliano Ramos: lembranças tangenciais", *Revista de Estudos Avançados*, vol. 9, nº 23, 1995, pp. 323-31.

é questionada,[28] atacando de forma veemente os escritores que se *acovardaram* diante da repressão.[29]

Analogamente, é possível entender a recusa do narrador à calúnia contra o governo: o militante perderia sua autoridade moral se falsamente alegasse a censura prévia às obras literárias.

Além dos prejuízos morais trazidos pelas calúnias, há que considerar ainda o cenário político do momento de enunciação, pouco favorável a críticas mais radicais, inclusive no que diz respeito às diretrizes partidárias. É possível que a declaração sobre a vacuidade do ataque ao governo não esteja apenas relacionada com os efeitos da repressão, mas também aponte para a situação histórica de adesão popular a Vargas e, de maneira excêntrica, para a própria política do Partido em 1945, já que ao longo desse ano havia franco apoio de amplos setores do PCB à elaboração de uma nova Constituição com Getúlio. A aproximação com o ex-ditador promovida pelo Partido visava a redemocratizar o país em

---

[28] No esboço das *Memórias*, Graciliano enfatizava ainda mais a inépcia dos censores: "Consta-me que muitos cidadãos ficaram privados de liberdade por causa de bilhetes sem assinatura e notas riscadas a lápis nas margens dos jornais, o que dá a convicção de que as autoridades não dispõem de vagar para leituras compridas" (Arquivo IEB-USP, Fundo Graciliano Ramos, Série Manuscritos, Subsérie Memórias do Cárcere, Not. 6.1).

[29] É possível referenciar ao menos duas publicações que, ainda na vigência do Estado Novo, fizeram do ataque ao regime o seu mote: o libelo de Cupertino de Gusmão, *Do bojo do Estado Novo: memórias de um socialista na República de trinta e sete* (Rio de Janeiro, 1945) — franco ataque à política trabalhista e ao imposto sindical compulsório; e *O cavaleiro da esperança: vida de Luís Carlos Prestes*, de Jorge Amado, que, publicado na Argentina em 1942, teve circulação clandestina no Brasil até 1945, e descreve as perseguições e prisões durante o regime ditatorial de Vargas, incluindo a de Graciliano Ramos. Várias outras obras, porém, foram favoráveis a Vargas e à ditadura: dentre as muitas, temos o perfil escrito por Azevedo Amaral, *Getúlio Vargas, estadista* (Rio de Janeiro, Irmãos Pongetti, 1941); a encomenda feita pelo Departamento de Imprensa e Propaganda a Paul Frischauer, *Presidente Vargas* (São Paulo, Companhia Editora Nacional, 1943); a biografia de Barros Vidal, *Um destino a serviço do Brasil* (São Paulo, Gráfica Olímpica, 1945), e também a de André Carrazoni, *Getúlio Vargas: destino e missão de chefe* (Rio de Janeiro, José Olympio, 1939).

nome da "união nacional" contra os elementos reacionários (que aspiravam à convocação da Constituinte sem o Presidente, o qual deveria renunciar ao cargo).

Getúlio Vargas, por seu turno, em busca de sustentação política no intuito de permanecer no poder, aproximou-se das massas populares e dos comunistas. Por isso, o golpe de Exército que o tirou do poder em outubro do mesmo ano se justificou no sentido de garantir a estabilidade das velhas oligarquias (e do capital estrangeiro insatisfeito com a política nacionalizante do governo), personificadas tanto na candidatura udenista do brigadeiro Eduardo Gomes quanto na pessedista do general Dutra, eleito em dezembro.

Graciliano, pouco antes do golpe e diante das três possibilidades que então se apresentavam, profere um discurso na célula partidária em prol de uma Assembleia Constituinte, no qual menciona a experiência na prisão, em alusão a episódios que aparecem nas *Memórias*:

> "Descontenta-nos a ideia de, encobertos nos remendos da carta meio fascista ainda existente, remendos cada vez mais encolhidos e esgarçados, eleger um ditador, confiantes nesta promessa generosa: receberemos aquilo que de fato nos pertence. Realmente, se nos falta uma Constituição, se a que nos rege é apenas um simulacro de Constituição, só poderemos eleger um tirano, e nenhuma vantagem haverá nisso, embora ele seja a melhor das pessoas, absolutamente digno. [...] Desejamos trabalhar em sossego, livre das ameaças estúpidas que há dez anos tornaram isto uma senzala. O nosso pequenino fascismo tupinambá encheu os cárceres e o campo de concentração da Ilha Grande, meteu neles sujeitos inofensivos, até devotos do Padre Cícero, gente de penitência e rosários, pobres seres tímidos que nos perguntavam com surpresa verdadeira: Por que é que estamos presos? Usaremos todas as nossas forças para que essas infâmias não se repitam. [...] Há muitos autores delas —

e os piores são os que hoje simulam essa pureza tardia e querem democratizar o país de cima para baixo. É o que sempre fizeram. Na democracia deles o povo não entra. Fugimos dessa mistificação. E reclamamos com insistência, gritamos cem vezes, mil vezes, exibindo esta necessidade: uma Assembleia Constituinte livremente eleita."[30]

Ficam claros a reivindicação por uma Constituição democrática em repúdio à Carta parafascista de 1937, o reclamo por eleições livres e também a crítica aos políticos conservadores. Mas há ainda a recusa às concessões vindas "do alto", na tentativa de evitar a repetição de uma história da qual Vargas foi um dos protagonistas, como atesta a autorreferida experiência de prisão do escritor.[31] Nesse momento, porém, a posição oficial do PC era enfaticamente conciliatória (a aproximação tática com Vargas e com o "queremismo" gerou dissensões notórias, como a de Caio Prado Jr., vice-presidente da Aliança Nacional Libertadora, a ANL, em São Paulo), a ponto de, na prática, a estratégia de "união nacional" veiculada pelo Partido propor aos trabalhadores, explicitamente, a suspensão da luta de classes em nome da relação "harmônica" entre patrões e empregados.[32] Nesse sentido, por recusar e denunciar a tutela perene dos governantes sobre as classes domi-

---

[30] Discurso, 6/10/1945. Arquivo IEB-USP, Fundo Graciliano Ramos, Série Manuscritos, Subsérie Discursos, Not. 12-6. Publicado em José Carlos Garbuglio *et al.*, *op. cit.*, pp. 110-2.

[31] Moisés Vinhas afirma que tanto os liberais quanto Vargas propunham projetos democratizantes "pelo alto", que pretendiam manter a tutela sobre as classes dominadas, com a diferença de que o projeto de Vargas, rompido com as classes dominantes, procurava aliança com as classes subalternas, resultando daí a polêmica opção estratégica do Partido, a de aliança com Vargas contra a UDN e os liberais, que enveredavam pela via do golpe militar (em *O Partidão: a luta por um partido de massas: 1922-1974*, São Paulo, Hucitec, 1982).

[32] A estratégia de união nacional propunha a resolução dos conflitos de classe entre patrões e operários de "maneira harmônica, franca e leal", tudo

nadas, o discurso de Graciliano, se não se opõe frontalmente ao ex-ditador (já que estar com Getúlio naquele momento é, em última análise, impedir o golpe da reação), também não explicita um apoio enfático ao "tutor" escolhido pelo Partido para reconduzir o país ao processo democrático. Ainda sim, a ética do militante também lhe parece ditar regras: o PCB acabara de caminhar ao lado de Vargas, privilegiando a via legalista como forma de ação política. Essas questões, no entanto, logo são subsumidas, no texto, por um dado estrategicamente apresentado como arremate da argumentação, quando o narrador aponta a principal causa da demora em escrever as *Memórias* — a falta de vontade de escrever gerada pela repressão: "De fato ele [o pequenino fascismo tupinambá] não nos impediu de escrever. Apenas nos suprimiu o desejo de entregar-nos a esse exercício".[33]

Tão importante quanto as implicações ideológicas sugeridas pelos comentários sobre o Estado Novo é a constatação de que o desânimo gerado pela ditadura é significativo porque repercute na esfera da intimidade.[34] Assim, o que parece uma acusação dirigida apenas aos outros é também uma feroz autocrítica confirmada ao final do parágrafo, quando o narrador mostra a verdade

---

em benefício "da grande massa consumidora e do progresso nacional" (*idem*, p. 104).

[33] *MC*, V, p. 12.

[34] A falta de ânimo com a conjuntura dos anos 1940 e com a vida pós-libertação foi abordada pelo escritor em sua produção e também na vida cotidiana. Sobre a amizade que travou com Graciliano, e os encontros com ele na Livraria José Olympio, discorre Nelson Werneck Sodré: "Quase todas as vezes eu tinha oportunidade de perguntar o que ele estava fazendo, em literatura, instando para que retomasse uma atividade em que, eu sabia, o seu trabalho era sempre lento. Respondia que, no momento, descansava, lia, tratava de coisas práticas, pois a família era numerosa e dependia dele, precisava garantir o orçamento doméstico. Além disso — confessava — faltava-lhe vontade. Tudo conspirava para desestimular o desejo de escrever: o regime, a opressão, a insegurança, a censura, a necessidade de garantir a subsistência dos seus, as atribulações de família, tudo, tudo" (em *Memórias de um escritor*, Rio de Janeiro, Civilização Brasileira, 1970, p. 166).

subjetiva como historicamente produzida. A solução de submeter temas polêmicos à esfera íntima é representativa, no livro, da força centrípeta do narrador: "Outros devem possuir lembranças diversas. Não as contesto, mas espero que não recusem as minhas: conjugam-se, completam-se e me dão hoje impressão de realidade".[35]

Delineia-se, portanto, a ciosa autoridade de quem, com o mesmo gesto com que expõe a parcialidade da narrativa, faz os elementos do texto convergirem para a sua necessidade, por meio de um ponto de vista interessado. A aparente imposição desse olhar pode ser compreendida como a saída possível para contar o que ele viveu e que precisa ser discutido sem incorrer no discurso panfletário ou no embate aberto com segmentos da militância, forjando uma narrativa capaz de discutir as diretrizes majoritárias do Partido e a política de Estado que vigoravam durante o período de escritura da obra.

A memória pessoal, que é a matéria-prima deste intelectual, remete a uma experiência também coletiva. Por isso trata-se, inclusivamente, de um depoimento sobre a brutalidade da repressão e do trauma que se abateu sobre a esquerda e setores próximos a ela no Brasil dos anos 1930, o que explica a presença das personagens históricas: Ivan Ribeiro, Eneida de Moraes, Hercolino Cascardo, Roberto Sisson, Olga Benario Prestes, Rodolfo Ghioldi — todas, em maior ou menor grau, envolvidas nas manifestações dos trabalhadores nos anos 1930, na difusão das estratégias do Partido ou, mais diretamente, na articulação dos levantes nos três Estados onde eles aconteceram.[36] Portanto, o texto também tem a força do depoimento, ao tratar de figuras notórias da militância de esquerda do período. Tal fato explica por que, para o narrador, a presença dessas "criaturas vivas" tenha sido significativa-

---

[35] *MC*, V, p. 15.

[36] Para uma apresentação mais pormenorizada de cada uma dessas personagens, ver Apêndice.

mente entendida, durante algum tempo, como um obstáculo para a narração:[37]

> "O receio de cometer indiscrição exibindo em público pessoas que tiveram comigo convivência forçada já não me apoquenta. Muitos desses antigos companheiros distanciaram-se, apagaram-se. Outros permaneceram junto a mim, ou vão reaparecendo ao cabo de longa ausência, alteram-se, completam-se, avivam recordações meio confusas — e não vejo inconveniência em mostrá-los."[38]

O narrador consegue superar o impasse de lidar com os companheiros somente quando admite, também para eles, a sujeição às suas percepções e necessidades mais prementes: até que ponto as figuras representadas não destoariam do retrato heroico esperado pelo PCB? Assim, a admissão estratégica da pessoalidade do relato acaba por dispensá-lo da representação exata dos companheiros, do pudor de apresentá-los em situações constrangedoras e de revelar a política praticada por essas personagens, no momento em que ele próprio é militante. Inclusive porque garante a ele a possibilidade de mostrá-las de forma consequente para a discussão política que propõe.

Na representação das personagens, não é difícil notar, mais uma vez, a imposição de um olhar subjetivo, bastante perceptível

---

[37] Em carta ao filho Júnio Ramos, Graciliano revela a hesitação em relação à escritura das *Memórias*: "Findos alguns compromissos neste resto de ano, iniciarei um trabalho a respeito das prisões de 1936. É difícil e arriscado: tenciono apresentar aquela gente em cuecas, sem muitos disfarces, com os nomes verdadeiros. Necessito autorização das personagens: não tenho o direito de utilizar gente viva num livro de memórias *que encerrará talvez inconveniências*. Preciso falar sério com os meus companheiros de cadeia" (Carta a Junio Ramos, Rio de Janeiro, 12/10/1945. Arquivo IEB-USP, Fundo Graciliano Ramos, Série Correspondências, Subsérie Correspondência Ativa, grifos meus).

[38] *MC*, V, p. 13.

na seleção dos traços descritivos dos companheiros: o "cafuzo sifilítico" Paulo Pinto; a "cicatriz medonha" de Gastão Pratti; a insipidez de Mário Paiva; a "garganta macha" de Eneida, em uma caracterização que, por vezes, beira a agressividade. O processo de estilização demove as reservas anunciadas na abertura do livro: o narrador não apenas lança luzes sobre os seus contemporâneos, mas também sobrepõe o olhar seletivo do militante aos companheiros de Partido (do qual o elogio à "voz macha" da jornalista e escritora Eneida de Moraes, afastada do PC por não concordar com o apoio a Vargas, é um exemplo eloquente), em um tratamento que de certo modo aproxima os prisioneiros das personagens ficcionais.[39] Tal estilização acaba por desnudá-lo ainda mais diante do leitor, e ele parece consciente de que mostrar as personagens também significa se revelar, ou até mesmo se acusar:

"Há entre eles [os companheiros de prisão] homens de várias classes, das profissões mais diversas, muito altas e muito baixas, apertados nelas como em estojos. Procurei observá-los onde se acham, nessas bainhas em que a sociedade os prendeu. A limitação impediu embaraços e atritos, levou-me a compreendê-los, senti-los, estimá-los, não arriscar julgamentos precipitados. E quando isto não foi possível, às vezes me acusei."[40]

No excerto, o olhar para os outros e para os diferentes grupos concentrados na prisão também converge, ao fim, para ele próprio, impossibilitado de sair de si mesmo e de sua classe. A dico-

---

[39] Segundo Antonio Candido, a ênfase dos escritores nos recursos de caracterização das personagens ficcionais garante a eles uma lógica e uma precisão mais difíceis de serem captadas na existência ("A personagem do romance", em Antonio Candido *et al.*, *A personagem de ficção*, São Paulo, Perspectiva, 2002, pp. 53-80). Embora trate de personagens históricas, a narrativa das *Memórias* também conta com esses recursos, o que indica a recorrência do escritor a técnicas da ficção na elaboração da obra.

[40] *MC*, V, p. 13.

tomia entre liberdade e autoridade, assimilada pelo narrador, fica mais nítida quando ele discute o seu método de composição: não se considerando um "erudito afeito à análise do pormenor", tampouco se julga repórter, achando-se por isso "em situação vantajosa":

> "Não me agarram métodos, nada me força a exames vagarosos. Por outro lado, não me obrigo a reduzir um panorama, sujeitá-lo a dimensões regulares, atender ao paginador e ao horário do passageiro do bonde. Posso andar para a direita e para a esquerda como um vagabundo, deter-me em longas paradas, saltar passagens desprovidas de interesse, passear, correr, voltar a lugares conhecidos. Omitirei acontecimentos essenciais ou mencioná-los-ei de relance, como se os enxergasse pelos vidros pequenos de um binóculo; ampliarei insignificâncias, repeti-las-ei até cansar, se isto me parecer conveniente."[41]

A declaração cria e desfaz a relação de alteridade com o leitor: se o narrador expõe os seus princípios, também não esconde a necessidade mais urgente de responder a dilemas específicos no tratamento da matéria, que podem escapar à compreensão imediata, mas que precisam ser abordados. Caso o narrador das *Memórias* não possuísse uma convicção partidária e adotasse o ponto de vista das classes dominantes, agregar-se-ia ao relato uma dose de cinismo e estaríamos nos domínios dos narradores machadianos.[42] Neste caso, porém, o que se configura é a necessidade

---

[41] *Idem*, p. 14.

[42] A diferença em relação a Machado de Assis é evidente, e talvez fique ainda mais clara nas declarações do Graciliano cronista, que fez sérias ressalvas ao Bruxo do Cosme Velho — "um cético" que se tornou "um símbolo" para as novas gerações, mas que na sua visão não passava de um "pessimista acomodado": "Nunca atacou, nunca defendeu, afastou-se cauteloso de todos os partidos. Avançava, recuava, permanecia num meio-termo convenien-

do prisioneiro de expurgar as experiências atrozes que viveu, as quais, por sua vez, são reativadas pelo momento político em que ele atua como militante, o que distancia este comportamento do mero capricho.

O corolário da conduta de olhar para o outro e ter de se encerrar estrategicamente em uma verdade que a princípio parece apenas subjetiva surge enfaticamente quando o narrador lança para os leitores um argumento que revela de maneira mais nítida a posição de quem, voltando-se para a própria interioridade como instância de recuo analítico, considera-se capaz de se manifestar sobre quaisquer questões:

> "Ser-me-ia desagradável ofender alguém com esta exumação. Não ofenderei, suponho. E, refletindo, digo a mim mesmo que, se isto acontecer, não experimentarei o desagrado. Estou a descer para a cova, este novelo de casos em muitos pontos vai emaranhar-se, escrevo com lentidão — e provavelmente isto será publicação póstuma, como convém a um livro de memórias."[43]

O fato de o narrador se encontrar "à beira da cova", anunciado abruptamente, relativiza o que ele próprio havia dito: não seria bom ofender algum companheiro; mas, se isso ocorrer, não haverá problema, porque o sujeito empírico não mais poderá ser confrontado. Por outra, ele está prestes a morrer e vai contar o que precisa ser contado, mesmo que isso cause um "fuzuê dos diabos",

---

te, a observar de preferência o mundo interior, onde existem, hoje como no tempo dele, poucos perigos. Nada afirmou e nada negou" (Arquivo IEB-USP, Fundo Graciliano Ramos, Série Manuscritos, Subsérie Crônicas, Ensaios e Fragmentos, s.d.). Essa crítica é reveladora do papel e das tarefas da intelectualidade de esquerda nos anos 1930, pois mostra como Graciliano Ramos lê Machado de Assis à luz da proposta da sua geração, cujo pressuposto é justamente o da incorporação literária da luta de classes em um momento de radicalização política e de militância partidária — uma incompreensão da estratégia autoral de Machado que, aliás, não é exclusiva de Graciliano.

[43] *MC*, V, p. 13.

como o que prevê, na terceira parte do livro, quando esconde os manuscritos sob o estrado da cama, ao deixar a Colônia Correcional: o que aconteceria quando os policiais encontrassem aqueles papéis subversivos? Algo similar surge nesta abertura: qual seria a reação das autoridades e, especialmente, dos dirigentes comunistas, quando da publicação desses escritos?

A aventada possibilidade de desagradá-los pode ser explicada pela expectativa do Partido em relação ao livro e justifica o silêncio que se seguiu na *Imprensa Popular* após a sua publicação (em outubro de 1953). Em artigo de 1952, comemorativo do sexagésimo aniversário do "camarada Graça", o veículo pecebista menciona a gestação das *Memórias*:

> "[Graciliano] trabalha em um romance cujo tema são as perseguições e prisões, ante as quais pagou também o seu tributo. São trabalhos que ele vem realizando à luz de uma nova estética, dentro de uma nova experiência. [...] Graciliano não se voltou para dentro de si. Guardando a linha ascendente de *S. Bernardo* e *Vidas secas*, olhou para o mundo que o rodeia."[44]

Como se vê, o autor inverte as expectativas públicas do PC ao adotar a introspecção, presente também em seus outros livros, e ao não celebrar o herói positivo com o percurso ascensional-revolucionário do realismo socialista, o que dimensiona o grau do debate literário e político proposto pelas *Memórias*.

Ao contrário, porém, dos manuscritos redigidos pelo detento na cadeia, não se trata, no caso do narrador no presente, da fronteira que separa o prisioneiro do mundo exterior, mas sim da distinção entre vida e morte, ser e não ser. A adoção de um ponto de vista que contempla a própria finitude, somado ao caráter introspectivo do relato, permite-lhe desvelar tabus e temas explosi-

---

[44] "No 60º aniversário de Graciliano", *Imprensa Popular*, Rio de Janeiro, 26/10/1952. Arquivo Público do Estado do Rio de Janeiro (APERJ), Fundo Polícias Políticas, Pasta 11.473.

vos, difíceis de serem tratados à luz do dia (nos tempos de Guerra Fria, de enrijecimento da política pecebista e dos governos autoritários de Vargas e Dutra): a conivência esporádica, mas proveitosa, com os opressores; a crítica à militância cega; a revelação de preconceitos raciais, sociais e sexuais; a percepção da anormalidade do sistema como regra geral do funcionamento do Estado; a relação com as diversas facções militantes e com a malandragem, e assim por diante.

À convicção do narrador de que o livro seria publicado postumamente, soma-se o fato de que Graciliano morreu sem dar conta do último capítulo (o que reforça, para o leitor, a certeza de quem prevê a própria derrocada).[45] De modo que a visão política do militante impõe-se ante os escrúpulos morais e os problemas com o Partido, e ganha corpo na situação-limite em que o sujeito se encontra.[46]

A exposição do movimento reflexivo do narrador como instância analítica permanece nas últimas considerações do capítulo, as quais apenas à primeira vista parecem resolver o problema da

---

[45] Nesse sentido, trata-se de mais uma obra da literatura brasileira que apresenta um narrador que se coloca no regime limítrofe entre a vida e a morte. José Antonio Pasta Junior vê nessa recorrência um modo de lidar com o processo particular e contraditório da constituição da subjetividade em um país marcado por quatro séculos de escravidão que, no entanto, adota a concepção liberal e moderna do sujeito autônomo ("Le point de vue de la mort", *Voies du Paysage — Représentations du Monde Lusophone*, nº 14, pp. 158-68).

[46] Não é mero jogo retórico a antevisão da própria morte por parte do escritor: dirigindo-se ao crítico literário Haroldo Bruno, durante a escritura das *Memórias*, Graciliano Ramos afirma: "Escrevi hoje umas vinte linhas: possivelmente não chegarei à última página, pois tenho mais de cinquenta anos e o negócio dará talvez uns quatro volumes. Como *Infância* foi composto em sete anos, presumo, assim andando em marcha de caranguejo, não concluirei o trabalho num quarto de século. Rebentarei antes, é claro: a Colônia Correcional arrasou-me os pulmões" (Carta a Haroldo Bruno, Rio de Janeiro, 1/9/1946. Arquivo IEB-USP, Fundo Graciliano Ramos, Série Correspondências, Subsérie Correspondência Ativa, Not. 16-5).

narração, quando ele discute o emprego, no livro, do pronome em primeira pessoa:

> "Desgosta-me usar a primeira pessoa. Desculpo-me alegando que ele me facilita a narração. Além disso não desejo ultrapassar o meu tamanho ordinário. Esgueirar-me-ei para os cantos obscuros, fugirei às discussões, esconder-me-ei prudente por detrás dos que merecem patentear-se."[47]

A autoindulgência tem força de revelação: apesar de não lhe agradar o uso do "eu", o narrador o concebe como condição estratégica de construção do texto. Como afirmou Graciliano em discurso sobre a criação literária, "o mundo exterior não nos surge diretamente, e, observando-o, o que em última análise fazemos é examinar-nos".[48] Por isso, a ideia do narrador das *Memórias*, de se esconder por detrás de personagens mais dignas de atenção, embora aventada, não convence muito: os outros surgem na medida em que o olhar desse sujeito incide sobre eles, carregando consigo as marcas da sua relação com o mundo e o que se forma a partir desse contato: afinal, ele está à beira da morte, pode falar o que bem entender, inclusive contra si, e quem quiser, ao fim e ao cabo, que conte a própria história, como o narrador fará com a dele.

O primeiro capítulo das *Memórias*, portanto, delimita a fisionomia de uma subjetividade aberta a princípio para o leitor, disposta a confessar-lhe as vicissitudes da narração, ao mesmo tempo que a ele se impõe, transforma os empecilhos em trunfos e mostra enfim suas convicções: a suposta configuração textual de um diálogo construído pela exposição das dificuldades de narrar é o início de um movimento de afirmação do ponto de vista militante sobre a prisão e o Partido a que pertence, como se a efetiva discus-

---

[47] *MC*, V, pp. 15-6.

[48] Discurso, 16/7/1947. Arquivo IEB-USP, Fundo Graciliano Ramos, Série Manuscritos, Subsérie Discursos, Not. 12-20. Incluído em *Garranchos*, *cit.*, p. 279.

são política, naquele momento, fosse possível desde que relegada ao espaço da interioridade, viabilizada ainda pelo fato de estar, o escritor, à beira da cova.

Nesse sentido, o que pode parecer puro arbítrio, e que certamente guarda parentesco com uma voz por vezes discricionária, deve ser entendido também como convicção político-partidária, lançando esse narrador a uma distância considerável de outras criações de Graciliano, notadamente Paulo Honório, a quem parte da crítica o associou.[49] Os traços de classe dessa personalidade, além de índices reveladores da nossa sociabilidade, interessam à medida que estão a serviço de uma causa mais relevante do que a disposição do sujeito de rever os seus juízos: a admissão de uma atuação crítica no interior da luta política. Portanto, as particularidades e as contradições do memorialista, segundo suas convicções, são exigências da vida social e política de que ele faz parte. Cabe lembrar que, questionado em uma entrevista se "o drama íntimo caberia no romance social", Graciliano afirmou não haver "limitação para dramas íntimos. A vida de um [indivíduo] pode

---

[49] A diferença de perspectiva entre os dois narradores é ressaltada porque, de forma estilisticamente similar, no capítulo de abertura de *S. Bernardo* (1934), a matéria narrativa está subsumida ao arbítrio de Paulo Honório — depois de fracassado o intento de entregá-la à autoria de outro. Valentim Facioli vê, nessa abertura, um narrador supostamente arrependido que "ousa confessar tudo para melhor aliciar e persuadir", um sujeito dividido entre a "sociabilidade bárbara e brutal do coronel e uma outra, potencialmente democrática e burguesa". A autoridade de Paulo Honório não estaria muito distante, segundo Facioli, da "autoridade discreta" do narrador das *Memórias*. ("Dettera: ilusão e verdade: sobre a (im) propriedade em alguns narradores de Graciliano Ramos", *cit.*). Como se sabe, a liberdade que o capitalista Paulo Honório assume ao tratar da matéria supõe uma relação de assimetria social (o homem culto *versus* os caboclos iletrados e, por extensão, os leitores) erigida sobre o arbítrio do patriarca-proprietário. No caso das *Memórias*, porém, nos parece que o suposto arbítrio do narrador culto (a "autoridade discreta" mencionada pelo crítico) se torna a *condição* mediante a qual o narrador militante pode expor posições políticas pouco ortodoxas, bem como não atender às exigências de "realismo" por parte do PC.

retratar tudo, um problema inteiro":[50] uma declaração que ajuda a entender a potência do foco narrativo das *Memórias*.

Dessa maneira, não se trata de uma subjetividade qualquer, restrita à expressão individual, mas sim da figuração *típica* de um militante empenhado dos anos 1940-50 que, encarnando forças sociais em luta, submete a sua experiência pessoal à discussão política. Esse olhar de intervenção para o presente, e ao mesmo tempo rente a seu passado de prisioneiro, desenha a "fisionomia intelectual" do narrador, para Lukács o elemento que, nas grandes obras realistas, garante a *tipicidade*, definida como a capacidade da composição de revelar as tendências e forças operantes da realidade por meio da seleção de traços essenciais, ou "o comportamento extremo de um homem numa situação levada ao extremo", sem que isso signifique uma preterição da individualidade da personagem.[51]

Decerto a definição luckacsiana para o romance realista não inclui explicitamente as narrativas de memórias, uma vez que nelas, a despeito da ficcionalização possível, o narrador constrói um universo circunscrito a partir da sua experiência privada e localizada. Entretanto, nesse âmbito também não deixa de haver apreensão e figuração das forças sociais em causa, mostrando como um complexo de problemas se articula por meio da subjetividade.

Em suma, a relação do narrador das *Memórias* com o leitor, estabelecida por meio de uma voz confessional, autocrítica, impositiva e crispada, diz muito das questões presentes nas quatro partes do livro, e também dá pistas sobre a composição da obra. Neste capítulo inicial, cada um dos obstáculos para a narração é removido graças à força do sujeito: os fatos, as personagens e o pró-

---

[50] Graciliano Ramos, "Os chamados romances sociais não atingiram as massas", entrevista à revista *Renovação*, ano 1, maio-jun. 1944. Arquivo IEB-USP, Fundo Graciliano Ramos, Série Matérias Extraídas de Periódicos, Subsérie Produção do Autor. Incluído em *Conversas, cit.*, p. 137.

[51] György Lukács, "A fisionomia intelectual dos personagens artísticos", em *Marxismo e teoria da literatura*, tradução de Carlos Nelson Coutinho, São Paulo, Expressão Popular, 2010, p. 196.

prio modo de narrar estão submetidos à vontade do narrador. Este, a princípio, explica e expõe as suas hesitações quanto ao modo de narrar, mas esses mesmos pressupostos, convergindo para as suas convicções, superam as dúvidas anunciadas. Ao final, temos um sujeito aferroado a si e à necessidade de tornar públicas questões relevantes, procurando extrair delas uma lição para o campo das forças progressistas no qual se insere, a partir da penosa reconstrução do trauma por ele vivenciado e da mediação reflexiva que estabelece com o passado.

O movimento de um narrador que mergulha dentro de si para dar conta de impasses que estão na ordem do dia, dilemas objetivos que repercutem nele enquanto militante e ex-prisioneiro e que vêm à tona pela mediação reflexiva da subjetividade, será proveitoso para a nossa interpretação das *Memórias*. Antes, porém, faz-se necessário atentar para o modo como o narrador foi entendido pela recepção crítica do livro.

A CRÍTICA: ENTRE TRANSPARÊNCIA E OPACIDADE

Em março de 1937, dois meses depois de ser libertado, Graciliano Ramos, em visita a São Paulo na companhia de Oswald de Andrade, revelava por carta à esposa Heloísa a ideia fixa que o perseguia naquele momento: a elaboração do livro sobre a sua experiência de prisão:

> "Apesar de tudo não me sai da cabeça a ideia de escrever essa história comprida que você sabe, em quatro volumes. Penso naquela gente que vi o ano passado, uns tipos ótimos. Falei no projeto a alguns conhecidos daqui, excelente na opinião deles, está claro. Tudo é excelente. Se me arranjar aqui, farei o romance em dois anos."[52]

[52] Carta a Heloísa de Medeiros Ramos, São Paulo, 1/3/1937 (em *Cartas*, Rio de Janeiro, Record, 1980, p. 178).

Além da reiterada ironia do escritor em relação à própria obra ("tudo é excelente" na opinião dos outros, em descrença óbvia de sua parte), a carta denota a intenção de tratar os companheiros de cadeia como personagens literárias: "tipos ótimos", segundo ele. Graciliano prossegue e diz que pretende fazer "o romance" em dois anos. Torna-se possível, portanto, entender a sua empolgação com os companheiros de prisão: eles constituíam seres passíveis de ser representados literariamente, a ponto de renderem o "romance em quatro volumes" que ele pretendia escrever. O "romance" aludido seria, como depois se soube, o livro *Memórias do cárcere*.

É fato que a intenção inicial do autor se modificou nos quase dez anos que separam a carta da elaboração do primeiro volume: ele abandonou, desde muito cedo, a ideia de escrever um romance sobre a cadeia e optou pelas memórias (já dissemos que, ainda em 1937, o escritor escreveu as páginas iniciais do que seria um projeto do livro). Mas essa primeira definição talvez seja também sintoma da complexidade da obra, explícita na declaração de que o texto confessional implica os elementos ficcionais (e vice-versa), o que dá a medida de quanto, em Graciliano, as fronteiras entre ficção e confissão são intercambiáveis.

Por essa razão, as *Memórias* têm se constituído em um problema para a crítica disposta a interpretá-la. Com efeito, as direções analíticas, balizadas pela ênfase do aspecto documental do livro, pela busca de elementos biográficos do autor e pela suposta "construção em abismo" da narrativa acabam por não cuidar de um aspecto, a nosso ver, essencial para a compreensão do texto: o seu movimento composicional. Separando de maneira estanque as esferas do real e do imaginário, sem discutir justamente a relação entre elas, os estudos sobre as *Memórias* subjugam o que parece uma condição necessária para o entendimento não apenas dessa obra, mas de toda a produção do escritor: o trânsito entre ficção e experiência pessoal.

Por esse motivo, é possível perceber a história de certo embate de leituras que competem entre si até os dias de hoje, das quais algumas matrizes remontam à época de lançamento do livro. Uma delas, que valoriza o documento, encontra seu germe no ensaio de Nelson Werneck Sodré[53] (1954) sobre as *Memórias*, em que o historiador se empenha em destacar, na obra, a objetividade e a "pureza" dos fatos narrados, que teriam sido extraídos "diretamente" da realidade. Sodré chama a atenção para a imparcialidade do narrador, o qual, sem "nada deformar", teria construído o retrato de uma época de terror da história recente do país.[54] Essa ênfase no aspecto documental não considera as *Memórias* como criação literária, nem leva em conta a presença de um narrador menos empenhado na exatidão dos acontecimentos do que no estabelecimento da *sua* verdade, como ele próprio adverte no capítulo introdutório.

Outra vertente, escorada na peculiaridade do gênero memorialístico, é a que busca nas *Memórias* explicações para a vida do autor, concebendo a obra como depositária de aspectos que, mais ou menos isolados, confirmariam a pessoa empírica. O estudo de Lucia Miguel-Pereira[55] (1954), meses após o lançamento do livro, revelava em Graciliano a vocação para o sofrimento, exposta na narrativa sobre o cárcere, cujas raízes estariam, na ótica da analista, na infância oprimida do escritor.[56] Presa à ideia do todo contínuo formado por autor e obra, a crítica de pendor biografista não se detém no arranjo interno do texto, pois os tópicos sobre a vida

---

[53] "Memórias do cárcere", janeiro de 1954 (prefácio à edição de 1970).

[54] A concepção das *Memórias* como documento também aparece em Dias da Silva, "Impunidade" (*Diário da Noite*, 18/3/1954), Raimundo Magalhães Júnior, "Um documento espantoso" (*Diário de Notícias*, 1/11/1953) e Bráulio Mendes Nogueira, "Um libelo" (*Diário do Povo*, 5/4/1955). Arquivo IEB-USP, Fundo Graciliano Ramos, Série Matérias Extraídas de Periódicos, Subsérie Fortuna Crítica.

[55] "Memórias do cárcere", *A União*, 1/1/1954, *cit*.

[56] Os desdobramentos da matriz biográfica podem ser encontrados em Helmut Feldmann, *Graciliano Ramos: reflexos de sua personalidade na obra* (Fortaleza, Imprensa Universitária do Ceará, 1967); Lamberto Puccinelli, *Graciliano Ramos: relações entre ficção e realidade* (São Paulo/Brasília, Quíron/INL, 1975) e José Ubireval Guimarães, *Graciliano e a fala das memórias* (Maceió, Ediculte, 1987).

de Graciliano podem ser tomados de modo aleatório, impedindo assim um olhar mais agudo para a constituição desse sujeito no relato, as transformações pelas quais ele passa e a agudeza dos problemas que encarna.

Como contraponto às abordagens biografistas e documentais, parte da crítica vem reiterando, pelo menos desde os anos 1990, a construção "textual" do relato, sem que esta necessariamente esteja vinculada à realidade objetiva; antes, procura voltar-se para o texto das *Memórias* como construção que se desdobra sobre si. Wander Melo Miranda[57] (1992), ao comparar o livro de Graciliano com *Em liberdade*, de Silviano Santiago, deduz o caráter reflexivo da primeira obra, aberta a diversas micronarrativas organizadas por meio da "construção em abismo" que, partindo de um "sujeito textual", espelhariam outros textos de Graciliano. Recentemente, Conceição Aparecido Bento[58] (2010) reitera o dispositivo da *mise en abyme* das *Memórias*, ao conceber a própria escrita como personagem do livro e o narrador como um ente metadiscursivo que refletiria sobre a linguagem, ao mesmo tempo que seria parte dela.[59] Tais estudos parecem não dar muita ênfase à concepção do sujeito como um ser social que se define na relação mútua com os seus objetos (os outros seres do mundo histórico), priorizando-o como construção textual. Essa perspectiva tende a provocar certa ruptura dos laços que unem o texto e os seus elementos às formações sociais, como se a construção não tivesse ne-

---

[57] *Corpos escritos: Graciliano Ramos e Silviano Santiago*, São Paulo, Edusp, 1992.

[58] *A fissura e a verruma: corpo e escrita em* Memórias do cárcere, São Paulo, Humanitas, 2010.

[59] A matriz dessa concepção de espelhamento na literatura de Graciliano Ramos, fundada na "escrita em abismo" (que por sua vez remete às formulações teóricas de André Gide sobre seu romance *Les faux-monnayeurs*), é, possivelmente, o conhecido ensaio de Lucia Helena de Carvalho, *A ponta do novelo: uma interpretação de* Angústia, *de Graciliano Ramos* (São Paulo, Ática, 1983).

nhum poder revelador sobre o mundo, e o sujeito existisse apenas enquanto linguagem.

Assim, é possível identificar, na crítica, um movimento pendular entre o foco no documento (histórico ou biográfico) e a construção textual: ora as *Memórias* se apresentam como reportagem fidedigna da história do país ou repertório de fatos da vida do autor, ora se fecham ao mundo e expõem os seus mecanismos linguísticos, sem muito poder de revelação que não os exclusivamente discursivos. Essa oscilação, ao não convocar os aspectos estruturais do texto em sua relação com a realidade objetiva, dificulta a investigação do teor histórico da forma.

Sem dúvida, o ensaio que logrou apreender a estrutura compositiva das *Memórias* é o que faz parte do livro *Ficção e confissão* (1945-55), de Antonio Candido.[60] O estudo não apenas revelou um modo decisivo de se ler a produção de Graciliano como, incorporando parte da crítica precedente, pôde construir uma explicação consequente para a rotação literária do romancista em direção às narrativas autobiográficas.

No estudo, o crítico mostrou a presença de uma constante na produção de Graciliano: a dualidade entre o equilíbrio do sujeito e os seus impulsos interiores. Essa dualidade é formalizada nas *Memórias*, segundo Candido, por meio da "lucidez que procura dar forma ao caos" em que o prisioneiro se encontra, revelando um sujeito que resiste interiormente às normas constritoras do cárcere, o que configura um embate com o mundo por meio da subjetividade.

A estrutura composicional sugerida por Antonio Candido guarda relações com as outras obras de Graciliano, pautadas todas pela "preocupação ininterrupta com o ângulo do indivíduo singular". Dessa forma, o crítico nota certa continuidade entre os

---

[60] O conjunto de ensaios é de 1945, quando da publicação de *Infância*. Dez anos depois, Candido refundiria os artigos, escrevendo também a análise de *Memórias do cárcere* e uma conclusão, que seriam publicadas em conjunto como introdução às obras completas de Graciliano, editadas inicialmente pela José Olympio e depois pela Martins até 1974.

romances e os livros de memórias do autor, enfatizando que, na passagem da ficção à confissão, foi preservado muito de sua técnica artística.

A análise de Candido dá seguimento a dois outros ensaios que, publicados antes das *Memórias*, e de maneira parcial e difusa, mas seminal, muito contribuíram para o entendimento da produção conjunta do escritor. O primeiro deles é o de Álvaro Lins[61] (1941), que assinalou o fato de os protagonistas de Graciliano viverem todos "voltados para dentro". Sendo a paisagem exterior, para Lins, um desdobramento da personagem principal, ao escritor caberia fixar e exibir a miséria de suas personagens. O segundo ensaio é o de Otto Maria Carpeaux[62] (1943), que aprofunda as conclusões de Lins ao buscar definir o estilo do escritor como aquele em que todos os elementos da narrativa convergem para a personagem principal. Na visão de Carpeaux, Graciliano busca "estabilizar classicamente o turbilhão" em que as personagens estão inseridas, fixando o mundo sombrio que as envolve.

Não há como deixar de notar, nos ensaios de Lins e Carpeaux, a progressiva necessidade de definir mais precisamente, em termos de composição, certos aspectos que até então apareciam de maneira dispersa na crítica. Candido, nesse sentido, recupera e faz avançar a crítica precedente, porque aplica algumas constantes da literatura de Graciliano (a "singularidade" do ponto de vista e a tentativa de "fixar" o mundo sombrio) a cada uma das obras do autor. Nas *Memórias do cárcere*, tais constantes se revelam, para o crítico, na resistência interior do prisioneiro ante as normas constritoras da cadeia, que se manifesta na "força do espírito" com que ele procura entender a realidade da qual fez parte. Cabe perguntar, porém, em que medida essa resistência apontada por Candido é não apenas estratégia de sobrevivência do prisioneiro, mas também a forma encontrada pelo militante de 1946 para intervir em

---

[61] "Valores e misérias das vidas secas", em *Os mortos de sobrecasaca*, Rio de Janeiro, Civilização Brasileira, 1963, pp. 144-58.

[62] "Visão de Graciliano Ramos", em *Origens e fins*, Rio de Janeiro, Casa do Estudante do Brasil, 1943, pp. 339-51.

um debate proposto pelas circunstâncias da enunciação, uma vez que o recuo para a própria interioridade é o dispositivo que lhe possibilita expor um ponto de vista interessado.

A ênfase na subjetividade que narra as *Memórias*, definida de maneira apurada por Antonio Candido, teve seguimento com Zenir Campos Reis[63] (1984), cujo ensaio livra a obra do aspecto puramente documental ao concebê-la como uma reação subjetiva ao nivelamento compulsório promovido pela cadeia. Hermenegildo Bastos[64] (1998), igualmente a partir de Candido, assinala em seu estudo a distância entre a objetividade do autor e a desrazão do protagonista. O intuito do seu trabalho é compreender como o autor das *Memórias* se torna, na trama, leitor de suas próprias obras, quando outros textos literários de Graciliano ressurgem como acontecimentos vividos pelo memorialista; o mecanismo permitiria, segundo o crítico, uma interpretação autoconsciente da trajetória do escritor.

Por fim, Alfredo Bosi[65] (1995) atentou para a fisionomia do narrador, situando o livro no gênero "literatura de testemunho". Bosi reforça a ideia da singularidade do ponto de vista narrativo, destacando a perplexidade da testemunha que tentaria, em vão, apreender o sentido das coisas: para o crítico, tudo seria *opaco* em termos de compreensão, dado o "empatamento cognitivo" do narrador — ora observador, ora intérprete, que, cônscio dos seus limites, expô-los-ia na obra, resultando daí a marca de modernidade do texto. A leitura de Bosi, no entanto, não investiga o tortuoso caminho traçado pelo narrador como um processo revelador da realidade por ele vivenciada. Sua estupefação não seria fruto do

---

[63] "Memórias do cárcere: compreender, resistir", *Folha de S. Paulo*, 29/7/1984.

[64] *Memórias do cárcere: literatura e testemunho*, Brasília, Editora da Universidade de Brasília, 1998.

[65] "A escrita de testemunho em *Memórias do cárcere*", *Revista de Estudos Avançados*, nº 23, São Paulo, Instituto de Estudos Avançados, USP, abr. 1995 (republicado em *Literatura e resistência*, São Paulo, Companhia das Letras, 2002, pp. 221-37).

que ele vivera e sobre o que reflete (a partir do tempo da enunciação), como as disputas ideológicas em jogo, e também um índice da não aderência à ortodoxia partidária? Parece-nos que o fato de a "testemunha" ser um militante que faz ressoar na sua voz a voz do prisioneiro garante um sentido ao que é contado que ultrapassa o tempo da prisão, como o próprio narrador adverte no capítulo de abertura. O caráter ético da escrita de Graciliano, assim, parece derivar menos do empenho humanista em relativizar as situações vivenciadas, tentando compreender a si e ao outro, e mais da violência com que o ex-detento, valendo-se de toda sorte de contradições, desnuda o mundo discricionário que continua a cercá-lo.

Esse panorama da fortuna crítica sobre as *Memórias* permite notar a atualidade da leitura de Candido, decisivamente apoiada em elementos estruturais da narrativa. Ao mesmo tempo, dá a entrever os limites de *Ficção e confissão*, compreensíveis quando se leva em conta que o objetivo do crítico era mapear a produção do autor e flagrar a visão do homem construído por Graciliano ao longo de seus romances e de suas memórias (o que inclui, naturalmente, certa generalidade).[66] Por essa razão, o ensaio capta, mesmo sem desenvolvê-lo, o princípio formal das *Memórias do cárcere*: a subjetividade que se impõe como reação ao mundo constritor da cadeia, quando o narrador reconstrói a voz do prisioneiro. Seria preciso considerar, então, como essa subjetividade e as reflexões que dela decorrem guardam relação com as diretrizes partidárias e as diretivas do Estado desenvolvimentista com as quais o militante empenhado teve de lidar.

---

[66] O ensaio de Candido insere-se em um momento de "balanço" da geração de 1930, como afirma o próprio autor que, no relançamento de *Ficção e confissão*, em 1992, fez as suas ressalvas ao estudo: "*Ficção e confissão* envelheceu visivelmente, o que me fez hesitar em desenterrá-lo [...] Mas talvez seja justificada essa volta ao passado, cujo peso aparece sobretudo nas longas citações sem análise correspondente e no realce dado ao ângulo psicológico (de psicologia literária, é claro), ponto de apoio para captar a visão do homem na obra de Graciliano, que era o meu alvo" (*op. cit.*, p. 14).

Como vimos, a voz de um sujeito disposto a confessar o que julga relevante, inclusive as próprias fraquezas com vistas ao debate público, está presente já no primeiro capítulo das *Memórias*.[67] Trata-se, então, de aprofundar o estudo desse narrador, em uma tentativa de compreender como se dá a figuração da subjetividade ao longo das quatro partes da obra. Também se trata de estabelecer os vínculos entre tal figuração e os problemas concretos da realidade brasileira, impasses históricos a que Graciliano Ramos busca responder, refratados que estão nos dilemas enfrentados pelo prisioneiro e resgatados pelo narrador. Antes vejamos, porém, como se apresenta a matéria disposta por esse narrador em cada uma das prisões por que passou.

As estações do cárcere

Ao longo das quatro partes do livro, é possível perceber na narrativa um sujeito cujas certezas preexistentes sobre o sentido da experiência prisional vão sendo desfeitas na medida em que ele apreende com mais particularidade a dinâmica social e histórica por meio das relações interpessoais e o que nelas se configura como concretização das relações culturais, sociais e políticas do país. O prisioneiro, ao final da quarta parte, não é o mesmo dos primeiros capítulos, uma vez que essa subjetividade se transforma (ou se adensa) conforme a sua *via crucis* pelas "estações do cárcere". Uma breve passagem por cada uma das partes das *Memórias* ajudará na compreensão desse processo.

"Viagens" narra o percurso do prisioneiro desde a demissão do serviço público em Maceió até o alojamento na Polícia Central do Rio de Janeiro. Por tratar de numerosos deslocamentos, a nar-

---

[67] Maria Izabel Brunacci afirma que o autoquestionamento é uma categoria central da obra de Graciliano. No caso de *Vidas secas*, seu objeto de estudo, ele se dá por meio do discurso compartilhado entre o narrador e a personagem (em *Graciliano Ramos: um escritor personagem*, Belo Horizonte, Autêntica, 2008, p. 124).

rativa apresenta um ritmo mais vertiginoso do que o das demais partes do livro. De certo modo, patenteia-se uma oposição entre a vida recolhida, por ele almejada, e a movimentação imposta pelas mudanças sucessivas às quais é submetido.

De início, ao saber de sua demissão (hipoteticamente atribuída aos integralistas) e de sua prisão, o escritor-funcionário prevê melhores condições para se dedicar exclusivamente à literatura, nos dois ou três dias que passaria no cárcere ("a prisão era um princípio de liberdade", cap. 2). Aos poucos, porém, essas certezas são demovidas: no quartel de Maceió, dividindo a cela com Capitão Mata, ele se dá conta de que os vigias mal o notam; no trem para o Recife, fica sabendo da prorrogação do estado de guerra; a passagem por quartéis lotados, a notícia da prisão de Prestes, as ameaças de um general e o choro convulsivo de um advogado dão-lhe a certeza de que ficaria mais tempo.

Nos capítulos iniciais, há o desejo de apreender a experiência do cárcere por meio das marcações temporais: "no começo de 1936" (cap. 2); "no dia seguinte, 3 de março" (cap. 3); "esses acontecimentos de três dias" (cap. 9). Porém, essa ânsia de dominar o tempo logo se esvai, quando a temporada na cadeia se transforma em rotina, com a dimensão da vida reduzindo-se à cela e à interioridade, concentrando-se o narrador na notação dos espaços percorridos e nas diferentes formas de sociabilidade por eles definidas. Ao mesmo tempo, ganha corpo um movimento de retração do prisioneiro que, reagindo à despersonalização imposta ("era doloroso pensar numa inteira despersonalização", cap. 7), busca uma explicação para os fatos entrevistos, o que quase sempre o leva ao recolhimento introspectivo.

A decisão do detento de escrever um diário, já no quartel do Recife (cap. 12), é uma forma de não sucumbir por completo, mas uma inquietude permanente o impede de fazê-lo (cap. 15). Na viagem "fora do tempo" a bordo do navio-presídio *Manaus*, ele se sente sujo, "evaporando-se" rumo à "treva completa" — o que lhe dá a medida do que poderia acontecer a intelectuais como ele —, repudiado pelos passageiros da primeira classe, ameaçado por um dos soldados e, paradoxalmente, agraciado com água e cigarros por outro. Custando a se convencer de que estava a bordo de uma "catacumba", tenta, em vão, "adivinhar o pingar lento dos minutos" (cap. 18).

Em contato, no navio, com os rebeldes de Natal, ele toma conhecimento da tortura infligida a presos políticos (cap. 20); pode avaliar os desdobramentos da insurreição e seus protagonistas; e nota também que alguns companheiros eram tidos pelos demais como espiões da polícia, aumentando a necessidade de reserva. O desejo de escrever o leva ao camarote do padeiro (cap. 26), mas ele, envergonhado pelo favor obtido, decide voltar ao porão, sem conseguir fixar a atenção nas pessoas, impossibilitado pelas dores e pela hemorragia de que padece. Chegando à Casa de Detenção, no centro do Rio de Janeiro, recusa-se a se declarar religioso, como tentativa de resistir à despersonalização (cap. 31). Na rouparia, a visão de um faxineiro tatuado o faz pensar em sua própria condição, que lhe parecera passageira, mas que começava a se revelar permanente.

A segunda parte do livro, "Pavilhão dos Primários", concentra-se em um mesmo espaço de enclausuramento (a cadeia destinada aos presos políticos), e a perda das referências temporais é formalizada pelo ritmo mais moroso. No Pavilhão, é possível para o prisioneiro tomar contato com as formas cristalizadas da militância e o funcionamento das organizações de esquerda: o Coletivo (órgão mediador dos presos com a direção), a Rádio Libertadora, as greves reivindicatórias, os encontros na Praça Vermelha. O olhar do narrador ressalta não apenas as oposições entre as facções militantes, mas também entre as diferentes classes sociais no interior das lutas progressistas, o que teria motivado ainda mais a retração e o isolamento do prisioneiro.

Dividindo a cela de número 35 com o estudante Sérgio (considerado trotskista e por isso evitado pela maioria dos militantes e simpatizantes do Partido) e com Sebastião Hora, um dos líderes da ANL em Alagoas, o prisioneiro conhece intelectuais e militantes como Apporelly, Lourenço Moreira Lima e Agildo Barata. Logo percebe que as palestras do dirigente do Partido Comunista Argentino Rodolfo Ghioldi não interessavam aos operários, e constata o abismo entre teoria e prática política (cap. 2), bem como a forte cizânia no interior da militância comunista, que passa a considerá-lo trotskista. Além disso, vivencia na prática as diferenças entre pequeno-burgueses e trabalhadores, ao ter as suas propostas para o Coletivo rechaçadas pelo estivador Desidério (cap. 8). Essas oposições de classe, avivadas com a chegada dos militares que estavam detidos no navio *Pedro I*, levam-no à necessidade de "encaracolar-se" (cap. 9), sensação reforçada pela tortura de Rodolfo Ghioldi (cap. 10), por sua participação reticente nas mobilizações da cadeia (caps. 8, 16) e diante do exibicionismo de Miranda, o primeiro-secretário do Partido à época (cap. 14).

Apesar de todas essas cautelas, uma discussão tola com Sebastião Hora o obriga a se mudar para o cubículo de número 50, em companhia de Adolfo Barbosa (cap. 27), onde também não fica à vontade, porque a presença do militante rico acirra nele seu sentimento de inferioridade. A perspectiva de libertação anunciada pela esposa ou o interesse de José Olympio em publicar *Angústia* também não o animam: qual seria a sua ocupação no mundo tomado pela ditadura? (caps. 29, 30). Por isso admite a possibilidade de ir para a Colônia, embora não aceite bem o fato de a repressão "misturar com vagabundos um sujeito razoável" como ele (cap. 31).

A terceira parte das *Memórias*, "Colônia Correcional", narra o contato do prisioneiro com os marginais encerrados no presídio comum da Ilha Grande. Aí o detento vivencia a equalização entre militância e criminalidade promovida pelo Estado. Nessa terceira parte, a sua retração se reveza com a fala e o olhar para os malandros (Gaúcho, Cubano, Paraíba), e esse contato lhe permite questionar a própria imagem, ao mesmo tempo próxima e distante dos criminosos comuns.

A descrição da Colônia não tem a precisão dos traços presentes no relato sobre o "Pavilhão dos Primários": os companheiros no "curral de arame" são "vultos indecisos"; a comida é uma "mancha escura"; o tempo se desperdiça, "encolhendo-se ou alongando-se desesperadamente" (cap. 10). O desespero do detento é reforçado pelo aviso de que "estava ali para morrer" e pelo fato de não contar mais com os manuscritos lançados na água antes da entrada no presídio, os quais representavam não apenas um refúgio, mas também uma forma de resistência (cap. 7).

A degradação física e moral (tem o crânio raspado e o nome suprimido) se torna patente quando ele é designado para tomar conta dos companheiros e para escrever um discurso em louvor ao diretor do presídio (cap. 11). Além disso, tem de responder a um questionário sobre a sua orientação sexual e simular doçura diante da visita de um padre. Ali também ele se torna protegido de Cubano, um dos líderes dos presos, e é dispensado do trabalho forçado por se encontrar doente (cap. 12), o que lhe dá nova possibilidade de escrever os apontamentos sobre a cadeia. Permanecendo no fim do galpão, diante da necessidade de se fechar "em reserva silenciosa" (cap. 15), rompe o silêncio nas conversas que tem com os ladrões, anotando as histórias deles (cap. 17). O mutismo, porém, volta a se impor no trato com militantes e no breve contato com o copeiro homossexual (cap. 20).

Na saída do presídio, depois de abandonar os manuscritos no forro da cama, é auxiliado por soldados na caminhada ao porto e improvisa, na lancha, um discurso incendiário aprovado por alguns "agentes infiéis" da polícia (cap. 33). Ao voltar à Casa de Detenção, não se interessa mais pelas cenas próximas; os hinos do Pavilhão dos Primários, que costumava ouvir com curiosidade, exibem-lhe agora uma "cordialidade vazia" (cap. 35), revelando-se, assim, um adensamento de seu isolamento e certo desdém pela realidade que antes lhe atiçava o interesse.

A quarta parte do livro, "Casa de Correção", mostra um ambiente completamente envenenado pelas dissidências políticas e um forte alheamento do prisioneiro diante do que presencia. Sintomaticamente, já no primeiro capítulo, ele afirma que "o tempo deixara de existir". A Sala da Capela, para onde é remetido, agrega oficiais e profissionais liberais, e lá muitos companheiros do Pavilhão ressurgem, como Apporelly, Moreira Lima, Nise da Silveira, agora completamente arruinados.

A empolgação dos presos com as notícias sobre a Guerra Civil Espanhola colide com o ceticismo do prisioneiro, que mais uma vez resolve se isolar, "no extremo da sala", perto do altar (cap. 3).

Manuscrito das *Memórias do cárcere*, de Graciliano Ramos,
datado de 19 de março de 1946, com o início
do nono capítulo de "Viagens".

Isolado, não recusa os favores da polícia, o que lhe rende muita inquietação: um guarda cuida de suas pernas doentes; o diretor do presídio, "como um pai de família", cede-lhe a oficina de encadernação para que ele possa escrever "coisas inocentes" (cap. 4) e sugere uma pequena festa para o lançamento de *Angústia*, o que lhe causa surpresa e desânimo (caps. 14, 15).

Alheio às conversas eruditas dos professores universitários (Hermes Lima, Leônidas Resende, Castro Rebelo), estranha os militares que guardavam a "prosápia da caserna", escorados em feroz patriotismo. Os presos comuns, ladrões como Barbadinho e Júlio, temerosos e segregados dos intelectuais, não se abriam como os que ele havia encontrado na Colônia. Afastado dos eruditos, dos militares e dos marginais, aproxima-se de Gikovate, médico trotskista, sendo novamente evitado por todos (cap. 8). Adoentado, isola-se na enfermaria, e só ali, distante da maioria, "não se sente mais pulverizado" (cap. 9).

O retorno à Sala da Capela, porém, reativa a percepção das divergências e a necessidade de reserva. Por declarar não ter opinião formada sobre Prestes, é desdenhado pelos militares (cap. 18) e, na votação para o Coletivo, acusado de traição pelo tenente Ivan Ribeiro (cap. 19). Como não crê nos resultados da greve de fome esboçada por alguns oficiais, é tachado de "reacionário e pessimista", e "se esconde" na oficina de encadernação, aborrecido (cap. 21). Um breve momento de união ocorre quando os presos improvisam uma peça de teatro sobre os desmandos policiais pós-levante. Logo, porém, as relações voltam a se azedar, e nem mesmo a ruidosa manifestação contra a transferência de Olga Prestes e Elisa Berger é capaz de mobilizar o prisioneiro: desalentado e cético quanto ao destino das duas mulheres, permanece sentado, fumando, retraído em seu próprio mundo (cap. 20). No último capítulo, uma luta física entre dois oficiais na Sala da Capela interrompe-lhe a leitura e, diante da necessidade de "resguardo", vai para o fim do salão (cap. 27).[68]

---

[68] Note-se, em ligeira digressão, que no filme *Memórias do cárcere* (1984), um emblema do período da redemocratização do país, o último pre-

Essa passagem pelas quatro partes da obra revela uma narrativa que se inicia por meio de um ritmo composicional mais célere ("Viagens"), expresso pelos deslocamentos e pela ânsia do prisioneiro de dominar o tempo, muito clara nos primeiros capítulos. Logo, porém, as suas ilusões são desfeitas, a referência passa a ser espacial ("Pavilhão dos Primários" e seguintes) e o domínio sobre o tempo é perdido. A partir daí, a clausura gera um ritmo textual mais moroso e reflexivo, ditado pelo movimento de retração e pelas inflexões motivadas pelos fatos, quando a voz do narrador mesclada ao relato de casos passados na prisão ganha ainda mais vigor.[69]

Por isso são tão significativos os espaços-limite buscados pelo prisioneiro ao longo das quatro partes do livro: o camarote do padeiro, na boca da escotilha do navio *Manaus* ("Viagens"); o cubículo 50, a última e mais recôndita cela do "Pavilhão dos Primários"; o galpão vazio, quando os presos saem para o trabalho forçado, na "Colônia Correcional"; a oficina de encadernação e a última das camas, já perto do altar, na Sala da Capela da "Casa de Correção". À quase onipresente necessidade de reserva do detento no ambiente envenenado da prisão corresponde, na compo-

---

sídio de onde sai o detento é a Colônia Correcional da Ilha Grande, e ele consegue salvar seus manuscritos graças à solidariedade dos outros presos. A cena final, quando Graciliano atira o chapéu para o alto e o objeto se transforma em uma gaivota, aponta, simbolicamente, para uma ruptura com o passado. A eliminação da quarta parte ("Casa de Correção"), a valorização das ações dos detentos e o final apoteótico da película de Nelson Pereira dos Santos são mais consoantes não apenas com o momento de abertura política, mas também com as diretrizes partidárias ortodoxas, especialmente se considerarmos a trajetória também militante do cineasta, conforme sugeriu o professor Francisco Alambert. Principalmente porque não há, na versão cinematográfica, a figuração do movimento reflexivo que organiza o livro.

[69] A mudança do ritmo narrativo das *Memórias*, na passagem de um registro mais célere para um mais reflexivo, guarda alguma semelhança com o romance *S. Bernardo*. Para João Luiz Lafetá, a passagem do ritmo dinâmico para outro, mais lento e estático, assinala a vitória da reificação e a derrota total do herói ("O mundo à revelia", em *A dimensão da noite e outros ensaios*, São Paulo, Duas Cidades/Editora 34, 2004, pp. 72-102).

sição, um espaço interno de análise, no qual o narrador pode intervir, à sua maneira, na realidade objetiva, quando a retomada dos fatos se soma à *reflexão à distância*.

Assim, o rebaixamento da individualidade do prisioneiro e a experiência-limite proporcionada pelo cárcere têm a contrapartida da confissão, dando força a esse sujeito que se apresentava, na cadeia, sem forças. A crispação, resposta à despersonalização imposta ao detento e, ao mesmo tempo, o modo de intervenção do narrador em impasses objetivos que permanecem, produz um discurso reflexivo e autoanalítico, cujo efeito é o de articular os fatos do cárcere às questões do presente do narrador. Na esfera da intimidade, foi possível ao detento encontrar a energia que a cadeia lhe roubara enquanto prisioneiro, e simultaneamente é a maneira de o narrador dar conta dos dilemas político-partidários.

A crispação e o movimento de interiorização de um narrador que, ao relatar um núcleo episódico de sua vida esquiva na cadeia, argumenta sobre questões importantes mediante o mergulho na própria subjetividade e o recuo em relação à matéria observada: essa a estrutura composicional que nos interessa reter. Tal estrutura, que funde o *registro factual à reflexão*, ou a *visualização à consciência visualizadora*, será proveitosa na medida em que poderá articular os temas da obra, bem como revelar a atualidade do texto de Graciliano. Antes da consecução de tais etapas, cabe descrevê-la mais detalhadamente.

Da escravidão à sedição

Em "Viagens" há uma passagem que ilustra exemplarmente o movimento narrativo do livro. No vigésimo capítulo, o prisioneiro está no porão do *Manaus*, o navio que o conduz à Casa de Detenção no Rio de Janeiro. O cenário aviltante — homens arqueados como trouxas pelos cantos, "roncos agoniados" de organismos enfraquecidos, imundície crescente de detritos e exibições sem pudores da intimidade alheia — faz o detento permanecer desperto, fumando ininterruptamente, durante a primeira noite de viagem forçada. À luz do dia, ele procura reter as fisionomias dos companheiros, tentando em vão retomar a escrita das notas que havia iniciado no quartel. Desistindo da empresa, aproxima-se dos revolucionários de Natal:

> "Os hábitos de classe me aproximaram do sujeito gordo e louro que fumava cachimbo, sentado na rede, a sorrir, do rapaz estrábico, de óculos. Importantes, um secretário da Fazenda, outro secretário do Interior, no governo revolucionário de Natal. Propriamente não fora governo, fora doidice: nisto, embrulhados, concordavam todos. Estavam ali dois figurões, dois responsáveis, dois criminosos, porque tinham sido pegados com o rabo na ratoeira. Não me arriscaria a dizer como se chamavam. Macedo e Lauro Lago. Isso, repetido com frequência, me permanecia na memória, mas se me dirigisse a qualquer deles, trocaria as designações. Falavam-me também num terceiro chefe da sedição, o mais importante, conservado em Natal por não se poder ainda locomover: seviciado em demasia, aguentara pancadas no rim e, meses depois da prisão, mijava sangue."[70]

A cena transcrita aparece no capítulo depois que o prisioneiro toma conhecimento de que também viajavam no navio "vagabundos e ladrões", e por isso escondera o dinheiro que trazia e passara a vigiar os seus papéis e as suas roupas. Conscientemente, o narrador acusa o seu "hábito de classe" como o motivador da proximidade com os líderes da insurreição em Natal: estes interessam-lhe mais do que os ladrões do navio, porque pequeno-burgueses como ele, e essa confissão já é um indício de disposição à autocrítica.

A proximidade fugaz com os líderes de Natal e a visão dos bastidores da insurreição permitem-lhe revelar o juízo dos próprios insurgentes em relação aos levantes de 1935: "uma doidice". Tra-

[70] *MC*, V, p. 121.

tava-se, do ponto de vista histórico, de um desdobramento tardio das revoltas tenentistas dos anos 1920 e um teste revolucionário encampado pela Internacional Comunista.[71] Essa visão pouco romantizada e comum aos três detidos quanto aos movimentos insurrecionais dirigidos pelo PCB ("nisto, embrulhados, concordavam todos"), elaborada, segundo o narrador, ainda dentro da cadeia, é muito distante do julgamento do episódio para além das grades. Em 1936, recusando a pecha de que a insurreição tinha por fim introduzir no país um regime comunista, o Partido comparava o evento às "grandes lutas heroicas das classes sociais brasileiras", como a Inconfidência Mineira e a Guerra dos Farrapos[72] — diferentemente, portanto, do que de fato ocorreu nas insurreições de novembro, que, à exceção de Natal, não contaram com participação popular, facilitando a contenção e a repressão ao movimento pelas tropas oficiais. O significado hiperbolizado das sedições, mesmo fracassadas, foi explorado pelo PCB durante muito tempo,[73] o que permite afirmar que, se o prisioneiro já afronta-

---

[71] No dia 23 de novembro de 1935, sargentos, cabos e soldados do 21º Batalhão de Caçadores de Natal dominaram a cidade e instauraram o Governo Revolucionário Popular, que destituiu o governador do Estado, requisitou numerário no Banco do Brasil e resistiu por quatro dias, estendendo seu domínio para o interior do Rio Grande do Norte. Isolado (dias depois, os movimentos no Recife e no Rio de Janeiro também seriam sufocados), o motim passou da euforia inicial à rápida derrocada. Homero Oliveira Costa mostra que o levante em Natal obedeceu à combinação de três fatores internos: a política local, a insatisfação dos oficiais com a suspensão de suas promoções em 1934 e, principalmente, à atuação local do PC, que organizou e dirigiu o movimento, por meio da articulação entre a célula militar e os civis liderados pelo estivador João Francisco Gregório ("A insurreição de 1935: o caso de Natal", Dissertação de Mestrado, Unicamp, IFCH, 1991). Sobre o apoio da Comintern ao levante nas três capitais, ver John Dulles, "As insurreições de 1935", em *Anarquistas e comunistas no Brasil*, Rio de Janeiro, Nova Fronteira, 1977, p. 424.

[72] Fernando de Lacerda, "A última insurreição brasileira e as provocações do governo do Brasil" (1936), em Edgar Carone, *O PCB: 1922 a 1943*, São Paulo, Difel, 1982, p. 166.

[73] Marly Vianna afirma que a direção do PCB reconheceu a derrota,

Fachada do 3º Regimento de Infantaria da Praia Vermelha, no Rio de Janeiro, após o levante de novembro de 1935.

va a interpretação sobre as insurreições, o narrador, ao recortar o fato, ratifica a sua crítica à direção do Partido.[74]

O narrador adota, também, uma postura crítica em relação aos dirigentes da rebelião: "estavam ali dois figurões, dois responsáveis, dois criminosos, porque tinham sido pegados com o rabo na ratoeira". A gradação na referência aos companheiros ("figurões", "responsáveis", "criminosos") mostra o abismo para o qual o Estado repressivo os empurrou: os líderes da sedição tornaram-se autores de um crime. A explicação paradoxal de que são criminosos *porque* foram pegos pelo governo, enfatiza a encenação para capturá-los: a imagem da ratoeira mostra o levante de Natal (e não apenas ele) como o pretexto adequado para que as forças repressivas atuassem com toda a brutalidade, e de maneira justificada para parcelas da opinião pública, contra os trabalhadores e os diversos setores de esquerda. A sedição, portanto, seria apenas o dispositivo capaz de acionar de maneira mais explícita e hegemônica a perseguição em massa que efetivamente acontecia em todo o país.[75]

De fato, o contexto do ano de 1935 já era o da repressão brutal muito antes do levante de novembro, como resposta de Vargas às manifestações populares na luta contra o fascismo (no Brasil, ideais encampados pela Aliança Nacional Libertadora) e, especial-

---

mas não os seus erros, uma vez que vários quadros se haviam revelado, a revolução ficara na ordem do dia, o movimento continuava no interior do Nordeste e, pela primeira vez, o PCB participara de uma luta armada aliando forças (em *Revolucionários de 1935: sonho e realidade*, São Paulo, Expressão Popular, 2007, pp. 373-4).

[74] Basta lembrar que, no esboço das *Memórias*, ainda em 1937, Graciliano afirma claramente: "É possível que estivesse mal informado, mas realmente não sentia entusiasmo, não acreditava que existissem forças populares organizadas para um revolução" (Arquivo IEB-USP, Série Manuscritos, Subsérie Memórias do Cárcere, Not. 6.1).

[75] Leôncio Martins Rodrigues registra não haver dúvidas de que o governo acompanhava os preparativos para o levante ("O PCB: os dirigentes e a organização", em *História geral da civilização brasileira*, São Paulo, Difel, 1981, vol. 3, t. III, p. 373).

mente, à mobilização do movimento operário que exigia maior participação nas decisões políticas, materializada nas inúmeras greves realizadas ao longo dos anos de 1933-34.[76] À criação da ANL, em março de 1935, o governo respondeu com a Lei de Segurança Nacional, de abril, que lhe conferia poderes especiais para reprimir atividades consideradas subversivas, além de proibir as organizações independentes dos trabalhadores.[77] O narrador, portanto, percebe que a *tocaia* das forças repressivas estava preparada há muito.[78]

[76] Não se pense, porém, que a perseguição aos trabalhadores seja exclusiva do mencionado biênio: a repressão sistemática é simultânea ao recrudescimento das classes trabalhadoras na cena política nacional. Edgar Carone afirma que, a partir de 1930, "todos os chefes de Polícia do Distrito Federal, de Batista Luzardo até Filinto Müller — com exceção de João Alberto —, para falarmos até 1937, perseguem ferozmente o movimento operário, principalmente os comunistas. A tortura física e as arbitrariedades tornam-se costumeiras; a expulsão de líderes operários é frequente". A criação do Ministério do Trabalho e a lei de sindicalização de 1931 enfraquecem terrivelmente as velhas lideranças independentes e revolucionárias, e "o Estado Novo só prossegue o processo, que sempre teve a simpatia das classes dirigentes" ("Classes sociais", em *O Estado Novo: 1937-1945, cit.*, pp. 120-1).

[77] A ANL, que contava com mais de 1,5 milhão de militantes, foi fechada por Vargas em julho de 1935, em campanha maciça de perseguições a fim de "esmagar o comunismo" (e desmobilizar a classe trabalhadora). Com os levantes de novembro, o Congresso aprova o estado de guerra (dezembro), que conferia poderes de emergência ao Executivo, e decreta estado de sítio por todo o ano de 1936, quando também são criados a Comissão de Repressão ao Comunismo (janeiro) e o Tribunal de Segurança Nacional (julho), em uma escalada autoritária que culminaria no golpe de Estado de novembro de 1937 (Thomas Skidmore, em *Brasil: de Getúlio a Castelo*, São Paulo, Paz e Terra, 2007, pp. 32-54).

[78] A percepção da ofensiva do Estado contra os trabalhadores também não escapou ao olhar de Mário de Andrade no conto "Primeiro de Maio", conforme a análise de Iná Camargo Costa. A "ratoeira" montada pela polícia no Palácio das Indústrias, onde seria "celebrado" (e não *comemorado*) oficialmente o feriado é percebida a tempo pelo protagonista 35, um carregador de malas da Estação da Luz e provável área de influência do Partido ("Mário de Andrade e o primeiro de Maio de 35", *Trans/form/ação — Revista de Filosofia*, São Paulo, vol. 18, 1995, pp. 29-42).

No processo de rememoração, ele admite ainda confundir José Macedo e Lauro Lago, e por meio dos dois companheiros ficou sabendo, à época, da existência de um terceiro líder, que, torturado, não pôde ser conduzido ao Rio de Janeiro.[79] A sequência de imagens com que expõe esse fato é bastante agressiva: "seviciado em demasia", o insurgente "aguentara pancadas no rim" e, tempos depois, "mijava sangue". Os termos empregados realçam a brutalidade dos fatos narrados, sem "envolvê-los em gaze ou contorná-los", como já alertara a abertura do livro, e confirma o perfil, entrevisto por John Gledson, do "ex-prisioneiro político ferozmente determinado a atirar a verdade cruel na cara dos leitores".[80]

A sensação de choque, porém, não é exclusiva do leitor: o prisioneiro também é atingido pela revelação de fatos inesperados, e há uma inflexão na narrativa, que deixa de falar da realidade exterior para focar a interioridade do sujeito, que lhe permite analisar, de maneira bem aguda e se valendo da própria experiência, a violência estrutural do país:

> "Arrepiava-me pensando nisso. Achava-me ali diante de criaturas supliciadas e, consequentemente, envilecidas. A minha educação estúpida não admitia que um ser humano fosse batido e pudesse conservar qualquer vestígio de dignidade. Tiros, punhaladas, bem: se a vítima conseguia restabelecer-se, era razoável andar de cabeça erguida e até afetar certo orgulho: o perigo vencido, o médico, a farmácia, as vigílias de algum modo a

---

[79] A repressão mais brutal no levante potiguar recaiu sobre os civis, todos militantes e líderes do Partido na região: Lauro Lago, José Macedo e João Batista Galvão (a quem alude, sem nomear, o narrador das *Memórias*). Este último foi capturado juntamente com Lauro Lago e José Macedo. Espancado pela polícia, passou dezoito meses na Casa de Detenção de Natal e perdeu um rim em virtude dos maus-tratos recebidos (Lauro Gonzaga Cortez, *A Revolta comunista de 1935 em Natal*, Natal, Cooperativa Cultural do Rio Grande do Norte, 2005).

[80] "Brasil: cultura e identidade", em *Por um novo Machado de Assis*, São Paulo, Companhia das Letras, 2006, p. 379.

Os principais integrantes do governo comunista em Natal, em 1935, mencionados por Graciliano Ramos. Da esquerda para a direita, ladeados pelos policiais: Lauro Lago, José Macedo e João Galvão.

nobilitavam. Mas surra — santo Deus! — era a degradação irremediável. Lembrava o eito, a senzala, o tronco, o feitor, o capitão de mato."[81]

O narrador, que resgata o seu próprio passado de maneira confessional,[82] revela que a surra era uma maneira de "destruir a dignidade de um indivíduo". Portanto, o arrepio, relembrado, resulta do contato com algo já conhecido, vivido e observado: o seu passado rural, as raízes de uma infância marcada pelos maus-tratos e pela injustiça praticada por seus superiores tornada regra de relação das classes mais abastadas para com as mais pobres.[83] Dentro desse universo, que ressurge presentificado (indicando a não superação do legado social e moral), a violência sistêmica também fabricava os seus heróis, indivíduos que a ela resistiam, o que dá a medida do "código do sertão" e das formas de sociabilidade do lugar.

A alusão à surra, porém, atravessa a história e o tempo e cristaliza imagens da escravidão e do Brasil colonial, no revolver de um passado que ressurge abruptamente e que ele de certo modo considerava, à época da prisão, superado ou ao menos confinado

---

[81] *MC*, V, p. 121.

[82] Sobre este aspecto da composição das *Memórias*, escreve João Luiz Lafetá: "Fica claro para o leitor que há uma tentativa constante do autor em compreender aquela situação que está vivendo, de tirar uma espécie de moral da história, uma ética. Em suma, discutir o comportamento pessoal dos presos, o comportamento das classes sociais de acordo com seus interesses. Isso dá ao livro um tom acentuadamente intelectual" ("O porão do *Manaus*", em Flávio Aguiar *et al.*, *Gêneros de fronteira: cruzamentos entre o histórico e o literário*, São Paulo, Xamã, 1997, p. 230).

[83] A obra *Infância* (1945) traz diversos episódios que mostram a familiaridade do garoto com a violência doméstica, como o conhecido episódio do cinturão ("Um cinturão"), e o capítulo que diz respeito a Venta-Romba, "mendigo brando" preso arbitrariamente pelo pai do menino quando este exercia a função de juiz substituto, o que contribui para que a criança aumente a desconfiança em relação à autoridade ("Venta-Romba", em *op. cit.*, Rio de Janeiro/São Paulo, Record, 2003, pp. 33-7 e 237-43).

à região de que provinha. As imagens que convocam o regime escravista em suas manifestações mais brutais materializam-se para espanto e perplexidade do narrador, e a interjeição proferida ("santo Deus!") resgata a surpresa de quem deparou com a atualidade de formas arcaicas de opressão. A modernização enfim mostrava o seu reverso cruel, na manutenção e reposição, como estratégia do Estado, das relações de matriz escravista nos centros urbanos e em lugares supostamente mais desenvolvidos como o Sul do país: no Pavilhão dos Primários, a tortura será rotineiramente percebida pelo detento. A reflexão do narrador sobre a tortura o faz lembrar dos pequenos ladrões de seu lugar de origem:

> "Está visto que não se punem os grandes atentados, mais ou menos legais, origem das fortunas indispensáveis à ordem, mas os pequenos delinquentes sangram nos interrogatórios bárbaros e nunca mais se reabilitam. Não me ocorrera a ideia de que prisioneiros políticos fossem tratados da mesma forma: a palavra oficial dizia o contrário, referia-se a doçura, e não me achava longe de admitir pelo menos uma parte disso. Um jornalista famoso asseverava que os homens detidos no *Pedro I* bebiam champanhe. Com certeza na doçura e no champanhe havia exagero; não me viera, contudo, a suspeita de que a imprensa e o governo mentissem descaradamente quando isto não era preciso."[84]

O mergulho na própria experiência mostra-lhe que os grandes ladrões não apenas saem ilesos dos delitos como são necessários para a garantia da ordem latifundiária.[85] Nesse contexto, o Estado nada mais é do que um instrumento de defesa da proprie-

---

[84] *MC*, V, p. 122.

[85] A relação do camponês com a (i)legalidade da ordem latifundiária é um dos temas centrais de *Vidas secas* (1938), particularmente no capítulo "Contas", em que Sinha Vitória e Fabiano descobrem que são roubados pelo patrão-fazendeiro, e há, inclusive, um paralelismo entre a situação de Fa-

dade, o poder organizado das classes possuidoras.[86] A ironia do narrador ("Está visto que não se punem os grandes atentados, mais ou menos legais"), ao apresentar como obviedade o que é resultante da dominação econômica, tem alcance diacrônico, porque mostra o seu conhecimento acerca da forma bárbara de acumulação capitalista no Brasil, processo truculento e brutal que inclui não apenas a violação da lei, mas também a sua instrumentalização contra o mais pobre e sempre em defesa da propriedade.[87]

Portanto, a marca dos escravos fugidos e dos ladrões miúdos de algum modo também assinalaria o protagonista a partir de então, como prisioneiro político que era. Tal constatação entra em conflito com o que era propalado pelos órgãos oficiais e pela imprensa, empenhada, com o governo Vargas, em expurgar do país o "perigo vermelho", construindo mentiras absurdas a fim de granjear apoio público para sua política.[88] Para o narrador, porém, não

---

biano e os tempos da escravidão (*Vidas secas*, Rio de Janeiro/São Paulo, Record, 2003, pp. 94-5).

[86] Com a palavra, o pai do liberalismo, Adam Smith, em 1776: "Instituído em princípio para a segurança da propriedade, o governo civil é, na realidade, instituído para a defesa dos ricos contra pobres, ou dos que têm propriedade contra os que não têm nenhuma" (em *A riqueza das nações*, São Paulo, Martins Fontes, 2003, p. 906). No século XX, Walter Benjamin, ao discutir as relações entre o direito e a violência na sociedade alemã após a Revolução de 1918, revelou como a violência é, a um tempo, fundadora e conservadora do direito institucionalizado, sendo o Estado o único elemento social que dela pode dispor legitimamente e em nome de seus interesses particulares, contando para isso com o poder militar e o poder da polícia ("Crítica da violência — crítica do poder", em *Documentos de cultura, documentos de barbárie (textos escolhidos)*, São Paulo, Cultrix, 1986, pp. 160-75).

[87] Paulo Honório é, possivelmente, na obra de Graciliano, a personagem símbolo desse processo de naturalização da violência como garantia da propriedade. Ele persegue o capital "sem descanso", efetua transações comerciais "de armas engatilhadas" e assassina o vizinho Mendonça a fim de aumentar a extensão de suas terras e, consequentemente, a produção (*S. Bernardo*, Rio de Janeiro/São Paulo, Record, 2004, caps. III e VI).

[88] A edição do *Jornal do Brasil* de 2 de abril de 1936 trazia, sob o título "Para esclarecer a opinião pública sobre a ação do governo neste momen-

era preciso fabricá-las, porque ele notava, desde a prisão, que Vargas se via respaldado pelas massas.

A partir da cadeia, a percepção da equalização entre militância e criminalidade lhe dá a possibilidade de corrigir sua visão das relações de poder, da justiça e da imprensa corrompida: a imagem oficial do país "doce", da qual o prisioneiro já desconfiava, desmorona ante o que ele vê e ouve no porão do navio, quando tem acesso efetivo aos mecanismos de funcionamento do Estado repressor.

A violência sistêmica com a qual este narrador conviveu, em formas que a associam à herança da escravidão, era dirigida habitualmente às classes menos favorecidas, e de algum modo ele participou dessa realidade. Nesse sentido, o capítulo "O moleque José", de *Infância*, pode ser considerado emblemático por ilustrar a familiaridade do menino sertanejo com o substrato escravista. A família do protagonista possui vários agregados, filhos da negra Luísa, dentre eles o moleque José, castigado sempre que o pai passava por dificuldades no comércio, e que, quando acuado, parecia "uma insignificante mancha trêmula". Ao levar chicotadas por uma traquinagem, José emite um "doloroso ganido de cachorro novo", e o menino decide então torturar também o agregado:

"Retirei uma acha curta do feixe molhado, encostei-a de manso a uma das solas que se moviam por cima da minha cabeça. Na verdade apenas toquei a pele do negrinho. [...] Com certeza José nada sentiu. Cobrei âni-

to da vida nacional", uma extensa declaração do chefe de polícia de Vargas, Filinto Müller. No tópico "Tratamento dispensado aos comunistas no Brasil", depois de fazer um balanço do Código Penal Soviético, destacando a pena de morte por ele perpetrada, declara o general: "As torturas, os sofrimentos físicos de que deu notícia o sr. Abel Chermont, tão em voga e tão requintados nos presídios políticos do regime soviético, não existem a bordo do *Pedro I*, nem foram postos em prática pela nossa polícia" (*Jornal do Brasil*, Rio de Janeiro, 2/4/1936). Dias antes (a 27 de março), o mesmo jornal noticiava a prisão do senador paraense Abel Chermont, que denunciava no Congresso os maus-tratos infligidos aos presos políticos.

mo, cheguei-lhe novamente ao pé o inofensivo pau de lenha. Nesse ponto ele berrou com desespero, a dizer que eu o tinha ferido. Meu pai abandonou-o. E, vendo-me armado, nem olhou o ferimento: levantou-me pelas orelhas e concluiu a punição transferindo para mim todas as culpas do moleque. Fui obrigado a participar do sofrimento alheio."[89]

Nesse capítulo de *Infância* fica clara a passagem, do menino protagonista, de observador a algoz e depois a vítima da tortura, revelando o circuito opressor alimentado por uma realidade social cuja dinâmica remonta à escravidão. Algo dessa operação, inclusive a inversão de papéis (em contexto diverso), também ocorre nas *Memórias*: para o narrador, o açoite destinado às classes baixas não produzia estranhamento; o atípico, agora, é que classes mais altas também sofressem os castigos. A sua surpresa não decorre, então, da percepção do processo de acumulação de riqueza assentado na violência física presenciada desde cedo, mas na estarrecedora descoberta de que, na passagem da República Velha para a Nova, formas arcaicas de mando eram realimentadas e ampliadas pela lógica histérica do "combate ao comunismo",[90] como vemos a seguir:

"Habituara-me de fato, desde a infância, a presenciar violências, mas invariavelmente elas recaíam em sujeitos da classe baixa. Não se concebia que negociantes e funcionários recebessem os tratos dispensados antigamente aos escravos e agora aos patifes miúdos. E estávamos ali, encurralados naquela imundície, tipos da pequena-burguesia, operários, de mistura com vagabun-

---

[89] *Idem*, pp. 90-1.

[90] Ver, a respeito, Rodrigo Patto Sá Motta. "A primeira grande 'onda' anticomunista: 1935-1937", em *Em guarda contra o perigo vermelho: o anticomunismo no Brasil (1917-1964)*, São Paulo, Perspectiva, 2002, pp. 179-230.

dos e escroques. E um dos chefes da sedição apanhara tanto que lá ficara em Natal, desconjuntado, urinando sangue."[91]

Há, certamente, a configuração de um traço patriarcal na recusa do narrador em admitir, para a sua classe, o mesmo tratamento dirigido aos pobres, ao "não conceber" que fossem igualados escravos, marginais e pequeno-burgueses, rechaçando de forma veemente o lugar social dos despossuídos. Mas há também a autoexposição de uma formação calcada nessa mesma conduta discriminatória que, longe de dissimular, desvela a autocrítica feroz de um sujeito que tentava não se igualar à escória por trazer, em si, as marcas de uma diferenciação social que, não obstante, o Estado tratava de abolir.

A formulação irônica apresenta uma concepção pessoal que soa como verdade geral e que termina desacreditada, pois a cadeia revela-lhe o "inconcebível", na explicitação crua do obscurantismo em que o país estava inserido. De certo modo, acusar a prevalência das formas arcaicas de sociabilidade é, para esse narrador, também acusar dolorosamente a si próprio, como se a transição para a Nova República encontrasse eco na subjetividade que narra, encena e denuncia uma reação que remete ao seu passado e ao universo oligárquico que tanto o marcou: um tempo e um lugar que ressurgem em forma de espectro, em uma configuração ainda mais temível e cruel pois o que antes o atingia de modo indireto ou caseiro poderia enfim vir ao seu encontro de modo franco, ubíquo — e oficial.[92]

---

[91] *MC*, V, p. 123.

[92] Assim, o prisioneiro descobria que a passagem para a modernidade no Brasil continuava a referendar as relações domésticas e os contatos primários como o "modelo obrigatório de qualquer composição social entre nós", em que triunfa "o geral sobre o particular, o intelectual sobre o material e o abstrato sobre o corpóreo" (cf. Sérgio Buarque de Holanda, "O homem cordial", em *Raízes do Brasil*, São Paulo, Companhia das Letras, 2003, p. 141). Como se vê, o emprego de recursos estilísticos que priorizam os danos infli-

Esse temor ajuda a entender a referida "imundície" do navio evitada pelo prisioneiro, na qual ele se vê "encurralado", uma alusão à presença de marginais no porão. Trata-se da recusa em se misturar aos "vagabundos e escroques" na mesma proporção que as forças repressivas trabalham para igualá-los. Ao resistir contra a própria degradação, ele tenta, de algum modo, impor-se por meio da recusa ao nivelamento. Como consequência, delineia-se não apenas uma feição de classe, perceptível na associação que o narrador faz entre a ralé e a sujeira do *Manaus*, como também a (auto)denúncia de seu comportamento discriminatório em relação aos pobres.

A passagem se encerra com a nova referência ao fato que gerou a reflexão: "e um dos chefes da sedição apanhara tanto que lá ficara em Natal, desconjuntado, urinando sangue". É como se, depois de repisar o mote e compreendê-lo na sua amplitude, explicitando a verdade de um país que adentrava a modernidade por meio da reposição do atraso cristalizada nos rituais de violência corpórea direta, o narrador voltasse ao motivo que suscitou a interiorização reflexiva, transformado pelas descobertas que ela lhe proporcionou: o olhar para os revoltosos espancados não mais seria o mesmo, porque ele saberia, a partir de então, que a repressão e os castigos também o incluiriam como alvo.

Os vínculos da sociabilidade colonial repostos pelo desenvolvimento das forças produtivas, que o narrador militante faz questão de ressaltar ao reviver a sua experiência de prisioneiro, contrariam a concepção etapista do processo histórico encampada pelo PCB desde os anos 1920, como projeto político da Internacional Comunista para os países "coloniais, semicoloniais e dependentes" como o Brasil. Segundo essa teoria, a superação dos "restos feudais" nesses países seria possível apenas por meio de uma revolução burguesa (ou seja, mediante o pleno desenvolvimento do capitalismo), a qual forneceria então as condições para que, em

---

gidos ao corpo, na cena, não deixa muitas dúvidas sobre o perfil do nosso Estado Moderno.

futuro indefinido, ocorresse a revolução proletária[93] — uma cabal subordinação do Movimento Comunista Internacional aos interesses do Estado soviético. O posicionamento do narrador nesta cena, ao mostrar um passado que se revigora *em virtude* da modernização capitalista, entra em choque com a visão linear do processo histórico adotada pelo PC, revelando a superficialidade nas análises das contradições internas dos países periféricos feitas pela IC, o que amplifica a discussão político-partidária inserida neste tecido de memória.

No plano da trama, a ilusão da personagem sobre a prisão (entendida no início das *Memórias* como uma "libertação", como possibilidade de se mudar para o Sul do país e se profissionalizar como escritor) começa a ruir nesta primeira parte, ainda no porão do *Manaus*, quando o detento percebe ser o seu encarceramento uma sentença de culpa não formalizada, pairando kafkianamente como sombra. Se a recusa ao nivelamento revela um traço de classe, ela é, também, uma forma de sobrevivência: era preciso não se despersonalizar por completo e reagir à agressão compulsória impelida pela prisão. Para o narrador, fechar-se sobre si e tentar compreender o seu lugar social, bem como as heranças ideológicas que pesam sobre ele, é o modo de não apenas entender o passado, mas principalmente de tomar partido na luta política que o absorve.

A figuração da subjetividade familiarizada com o passado rural-escravista, capturada no momento em que esse mesmo passado retorna renovado e sobre ela desaba, revela de maneira bastante contundente o processo de modernização do país em suas mais amplas contradições, na reativação do que parecia estar superado, e também na descoberta da extensão da barbárie, antes "privilégio" dos pobres e dos escravos.[94]

---

[93] Essa questão será abordada no quarto capítulo deste volume.

[94] Conforme sintetiza Francisco de Oliveira, a passagem para a ordem industrial implementada por Vargas representa uma tentativa de expulsar o custo do escravo do custo da produção, dentro de um modelo econômico cuja progressão não requereu a destruição completa do antigo modo de acu-

Portanto, é possível detalhar o movimento da composição das *Memórias*, que, como vimos, consiste no relato factual somado à crispação do narrador. Esse movimento se materializa em um discurso analítico, confessional e reflexivo que irrompe como sequência de um núcleo episódico: uma confissão, que inclui, muitas vezes, um exame de consciência de classe. Como definiu Antonio Candido, Graciliano, inserido no quadro dos romancistas de 1930, opta por fazer "uma análise impiedosa" da pequena burguesia, assim como Octavio de Faria, em espectro ideológico oposto, fez em relação à grande.[95]

Nas *Memórias* ele amplia tal projeto, por analisar impiedosamente a si próprio (e, evidentemente, a sua classe), com vistas à discussão política e ao seu lugar na luta socialista. Por esse motivo, as *Memórias do cárcere* não podem ser consideradas mais um exercício de cinismo das classes dominantes, como se nota no *Memorial de Aires*, nem possuem o apelo a um portentoso passado livremente edulcorado que caracteriza alguns ensaios interpretativos de nítida feição memorialista, como *Casa-grande & senzala*, de Gilberto Freyre.[96] A herança escravista e a ordem patriarcal ressurgem, para o narrador das *Memórias*, materializadas no horror ante a política do Estado dos anos 1930 e 1940, o que, por contrariar também posições historicamente encampadas pelo PCB, dá a medida do debate político que a obra propõe. Nesse sentido, o livro, ao formalizar os posicionamentos do artista militante por meio da composição, sugere ao seu modo também uma interpretação do país, à semelhança dos ensaios de 1930, com os quais a literatura de Graciliano guarda evidente intimidade.[97]

---

mulação (em *Crítica à razão dualista/O ornitorrinco*, São Paulo, Boitempo, 2003).

[95] "Poesia, documento e história", em *Brigada ligeira*, Rio de Janeiro, Ouro sobre Azul, 2003, p. 43.

[96] Para uma avaliação dessa componente saudosista em *Casa-grande & senzala* em contraponto a *Raízes do Brasil*, ver Antonio Candido, "A visão política de Sérgio Buarque de Holanda", *Folha de S. Paulo*, 25/1/1998.

[97] João Luiz Lafetá, em alusão à ensaística dos anos 1930, afirma, so-

Literariamente, as *Memórias* mostram que a retirada compulsória da personagem da lógica dos dias expõe uma subjetividade a princípio alienada, mas que, por meio do distanciamento imposto pela prisão e pela decalagem temporal entre o acontecido e o narrado, permite ao narrador revelar, muitas vezes, a consciência dessa alienação e a reformulação de suas percepções como parte de um momento de crítica ou de tentativa de superação, quando entra em cena, de forma infusa, o olhar do militante. Dessa maneira, é possível afirmar que ao estarrecimento e à inação gerados pela cadeia, o narrador contrapõe a reflexão concentrada e forte de um sujeito politicamente convicto, para quem o cárcere, na mesma medida em que o levou à experiência-limite de quase morte, transformou-se em uma poderosa "torre de observação da realidade nacional".[98] Ainda que, para a mirada efetiva, o narrador tenha de confrontar sem pudores os dogmas do próprio Partido, bem como a si mesmo e ao seu passado.

---

bre Graciliano, que "não se pode deixar de pensar que os romances que ele escreveu são também, de certa maneira, investigações sérias, cuidadas, da realidade brasileira" ("O porão do *Manaus*", *cit.*, p. 227).

[98] A expressão, de Inácio Rangel, é retomada por Gildo Marçal Brandão: "Cabe supor que as prisões serviram, também aqui, de universidade aos partidários da revolução, e é provável que não houvesse melhor torre de observação da realidade nacional da época do que as masmorras da ditadura getulista, a escola de ciências sociais então possível" (em *A esquerda positiva: as duas almas do Partido Comunista, 1920-1964*, São Paulo, Hucitec, 1997, p. 153).

2.
A sociabilidade cordial e os subterrâneos do espírito

> "A transição do convívio das coisas elementares da natureza para a existência mais regular e abstrata das cidades deve ter estimulado, em nossos homens, uma crise subterrânea, voraz."
>
> Sérgio Buarque de Holanda, *Raízes do Brasil*

No capítulo precedente, vimos como o movimento de crispação ditado pela experiência vivida permite ao narrador das *Memórias* não apenas a compreensão do mundo carcerário, mas também da realidade político-social do país que se revelava de maneira contundente, ou "nua", naquele espaço de segregação. Como a interiorização não exclui os contatos da personagem com os demais detidos e os algozes do sistema prisional (pelo contrário, muitas vezes é motivada por eles), torna-se necessário entender de que maneira o narrador apreende as relações interpessoais que estabeleceu na cadeia, e em que medida essas formas de sociabilidade dizem respeito à ação governamental e à vida do Partido, ou seja, servem como *argumentos* para o militante que rememora.

Além disso, cumpre analisar os momentos emblemáticos nos quais o narrador, a partir da prisão, expõe e disseca o que, nele, há de mais recôndito e internalizado, dando vazão ao "homem subterrâneo", à porção reprimida da sua constituição que, segundo Antonio Candido, "opõe a singularidade [do indivíduo] ao equilíbrio padronizado do ser social".[1] Nesse sentido, também as

---

[1] Antonio Candido. "Os bichos do subterrâneo", em *Tese e antítese*, Rio de Janeiro, Ouro sobre Azul, 2006, p. 92.

manifestações da consciência do narrador das *Memórias* poderão ser entendidas, por meio da análise literária, como resultantes do curso histórico objetivo e como discursos que compõem o debate político-partidário proposto pela obra, uma vez que as ideias do ser social se formam a partir da sua relação com o processo produtivo.

Os "carrascos amáveis"

Um bloco bastante significativo para a compreensão da sociabilidade entrevista na cadeia é o que contém os capítulos 10, 13 e 15 da primeira parte ("Viagens"), os quais tratam especificamente da relação do prisioneiro, ainda no quartel do Recife, com a lei (ou a ausência dela) e com o comandante daquela unidade militar: o Capitão Lobo. Sem saber exatamente para onde vai, alojado em uma prisão provisória destinada a oficiais, o detento conserva ilusões sobre um possível processo, procurando os farrapos de um estado de direito que não mais existia, e também nutre expectativas de encontrar, na cadeia, o refúgio ideal para escrever.

No capítulo décimo, ele decide compor uma "narrativa de casos diários", um relato sobre o que vivenciara desde a detenção em Maceió, mas, escrevendo com muita dificuldade, percebe que a sua "inteligência baixara", fruto do desânimo e da impossibilidade de concentração: ao seu lado, Capitão Mata, também preso, mostrava grande inquietude. A visão do companheiro atormentado provoca a sua retração e a busca das razões que importunavam o oficial:

> "Difícil imaginar por que o agitava a chegada do major fiscal ou do comandante da companhia. Não se tratava, porém, disso. E arrancando palavra aqui, palavra ali, notei a causa da ansiedade: Mata receava o aparecimento de um general no quartel. Apenas. Estranhei ver homem tão loquaz, tão alegre, amofinar-se à toa. Não havia razão, supus. Em seguida modifiquei o juízo.

Para um capitão de polícia a visita de um general, em carne e osso, deve ser caso importante demais."[2]

O excerto mostra que, na truncada conversa com Mata, o prisioneiro percebe ser a visita do general uma espécie de ameaça. A princípio, há certa presunção de sua parte, já que ele considera o desassossego e o temor do Capitão primeiro desprovidos de razão, depois adstritos à oficialidade. A reflexão mais detida do narrador, no entanto, revela que a situação de vulnerabilidade estende-se a si próprio e lhe permite entender, por meio da sua experiência, as razões da inquietude do colega:

"Essa autoridade invisível, remota, com um rápido mandado nos cortara a vida social, nos trancara, a nós e a Sebastião Hora, que a alguns passos mofava numa prisão de sargentos, com vários outros. Começávamos a perceber que dependíamos da vontade desse cavalheiro. O interrogatório, as testemunhas, as formalidades comuns em processos não apareciam. Nem uma palavra de acusação. Permaneceríamos talvez assim. Com certeza havia motivo para nos segregarem, mas aquele silêncio nos espantava."[3]

O texto expõe a descoberta da situação de *anomia* em que o prisioneiro mergulhou, e a alusão a Sebastião Hora, médico aliancista que *mofava* na cadeia, dá a medida da destruição, promovida pelo Estado, dos princípios de cidadania. Há também a derrocada das expectativas quanto ao julgamento e à formalização da pena, quando o narrador constata que até mesmo o precário estado de direito, no qual nunca depositara muita confiança, mostrava-se explicitamente como uma miragem:

[2] MC, V, p. 68.
[3] *Ibidem*.

"Por que não figuramos em autos, não arranjavam depoimentos, embora falsos, num simulacro de justiça? Farsas, evidentemente, mas nelas ainda nos deixariam a possibilidade vaga de mexer-nos, enlear o promotor. Um tribunal safado sempre vale qualquer coisa, um juiz canalha hesita ao lançar uma sentença pulha: teme a opinião pública, em última análise o júri razoável. É esse medo que às vezes anula as perseguições. Não davam mostra de querer submeter-nos a julgamento. E era possível que já nos tivessem julgado e cumpríssemos pena, sem saber."[4]

A indagação do narrador, que reitera, na rememoração, a completa ausência do "simulacro de justiça" e a impossibilidade de "enlear o promotor", revela plena consciência do funcionamento jurídico brasileiro no dito estado de direito: em vias legais a lei é ilusória e burlada pelos mais aptos; há inclusive espaço para a corrupção ("safado", "canalha", "pulha"). Por esse motivo, a atuação do judiciário é entendida como uma encenação cujo fim é domesticar (despolitizar) a opinião pública durante a vigência de uma suposta democracia. Porém, com o estado de exceção instaurado, não seria preciso qualquer tipo de simulação, porque na suspensão da legalidade o poder se mostrava de forma crua e dispensava artifícios persuasivos:

"Suprimiam-nos assim todos os direitos, os últimos vestígios deles. Desconhecíamos até o foro que nos sentenciava. Possivelmente operava nisso uma cabeça apenas: a do general. E Capitão Mata, ouvindo a corneta, alvoroçava-se. [...] A verdade é que também principiava a inquietar-me. Tenho em geral uma espécie de

[4] *Ibidem.*

indiferença auditiva, mas aquele desassossego me apanhava."[5]

A percepção da suspensão do ordenamento jurídico permite ao narrador entender o estado de exceção como um *continuum* entre o direito constituído e o suspenso, de modo que a situação excepcional possibilita a ele pôr em xeque e questionar a própria normalidade do sistema: não haveria, de fato, diferença prática entre a lei sistematicamente corrompida ou não cumprida e a suspensão explícita dela, o que descortina a ideologia que se oculta sob o lema dos direitos civis universais.[6]

A situação política do país ao tempo da prisão contribui muito para essa percepção: como foi dito, a partir do final de 1935 o governo Vargas, com grande apoio do Congresso Nacional, prorrogou sistematicamente o estado de sítio até criar as condições necessárias para o golpe de novembro de 1937, que instituiu oficialmente o Estado Novo.[7] A draconiana Lei de Segurança Nacional

---

[5] *Ibidem.*

[6] Em *Insônia* (1947), o conto "A testemunha" trata justamente da impostura do judiciário brasileiro. Nele, Gouveia, um jornalista de trinta anos, é intimado a depor sobre um crime que presenciara pela janela de seu escritório, e que envolveu uma mulher (a vítima), um comerciante "gordo e rico" e um "preto com aparência de macaco" — esses últimos os dois suspeitos. Amolado com a audiência, sai do tribunal com a certeza da sentença que ainda não tinha sido proferida: "O preto amacacado, num cubículo sujo, comeria boia nojenta, mofaria muitos anos na esteira esfarrapada cheia de percevejos. O capelão da cadeia lhe ensinaria rezas e tentaria com paciência salvar-lhe a alma" (*op. cit.*, São Paulo, Livraria Martins, 1976, pp. 115-25).

[7] Basta lembrar que, no refluxo do levante de novembro, Vargas conseguiu, a 25 do mesmo mês, a aprovação, pelo Congresso, do estado de sítio. Em dezembro, a Câmara dos Deputados aprovou a Lei de Segurança Nacional, com três emendas constitucionais: uma autorizava o presidente a demitir sumariamente qualquer funcionário público; outra fortalecia o controle de Vargas sobre os militares; e a terceira dava ao presidente poderes temporários de emergência ainda maiores. As medidas foram extensivas ao ano seguinte, quando o Congresso votou, por quatro vezes, para ampliar o estado de sítio por noventa dias (cf. Thomas Skidmore, em *Brasil: de Getúlio*

vigorava desde abril de 1935; no ano anterior o presidente passara a governar por decretos, com o auxílio de um Congresso esvaziado de poder real e de uma Constituição que fortalecia a centralização política. Ao longo desses anos, portanto, e mesmo antes da ditadura formal, a exceção se impôs de forma permanente, a ponto de se tornar parte integrante da política varguista.

Como a confirmar o campo de luta política em que o narrador se insere, não parece casual que o raciocínio sobre a política de exceção, bastante esclarecedor para se pensar a prática dos Estados contemporâneos (quando a medida excepcional se transforma em técnica dos governos neoliberais), encontre sua origem no Marx de 1852, que apontou, após os "sustos" provocados pelas insurreições proletárias de maio e junho de 1848, o nascimento conjunto da exceção e da regra como a grande inovação da república burguesa. Naquele momento, o estado de sítio de Paris continha o povo sob as baionetas enquanto era criada uma Constituição "republicana" cujos artigos, assegurando os direitos incondicionais do cidadão francês, incorporavam legalmente a sua própria negação, livrando a sociedade burguesa da preocupação de governar a si própria e de ter de decretar o estado de sítio apenas episodicamente.[8]

Portanto é compreensível que, no excerto das *Memórias*, o narrador comunista, valendo-se de sua própria vivência, aponte o funcionamento farsesco do judiciário não apenas durante a suspensão dos direitos, mas também como praxe assimilada, uma es-

---

Vargas a Castelo Branco (1930-1964), Rio de Janeiro, Paz e Terra, 2007, pp. 43-4).

[8] Karl Marx, *O 18 de brumário de Luís Bonaparte*, São Paulo, Boitempo, 2011, pp. 42-6. Em *As lutas de classes na França de 1848 a 1850*, Marx assim define o trabalho da Assembleia Constituinte de 1848: "Enquanto delimitava na teoria as formas dentro das quais o domínio da burguesia se expressaria de modo republicano, ela conseguia se manter na realidade apenas mediante a invalidação de todas as fórmulas, mediante a violência *sans phrase*, mediante o *estado de sítio*. Dois dias depois de ter dado início à sua obra constitucional, ela proclamou a sua própria continuidade" (*op. cit.*, São Paulo, Boitempo, 2012, p. 75).

pécie de senso comum que faria parte de um cotidiano por ele sabido e reconhecido (inclusive em virtude da sua formação política), no qual os cidadãos se viam sempre excluídos de seus direitos. Isto é, o narrador constata que o estado normal *é* a exceção que, vez ou outra, se declara abertamente.

Mais ainda: ao unir polos a princípio antagônicos em relação ao Judiciário, as reflexões do narrador evidenciam como a exceção, vivenciada de modo ordinário na periferia do sistema capitalista, sempre foi a regra geral do Estado burguês moderno. De tal maneira que, para a maioria da população brasileira, a suspensão do *habeas corpus* ou a implantação do Estado Novo não alteravam a rotina de abusos do poder policial a que era submetida desde, pelo menos, a reforma conservadora do Código Criminal empreendida em 1841, que conferia às forças policiais poderes repressivos e judicativos sobre os escravos e os homens pobres livres.

Esse histórico permite redimensionar, pelo filtro localista, as reflexões contemporâneas de Giorgio Agamben, que elege o campo de concentração de Auschwitz e a figura do *homo sacer* como os paradigmas políticos da modernidade, respectivamente definidos como o lugar onde a exceção e a normalidade conviveriam de forma clara, e o detentor de uma vida "insacrificável", porém "matável", pelo poder soberano de Estado.[9] Ora, esse vazio jurídico teorizado por Agamben se mostra um velho conhecido do narrador das *Memórias*, seja pela vivência prévia e rotineira da iniquidade e do seu aprisionamento, seja pela formação partidária que lhe permite entender, com algum distanciamento, essa mesma realidade e o seu próprio passado.

Pode-se perceber, portanto, que para o narrador o regime excepcional estava incorporado ao bojo do Estado periférico moderno de maneira indisfarçada, muito antes que a ideologia liberal dos países centrais revelasse a sua natureza também farsesca com o desmantelamento das políticas de bem-estar social. Um momento

---

[9] Cf. "O muçulmano", em *O que resta de Auschwitz*, São Paulo, Boitempo, 2008, p. 57. Do mesmo autor, ver *Homo sacer: o poder soberano e a vida nua I*, Belo Horizonte, Editora UFMG, 2010, especialmente pp. 74-113.

em que, conforme Paulo Arantes, a política da exceção deixou enfim de ser uma "relíquia arcaica" no Primeiro Mundo e se pôs de forma clara a serviço do Estado burguês, como afinal, congenitamente, sempre esteve.[10]

No Brasil, a experiência da exceção, sedimentada pelo princípio de impunidade e casuísmo da lei que marcam a história nacional, deita raízes na transgressão consentida e oficializada do tráfico clandestino de escravos, proibido legalmente em 1818 e 1831, mas mantido, na prática, até a Abolição. O pacto entre o governo imperial e os senhores de escravos em favor da violação da norma seria a gênese histórica de uma fratura jurídica perene, da qual os negros não constituiriam os únicos tributários.[11] O narrador das *Memórias*, cujo passado, como vimos no primeiro capítulo, remonta à convivência com os remanescentes escravistas e suas manifestações mais diretas, denuncia o engodo do judiciário brasileiro e suas práticas, cujo fim é o reforço do "casuísmo de nascença" de nosso Estado legal.

No limite, a denúncia do sujeito ancorado na experiência pregressa da prisão põe em causa a justiça burguesa, ao revelar o descalabro com que ela funciona, a descoberto, no estado de sítio permanente do país periférico, especialmente quando o Estado autoritário era invocado e justificado sob a alegação de conter os

---

[10] Ao discorrer sobre o atual "estado de sítio mundial" como expressão da redefinição das relações centro-periferia, Paulo Arantes mostra como as medidas excepcionais já estavam previstas e incorporadas também pela lei norte-americana desde a Constituição de 1787, bastante anteriores aos poderes abertamente ditatoriais de George W. Bush que viriam a estourar com a escalada terrorista. Algo similar ocorreu na União Europeia, com a adoção de regras de procedimento penal que derrogam o direito comum incorporadas pela política de Estado. A cena atual, pois, trata da universalização da exceção, o que implica uma retração da norma no centro e da expansão da exceção periférica (Paulo Arantes, "Estado de sítio", em *Extinção*, São Paulo, Boitempo, 2007, pp. 153-65).

[11] Cf. Luiz Felipe de Alencastro, "O pecado original da sociedade e da ordem jurídica brasileira", *Novos Estudos*, Cebrap, nº 87, jul. 2010, pp. 5-11.

"excessos de liberalismo político" da República Velha.[12] Nesse sentido, o texto literário de Graciliano permite "abalar na base", por meio da apreensão e da formalização da matéria local, a intenção universalista do ideário liberal-burguês, o qual, no entanto, adotamos, e de que também somos parte.[13]

Nesses capítulos das *Memórias*, a constatação de que os vestígios da lei não mais existiam permite ao narrador revelar como, dez anos antes, se surpreendera com a maneira explícita pela qual a exceção se apresentava, bem como a sua natureza: a justiça aparatosa fora substituída por uma vontade única, pessoal e particular, a do general, da qual passavam a depender todas as vidas encerradas naquele espaço, inclusive a do prisioneiro, que a partir de então compreende melhor as idiossincrasias de Capitão Mata. Logo as suas presunções iniciais de escrever sobre a cadeia e a ilusão de que a prisão era uma dádiva, expressas nas primeiras páginas do livro, são demovidas pela constatação de que ele estaria à mercê do sobressalto.

No espaço da cadeia, materialização e metonímia do estado de exceção em que o país estava mergulhado, a norma, liquefeita, passa a vontade pessoal, e esta, por sua vez, pode virar regra de conduta para todo o grupo, a qualquer momento. Por esse motivo, as relações vivenciadas pelo prisioneiro se tornam significativas para a compreensão das formas de sociabilidade ditadas por uma lógica que se encontra também fora da prisão. O mando pessoal e a sobreposição da esfera privada à pública, no contexto do cárcere, permitem ao narrador antever como se desenvolvem algumas matrizes do nosso ordenamento social. A fim de desen-

---

[12] Ângela de Castro Gomes mostra que, se para os ideólogos do Estado Novo o liberalismo político era negado na defesa de um Estado forte e centralizador, apenas os "exageros" do liberalismo econômico eram criticados ("O redescobrimento do Brasil", em *Estado Novo: ideologia e poder*, Rio de Janeiro, Zahar, 1982, p. 135).

[13] Roberto Schwarz, "As ideias fora do lugar", em *Ao vencedor as batatas: forma literária e processo social nos inícios do romance brasileiro*, São Paulo, Duas Cidades/Editora 34, 2000, pp. 20-1.

volver o argumento, torna-se exemplar o capítulo subsequente, em que o detento, por ter utilizado um banheiro destinado aos sargentos, é repreendido pelo diretor do presídio, Capitão Lobo. Após a advertência, o narrador procura retomar os fatos para compreendê-los:

> "Esforcei-me por manifestar que, no meu parecer, culpa seria utilizar um banheiro de categoria superior ao permitido a mim, um banheiro de generais, por exemplo; contentando-me com um de sargentos, não praticava nenhum ato censurável. Mas meu parecer nada valia: responsabilizavam-me por uma infração, desenvolviam-na, e era inútil querer defender-me. Quanto mais me desculpava mais o capitão se arreliava: evidentemente a minha resistência ofendia as normas."[14]

A repreensão de Lobo entra em conflito com a lógica do prisioneiro, que não compreendia que o banheiro pudesse representar marcas distintivas de autoridade. Há algo de absurdo na situação, como se a supremacia do poder também se manifestasse na escatologia, e esse é o motivo da reprimenda: responsabilizado pela infração, o detento descumpriu uma lei que não era clara, ao menos para os civis, e o ato encoleriza o oficial. A cena, em que a figura carrancuda "rosna" a dificuldade de "educar" os paisanos, retrata de forma irônica o capitão, e também o atordoamento do prisioneiro que percebe, em um primeiro momento, haver transgredido as regras de Lobo e da caserna. Na prisão dos oficiais, a lei não é apenas volátil: sua validade depende dos critérios, ou dos desmandos e desrazões, de quem a aplica. Essa volatilidade parece, contudo, não se restringir aos homens fardados:

> "Finda a surpresa, contida a explosão de riso motivada pela extravagância aparente, aceitei a reprimen-

---

[14] *MC*, V, p. 70.

da, considerei que devia existir uma razão para ela. Haveria bazófia nisso, vaidade por me alojarem perto da gente de cima? Creio que não: tinha ido misturar-me involuntariamente aos outros, arriscando-me a degradar-me. Essa degradação era convencional. De nenhum modo me supunha diminuído na companhia de sargentos. Numa prisão deles, a alguns passos de distância, agasalhavam-se um médico e um advogado — e seria tolice imaginar-me com mais direitos que esses homens."[15]

Na busca por uma explicação, o narrador pretende justificar, à sua maneira entre séria e jocosa, a não transgressão da regra, uma vez que ele se valera de um recinto destinado a uma oficialidade mais baixa. Tal refutação mostra que, tanto da parte do agente do Estado quanto do prisioneiro, a norma, pulverizada, ganha um sentido bastante plástico, em conformidade com o sujeito que a formula (ou que a descumpre). Refletindo mais sobre a reprimenda, o narrador estabelece uma relação reveladora entre o tipo de cela na qual se alojara e o rigor do capitão:

"Ofereciam-me na verdade uma cela confortável, mas isto era casual, e, para ser franco, nunca desejei conforto: suponho até que ele nos prejudica. Possivelmente eu devia essa vantagem, esse acidente, à influência de alguém desejoso de beneficiar-me: capitão Lobo, neste caso: o despropósito dele era uma indicação. E também era presumível que, deixando-me na superfície algum tempo, quisessem dar-me um súbito mergulho nas profundidades, submeter-nos a variações dolorosas. Mais tarde esta segunda hipótese pareceu confirmar-se, embora eu hesite em afirmar que na modificação operada tenha havido um desígnio."[16]

---

[15] *MC*, V, p. 71.
[16] *Idem*, pp. 71-2.

É possível, por meio da leitura do excerto, acompanhar de modo flagrante o seu raciocínio: primeiro, ele sentia como iguais o médico e o advogado alojados em cela próxima, de sargentos, o que o ajudou a delimitar o seu raio de ação e, ao mesmo tempo, reforçar a autoimagem que a cadeia insistia em aniquilar; depois, encarou como casualidade o fato de se encontrar em um recinto confortável, sem esconder o seu incômodo com o tratamento diferenciado, manifesto no questionamento do conforto, estranhado, porém aceito; e, por fim, se percebeu protegido pelo capitão encarregado da ordem do lugar. Ao fim, as partes envolvidas na prática da lei e que discutem a validade das regras não se encontram muito distantes: o narrador percebe que a represália de Lobo poderia também ser uma forma de poupá-lo, de protegê-lo, o que reitera a plasticidade da norma ao submeter, mais uma vez, o estatuto da impessoalidade ao arbítrio.

Por isso, o narrador afirma notar, *a posteriori*, que o mecanismo de favorecimento viria apenas corroborar os maus-tratos que receberia — e essa variação de tratamento, não necessariamente intencional, constituía uma grande aflição, por lhe retirar as certezas sobre a experiência e destituir de racionalidade as condutas a ele dirigidas:

> "Numa perseguição generalizada, éramos insignificâncias, miudezas supressas do organismo social, e podíamos ser arrastados para cima e para baixo, sem que isto representasse inconveniência. Informações vagas e distantes, aleivosias, o rancor de um inimigo, deturpações de fatos de repente nos causariam choques e mudanças. Dependíamos disso. E também dependíamos do humor dos nossos carcereiros."[17]

A sensação do prisioneiro de estar à mercê de uma lei pessoalizada e difusa combina-se com o fato de ele saber que a ela se impõem a vontade dos carcereiros, a vingança pessoal de algum ini-

---

[17] *Idem*, p. 72.

migo ou a interpretação arbitrária de ações por ele cometidas, e contribui para essa percepção a mistura de vozes do texto, quando o olhar mais apurado do narrador à distância se combina ao do prisioneiro. Assim como a sua situação "provisória" parece depender da vontade do general, fica evidenciado, também no cotidiano carcerário e no contato com os encarregados, o caráter pessoal das relações, pois no espaço de suspensão da lei avultam os preceitos individuais. Desse modo, um tipo de comportamento que marcou profundamente os primeiros anos de vida do prisioneiro (basta lembrar que, em *Infância*, o pai castigava ou acarinhava o menino de acordo com as vendas no comércio)[18] surge atualizado nos domínios do Estado para nova perplexidade do narrador.

Na primeira parte das *Memórias*, a relação do detento com o Capitão Lobo é paradigmática porque revela, de modo concentrado, vários traços de conduta que farão parte do comportamento de outras personagens nas demais passagens do livro. Não há, nesse contato, oportunidade para a expressão de ideias: o capitão julga conhecer as convicções políticas do prisioneiro (basta estar preso para ser considerado subversivo) e, sempre que o encontra, reitera a frase: "Não concordo com as suas ideias, mas respeito-as" — em uma demonstração inequívoca de repúdio ao debate, mas com a aparência do respeito à liberdade de opinião. O prisioneiro, por sua vez, "guarda silêncio", evitando se defender de "acusações imprecisas" (cap. 12). Assim, qualquer possibilidade de discussão se torna inviável.

O mesmo capitão que se recusa ao debate manda buscar roupas de cama e toalhas para os presos, "desviando-se da justiça" (cap. 11) e assim comete um ato não previsto pelas autoridades. De certa maneira, o detento percebe que Lobo, representante máximo da ordem naquele espaço, também transgredia regras por motivações pessoais, o que lhe causava admiração:

"Irreflexão discordar do que não foi expresso? Em todo o caso tolerância, uma admirável tolerância impru-

[18] Cf. o capítulo "Os astrônomos", do mesmo livro.

dente que, sem exame, tudo chega a admitir. Era o que me levava a admirar capitão Lobo. Isso e a suspeita de me achar diante de uma criatura singular. Observava-lhe a máscara expressiva, esforçava-me também por ultrapassá-la, divisar lá no íntimo embriões de atos generosos."[19]

A relação com Lobo, mesclada ao corpo de uma lei particular, funda-se sobre o poder do arbítrio e certa proximidade. O narrador parece plenamente capturado por esse tipo de contato, mas de maneira insidiosa ele também expõe a impossibilidade do embate político diante de relações pessoalizadas como aquelas: como vislumbrar no oficial a figura do algoz depois de uma demonstração doméstica de generosidade? De todo modo, prevalecem na cena, por meio da "suspeita" e do "esforço" do narrador, traços característicos de Graciliano: a grande desconfiança com os sentimentos em relação aos outros e a forte rebeldia que nega o mundo burguês das relações aparentemente "humanas", que Antonio Candido definiu como as principais linhas de força da produção do escritor e também das *Memórias*.[20]

Desconfiança e negatividade parecem se justificar quando, dois capítulos adiante, a proximidade do detento com o poder de Lobo ganha proporções a princípio incompreensíveis para aquele, antes de sua partida para o navio *Manaus*:

"— O que desejo é ir-me embora.
O oficial encarou-me ressentido:
— Não devia falar desse jeito. O senhor aqui tem amigos.
— Desculpe, capitão. Ofendi-o sem querer. Mas esse plural vem fora de propósito. [...]

---

[19] *MC*, V, p. 73.

[20] Para o crítico, a visão de mundo de Graciliano era, na verdade, "a negação de um determinado mundo — o da burguesia e do capitalismo" (em *Ficção e confissão, cit.*, pp. 94-5).

— Bem. O tempo é curto para explicações e cerimônias. Trata-se disto: eu pus aí num banco algumas economias que não me fazem falta por enquanto. Ignoro as suas posses, mas sei que foi demitido inesperadamente. Caso as suas condições não sejam boas, eu lhe mostro daqui a pouco uma caderneta, o senhor põe num cheque a importância que necessita, eu assino e à tarde venho trazer-lhe o dinheiro. Convém?"[21]

O recorte reativado pela memória mostra que, de forma repentina, o carrasco se revela íntimo, age como velho conhecido; há espaço, inclusive, para a mágoa, sem que o contato efetivo entre ambos tenha superado a superficialidade. A oferta de dinheiro perturba bastante o prisioneiro, que não entende por que o carrasco tentava auxiliar a vítima: seria a oferta uma traição de classe, crível apenas na normalidade burguesa da vida civil? Atordoado, ele recusa a "proposta alarmante", ciente de que *jamais* poderia saldar a dívida fora da cadeia (o que já confere um sentido mais ambivalente para a ação aparentemente generosa), e intui que o benefício poderia significar, para o oficial, uma espécie de "investimento a longo prazo":

"Realmente nem me dera a impressão de oferecer: parecera determinar, comandar: a proposta louca tinha feição de ordem. Resguardara-me, é claro. Estava certo de que me seria impossível readaptar-me lá fora, achar trabalho, eximir-me da terrível dívida. Não me sobrecarregaria com tal peso, ainda que me privasse de cigarros. De forma nenhuma, porém, me considerava livre: uma ideia nova me verrumava, brigava com outras ideias, e isso era intolerável. A quanto subiria o empréstimo?"[22]

---

[21] *MC*, V, pp. 87-8.
[22] *Idem*, p. 91.

A reflexão à distância do narrador confere contornos não necessariamente humanitários aos gestos do representante da polícia política. O episódio e a inquietação que dele decorre aludem em um primeiro momento ao escritor sem perspectivas, que não teria como pagar, quando liberto, o montante emprestado por Lobo. Como, porém, as traições programadas não eram incomuns dentro da cadeia, parece haver também uma insinuação de que o empréstimo poderia ter um preço impagável. Nesse sentido, o episódio, além da generosidade imprevista, pode aludir, de modo subliminar, à tentativa de compra de um *alcaguete*, um informante de alto calibre que poderia passar para o lado dos opressores em troca de dinheiro e de favorecimentos. Afinal, pergunta o narrador, "a quanto subiria o empréstimo?": um questionamento que parece, a um só tempo, próximo e distanciado do fato, reiterando uma ambiguidade de sentido que aparece formalizada pela mistura de vozes do texto.[23]

De todo modo, o narrador confessa que "ali começava a sentir uma nova prisão, mais séria que a outra": não conseguiria se livrar da lembrança do "apoio incoerente" de Lobo, cuja proximidade poderia ter como móvel a cooptação. Mas conclui:

> "O oferecimento do oficial tinha sentido mais profundo: revelava talvez que a classe dominante começava a desagregar-se, queria findar. Não me chegavam, porém, tais considerações. Achava-me diante de uma incrível apostasia, não me cansava de admirá-la, arrumava no interior palavras de agradecimento que não tinha sabido expressar. Realmente a desgraça nos ensina muito: sem ela, eu continuaria a julgar a humanidade incapaz de verdadeira nobreza. Eu passara a vida a considerar

---

[23] No manuscrito incompleto de onze páginas, redigido logo após a saída da prisão, lê-se: "Estou, pois, muito grato a alguns que foram grosseiros comigo. A intenção deles era salvar-me, impedir que me tornasse *um instrumento da polícia*" (Arquivo IEB-USP, Fundo Graciliano Ramos, Série Manuscritos, Subsérie Memórias do Cárcere, Not. 6.1, grifos meus).

todos os bichos egoístas — e ali me surgia uma sensibilidade curiosa, diferente das outras, pelo menos uma nova aplicação do egoísmo, vista na fábula, mas nunca percebida na realidade. Para descobri-la não era muito aguentar algumas semanas de cadeia. Seriam apenas algumas semanas?"[24]

A oferta que atordoou o prisioneiro é entendida, com o passar do tempo, como um possível sintoma da desagregação da classe dominante, da qual Lobo, alto oficial, era representante. A princípio, à situação de vulnerabilidade em que o prisioneiro se encontrava correspondia a "nobreza" do agente de polícia, o que sugeriria uma leitura humanista (e conservadora) do episódio. Ocorre que, filtrados pelo olhar do militante político, tanto a suposta "fraqueza da reação" quanto a "nobreza de caráter de Lobo" podem remeter, pelos dez anos que separam o prisioneiro do narrador, ao aliciamento dos detentos e, de modo mais amplo, à domesticação das classes subalternas empreendida por Vargas (aparentemente, um "amigável" acordo entre dominadores e dominados, capital e trabalho).[25] É nesse móvel permanente entre o gesto generoso e a cooptação subliminar que o texto de Graciliano parece encontrar a sua força.

O episódio da oferta de dinheiro, bem como a avaliação da figura do oficial, gerou controvérsia quando da recepção crítica das *Memórias*. Ricardo Ramos salienta as acusações feitas de maneira informal pelo PC de que o livro seria "o elogio da polícia e da pederastia", muito embora, em caráter público, não tenha

---

[24] *MC*, V, p. 94.

[25] Nesse contexto, é sintomático que em um raro texto dramático escrito por Graciliano, a comédia de costumes *Ideias novas* (datada de 1942, portanto posterior à prisão), uma das personagens centrais seja justamente nomeada como *Capitão Lobo*, delegado de uma cidade interiorana que tem orgulho de seu "sangue quente", sente saudades do "princípio do século" e manda o seu subordinado espancar um ladrão de cavalos: "— Comigo é no pau. Não é à toa que me chamo Lobo" (*Garranchos, cit.*, p. 198).

havido nenhuma matéria a esse respeito na *Imprensa Popular*, principal jornal pecebista em atividade quando do lançamento da obra.[26] Jacob Gorender, por sua vez, se surpreende com o modo pelo qual o detento pôde vislumbrar qualidades no capitão Lobo, um dos guardiões das masmorras getulistas que o dirigente também conheceu, e conclui pela ausência de maniqueísmo de Graciliano, sem considerar o desdobramento temporal das *Memórias* e o quanto este narrador põe a nu a si mesmo e às suas ilusões, na *crítica política* mordaz distante de qualquer humanitarismo simplista. Especialmente se levarmos em conta que Lobo integrou o Serviço de Inteligência do Exército e, conforme o próprio Gorender, não era lobo apenas no nome.[27]

É possível, por essa razão, perceber que ao lado do retrato amistoso do oficial ocorre também a perspectivação das relações pessoalizadas, que pautavam um dos modos de agir das forças contrarrevolucionárias e com as quais o prisioneiro não deixou de se envolver. Ao adotar tal premissa, a autoanálise anunciada no primeiro capítulo, marca das mais emblemáticas do narrador, mostra-se reincidente nesses episódios: o sujeito que conta a sua história, sem se dissociar de todo do que denuncia, apresenta de forma

---

[26] Ricardo Ramos, *Retrato fragmentado*, São Paulo, Siciliano, 1992, p. 202.

[27] As informações de Gorender sobre o Capitão, pelo avesso, parecem corroborar a leitura não humanista do episódio das *Memórias*: "Ora, sucede que eu também conheci o capitão Lobo, já em 1942. Ele estava, na época, em Salvador e pertencia ao Estado-Maior da Região Militar. Dizia-se que integrava o departamento de Inteligência do Exército, o qual hostilizava os movimentos antifascistas, então em crescimento. Havia a informação sobre sua conexão com os órgãos policiais do governo estadual e que inspirava medidas repressivas contra os estudantes e outros setores participantes da campanha antifascista. Para nós, estudantes, era lobo não só no nome, mas de verdade, sem intermediações metafóricas. Por isso mesmo, foi com surpresa que reencontrei esse mesmo personagem nas páginas das *Memórias*, visto sob aspecto oposto, como homem capaz de atitude generosa, com relação a uma pessoa acusada de comunismo e que só podia perceber do lado dos inimigos" ("Graciliano Ramos: lembranças tangenciais", *cit.*, p. 328).

brutal, por meio da exposição da própria vulnerabilidade, situações em que os traços de fundo familista e emotivo imperam sobre as convicções ideológicas. Nesse caso, porém, a experiência política do narrador já o ensinou a entender como a classe dominante se transforma para que o sentido da dominação permaneça assegurado. Daí que, o que nele parece uma fraqueza, por não ceder ao discurso panfletário do Partido ao abrir mão de atacar, de modo veemente, o oficial, pode ser considerado um traço de força, pelo poder de revelar uma forma de sociabilidade perversa bastante expressiva da vida histórica brasileira, a qual surge na reconstrução da experiência de prisão.

Tomados em conjunto, os capítulos que tratam da relação do prisioneiro com o Capitão Lobo (e, inicialmente, com o Capitão Mata, seu companheiro de cela), lançam luzes para algo de que ele se dá conta e passa a atormentá-lo: a reversibilidade das relações fundamentadas no arbítrio e na ausência de uma regra impessoal de conduta. Na reconstituição da vida na cadeia, onde a destituição da regra cede passo de maneira transparente e aguda às relações pessoalizadas e interessadas, emerge um traço formativo da identidade nacional.

Conforme Sérgio Buarque de Holanda, a combinação colonial do sistema escravista com a hipertrofia da lavoura fundiária foi o teor de vida levado para as cidades brasileiras na passagem para a urbanização. A família patriarcal, assim, persistiu como o modelo primeiro da relação entre governantes e governados, e o Estado brasileiro de colonização portuguesa passou a ser não uma oposição, mas uma extensão daquele núcleo. Por esse motivo, "as relações que se criam na vida doméstica sempre forneceram o modelo obrigatório de qualquer composição social entre nós".[28]

A cordialidade, expressão da herança patriarcal nas relações sociais, seria, então, o fundo familista, íntimo e emotivo que permeia todas as esferas da nossa sociabilidade, cuja consequência

---

[28] Sérgio Buarque de Holanda, "O homem cordial", em *Raízes do Brasil*, cit., pp. 146 ss.

mais imediata é a pouca interiorização da ordem: não há espaço para a racionalização, a impessoalidade ou a livre concorrência entre os indivíduos, porque esse conjunto de ordenamentos, cuja origem remonta ao regime escravocrata e às nossas raízes ibéricas, penetra maciçamente a vida da cidade. Longe de expressar algum tipo de juízo moral ou apologia, a definição do homem cordial, avesso a qualquer tipo de formalidade, não excluiria desse modo de ser a sua violência constitutiva de base.[29]

Na cadeia retratada pelas *Memórias*, em que as normas antiparticularistas não vigoram por definição, ou sequer fingem vigorar como no estado de direito, avultam os contatos cordiais, porque eles são, no limite, garantias de sobrevivência para os presos, e simultaneamente uma arma política para as forças da reação.

Importa ressaltar que a lógica da sociabilidade cordial, movida a interesses e cooptações, encontra ressonância na atmosfera política da época: o governo getulista, especialmente a partir das perseguições que sucederam ao levante e também durante a ditadura, define-se pelas relações paternalistas com os mais diversos setores da sociedade, tais como a oligarquia agrária, a burguesia urbana e o operariado, este último estrategicamente submetido ao Estado, por sua vez tornado árbitro da relação entre capital e trabalho. Além do culto à personalidade do ditador promovido pelo governo (reproduzido nos Estados e sindicatos oficializados), as trocas de favores entre os grupos locais e o poder central suplantaram as convicções político-partidárias correntes. Nesse ínterim,

---

[29] A expressão "homem cordial", terminologia inicialmente cunhada por Ribeiro Couto em 1931, abriu espaço para uma leitura enviesada do conceito por Cassiano Ricardo em artigo de 1941. Sérgio Buarque, então, refutou o termo como o conjunto de "valores positivos reunidos no coração" como havia sido compreendida pelo poeta e censor do DIP. Ver, a respeito do conceito, "Corpo e alma do Brasil: entrevista com Sérgio Buarque de Holanda", *Novos Estudos*, Cebrap, nº 69, jul. 2004, pp. 3-14, e, sobre a polêmica, o artigo de Claudio Bertolli Filho, "Sérgio Buarque e Cassiano Ricardo: confrontos sobre a cultura e o Estado brasileiro", em Sandra Jatahy Pesavento, *Leituras cruzadas: diálogos da história com a literatura*, Porto Alegre, Editora UFRGS, 2000, pp. 237-54.

os partidos foram definidos como instâncias desagregadoras e deixaram de existir, bem como as associações voluntárias de grupos comunitários, o que indica a proibição em si de toda e qualquer atividade política. Tais condutas estruturaram um modo bastante peculiar do fazer político de Vargas, que incluía um pacto com os setores sociais mais díspares assentado no corporativismo de Estado e na brutalidade das prisões em massa:[30] um binômio que se estendeu ao governo Dutra.

Nas *Memórias*, a situação de reversibilidade do arbítrio, fundamentada pelo trato cordial dos militares encarregados de viabilizar a repressão, é vivenciada pelo prisioneiro de modo regular ao longo de sua estada forçada na cadeia e se torna um dos eixos sobre o qual se detém o narrador. Na terceira parte do livro ("Colônia Correcional"), a experiência com Aguiar, o segundo dos "carrascos amáveis" focalizado neste trabalho, é bastante eloquente nesse sentido.

Já na Ilha Grande, antes de adentrar o enorme galpão de zinco no qual prisioneiros políticos e criminosos comuns conviviam, o detento, sem justificação alguma, tem as suas vestes e a carteira apreendidas por um "funcionário de zebra" (cap. 9), e nota, com ironia, que "a degradação se realizava dentro das normas". Em outras palavras, havia estranhas formalidades a que os presos eram submetidos, como "peças do organismo social", o que reitera a vulnerabilidade das vítimas da repressão: desamparados pela inexistência da lei, ficam à mercê de normas que desconhecem, mas com as quais têm de se familiarizar. Ao penetrar o galpão, o prisioneiro recebe informações sobre um homem fardado, visto ao longe:

"O anspeçada Aguiar, nanico, tinha péssimas entranhas, compensava a escassez física normalizando a

---

[30] Edgar Carone afirma que, no período, tanto a oligarquia agrária como a burguesia urbana acentuam as trocas de favores com o Estado, o qual, por sua vez, aprofunda os laços com o operariado ("A ideologia: burguesia e Estado. Burguesia e operariado", em O *Estado Novo (1937-1945)*, *cit.*, pp. 115 e 126).

A sociabilidade cordial e os subterrâneos do espírito

violência; arrogava-se poder imenso, de fato ali dentro superava as autoridades comuns, adstritas à censura e à regra. Já me haviam falado nesse tipo. Exigia um respeito absurdo, e na presença dele todos nós devíamos guardar silêncio e cruzar os braços. Inclinava-me a julgar isso exagero; difícil admitir que tal insignificância tivesse meios de criar normas, sujeitar a elas várias centenas de indivíduos."[31]

As marcas de personalismo surgem na caracterização de Aguiar feita por terceiros, para os quais a violência exacerbada e a submissão dos presos aos seus desígnios tornavam o soldado bastante temido, a despeito ou por causa de sua aparência. A constatação de que Aguiar "criava normas" torna patente o mecanismo das compensações simbólicas e a sujeição caprichosa ao arbítrio. Mas o excerto revela também certo grau de insubordinação confessa do prisioneiro, que a princípio não admitia que a "insignificância" submetesse tantos indivíduos às suas vontades e regras próprias.

A caracterização do "anspeçada" (uma graduação intermediária entre soldado e cabo), qualificado agressivamente por meio da desproporção entre o seu tamanho físico e o seu poder efetivo, revela que não se trata de recusar apenas o poder arbitrário, mas o mando tal como aparece configurado pela figura do praça, inferior na hierarquia da caserna. Assim, no processo de figuração da subjetividade e de reconstrução do episódio, é possível identificar, no excerto, a resiliência de um olhar que não admite ordens ou coerções proferidas por criaturas que considera irrelevantes; dessa maneira, o arbítrio denunciado em Aguiar aparece reiterado na consciência do narrador, formalizando a crítica aos desmandos do "nanico" por meio das qualificações discricionárias do sujeito que rememora. Desse modo, o narrador desnuda certo confronto entre a sua formação patriarcal, sem muita funcionalidade dentro da

[31] *MC, CC*, p. 416.

cadeia, e as ações caprichosas do carrasco: a indignação do detento não deixa de ser o indício de um poder esvaziado que é reconhecido no outro.

O primeiro contato efetivo com Aguiar, entretanto, desfaz em parte a má impressão do prisioneiro:

> "O cochicho rápido fez-me virar o rosto, atentar na minguada personagem. O movimento não lhe passou despercebido. Olhou-me seco e frio, com certeza o surpreendeu a minha postura encaranguejada. Chegou-se a mim, resmungou áspero, distante e superior: — Está doente? Balancei a cabeça afirmando. Retirou-se, momentos depois reapareceu trazendo uma cadeira. Sentei-me, agradeci num gesto. O homem não era tão ruim como diziam. Essa oferta da coisa necessária numa situação crua me dispunha favoravelmente. Bobagens sermos suscetíveis naquele meio.[32]

A ação inesperada do anspeçada temido por todos contraria o que era alardeado a seu respeito, e é possível identificar o momento de captura do detento pelo tratamento diferenciado de que é alvo: Aguiar, antes qualificado como "minguada personagem", "frio e seco", "áspero e superior", oferece uma cadeira ao perceber o estado ruinoso em que o prisioneiro se encontra e, a partir daí, a figura do algoz é reavaliada.[33] Aqui, é como se o carrasco

---

[32] *Ibidem*.

[33] A visão ambígua sobre o anspeçada, captada pelo narrador das *Memórias*, é diferente, *a princípio*, das considerações dos prisioneiros sobre a mesma figura. Em carta dirigida ao Congresso Nacional e subscrita pelos detentos da Colônia de Dois Rios, denuncia-se toda sorte de maus-tratos e cita-se nominalmente a figura de Aguiar, bem como a violência de sua atuação: "A cada instante os presos são chamados e golpeados pelo próprio chefe do alojamento, um tal Aguiar. Somos no barracão 360 detidos, dos quais menos de dois terços são presos políticos. Não se pode conversar em pequenos grupos, mesmo de 4 pessoas, porque isso é tomado como conspiração. E os que

atendesse às expectativas mais íntimas e inconfessáveis do detento, ao lhe conceder um tratamento diferenciado. Mas o arranjo do narrador, no recorte dessas duas cenas que articula opiniões divergentes em torno do favor recebido, mostra que o sujeito do tempo da escritura tenta se diferenciar do seu passado, consciente de não estar inteiramente dissociado daquilo que pretende denunciar.

Nesse sentido é que, na reativação da experiência, o segundo contato com o funcionário permite a ele se dar conta da sujeição ilimitada decorrente da acomodação em torno da força. De início, a ordem do carrasco ("— Cruza os braços, chefe"), provoca um movimento de interiorização e uma série de indagações:

> "Ter-me-iam largado aquela frase? Inclinava-me a duvidar, tão inconcebível era, e esforçava-me por admiti-la, conjugá-la a farrapos de notícias, compreender a situação. Achava-me estúpido. Evidentemente as palavras tinham sido proferidas, necessário repetir isto. Surpreendiam-me nela dois pormenores: o sujeito usava ironia, chamando-me chefe, e tuteava-me. Na surpresa, virei-me para os lados, procurando ver se a ordem singular não se dirigia a outra pessoa. [...] Tolice querer enganar-me: aquela miserável insignificância falava comigo. [...] Certo a criatura nanica era débil, mas fortificava-se por detrás de barras de ferro, as armas do governo a protegiam, davam-lhe empáfia segura."[34]

A contraface funesta do trato cordial é repentinamente vivenciada pelo detento que, a princípio, não se acredita sujeito aos ca-

---

são surpreendidos conversando são imediatamente conduzidos a uma célula que é um lugar tal de martírio que deve ser inédito no mundo inteiro. Disse o chefe dos guardas: 10 dias de célula representam 10 anos de vida perdidos" (apud Jorge Amado, *Vida de Luís Carlos Prestes, o Cavaleiro da Esperança*, Rio de Janeiro, Record, 2002, p. 358).

[34] *MC, CC*, p. 423.

prichos do soldado, como todos os outros: a seu ver, o mando não poderia submeter também quem há pouco fora alvo de favorecimentos. A ironia com que Aguiar se dirige ao prisioneiro, porém, dá a medida do seu nivelamento: o "chefe", longe de dar ordens, teria de se sujeitar às arbitrariedades do poder. A menção irônica do anspeçada à sua autoridade esvaziada aumenta ainda mais a indignação, bem como explicita a diminuição da figura: "as armas do governo davam-lhe empáfia segura". O registro agressivo expõe as feridas de uma personalidade que tenta reagir à violência externa, mas também revela certas prerrogativas de ordem paternalista que, ao serem demovidas, causam-lhe indignação. É como se, por meio de Aguiar, o narrador pudesse desnudar-se diante de um espelho, ao vincular sua insubordinação e certa agressividade à demoção do trato exclusivista que recebera, bem como às consequências desse tipo de relação.

No plano factual, o enquadramento paternalista dos contatos, que, embora em graus diferentes, está presente em detentos e oficiais, pressupõe também uma violência que retira da ordem do indivíduo as suas possibilidades de autonomia, podendo até mesmo pareá-lo com os seus algozes, como já insinuara o narrador na sua relação com Lobo, e conforme explicita a sequência do episódio com Aguiar:

"Ia retirar-me, um guarda me deteve com esta decisão incompreensível: — Na formatura reúna os seus homens lá no fundo. — Os meus homens? Gaguejei atarantado. — Os seus companheiros. Mande que eles formem lá na porta. Sucumbido, fui apontar aos recrutas o lugar onde nos alinharíamos. Isto me rebaixava mais que a atitude humilde na presença do anspeçada. Um momento me anulara, incapaz da mínima reação, meio cadáver. Pretendiam agora infamar-me, transformar-me em vigia dos meus amigos. O terror me obrigaria a mantê-los na disciplina e, sendo preciso, denunciá-los. Um instrumento dos verdugos enxameantes além da grade. Cabo de turma, com horror senti-me cabo de turma. Chegaria a conseguir bastante vileza para desempenhar esse papel?"[35]

Aqui, surge a extensão ilimitada da relação personalista: a preocupação com o estado de saúde do detento quando da chegada à Colônia já chancelava certo comprometimento com os instrumentos repressivos. O exame de consciência do narrador revela-lhe a dimensão das suas atribuições, o horror que elas lhe provocaram e também a dúvida em relação à capacidade de exercer a função de carrasco para a qual o detento fora, de modo súbito, designado. Depois da infame atribuição, o prisioneiro passa a ser evitado por todos, que se fecham em "dura reserva":

"Esses desentendimentos originam fundos rancores, ódios, e não nos surpreendemos se uma criatura hoje se inflama a cantar hinos revolucionários e amanhã cochicha pelos cantos, envia cartas à autoridade. Reunindo a custo indecisos fragmentos de energia, julguei-me incapaz de chegar a isso — e a desconfiança tácita flagelava-me."[36]

A convivência com Aguiar e os seus asseclas, portanto, permite expor de forma ainda mais brutal o personalismo das relações na cadeia, fundadas no arbítrio e na reversibilidade permanente: o trato exclusivista que o prisioneiro eventualmente recebe tem a contrapartida da deterioração da sua individualidade, e expõe com clareza a desigual e penosa contraprestação pelos favorecimentos obtidos naquele espaço. Tais relações não apenas criam dependência e sujeição, ao enredarem o sujeito no círculo tortuoso da informalidade, como podem levá-lo a agir contra os seus princípios e os da coletividade, sob a força da coerção.

---

[35] *MC*, CC, p. 424.
[36] *Ibidem*.

Além disso, a desconfiança produzida entre os detentos pela "sociabilidade cordial", quando um deles se transforma em tutor do grupo, provoca deserções (inclusive partidárias) que alimentam ainda mais as forças repressivas e contribuem para minar as já dificultosas relações entre os encarcerados. No limite, uma forma de sociabilidade capaz de trazer consequências graves e imediatas para a luta das forças progressistas, como a desarticulação da própria militância.

O narrador reativa no recorte da cena a consciência dividida entre o recebimento de favores (de Lobo, de Aguiar) e a recusa crítica desses benefícios. Essa fusão torna o quadro ainda mais contundente, uma vez que não é possível distinguir com nitidez entre a esfera regressiva e a mais esclarecida que se manifestam no plano da consciência, sugerindo a não superação do problema e a conjunção paroxística de duas formas díspares de sociabilidade.

Se com o relato da estada na Colônia Correcional o narrador revela a dimensão das relações paternalistas, a passagem pela Casa de Correção (quarta parte) tem o mérito de suscitar uma *reflexão acumulativa* sobre o caráter ambíguo de tais contatos. A atuação de Major Nunes (Antônio de Souza Nunes Filho), o diretor do presídio destinado à "pequena burguesia" para o qual o prisioneiro é enviado, auxilia a compreensão desse processo. Logo ao chegar, a recepção do diretor causa espanto:

> "Ingressamos na saleta. Debruçado a uma banca, um velhinho escrevia. Ergueu-se, tomou do funcionário o envelope, correu a vista rápido na folha de papel, estendeu-me risonho a mão: — Está bem. Muito bem. Chegou ontem, não? — Sim, ontem. Ou anteontem, nem me lembro, respondi atarantado. O tempo deixara de existir. — Sua mulher esteve aqui hoje. Vai bem. Eu o esperava desde ontem. Houve atraso. Vou telefonar a ela marcando uma visita para amanhã. Vai bem. Toda a família vai bem. José Leite e Amália vão bem. Sabe que padre José Leite esteve aqui, procurando visitá-lo nos Primários? Não conseguiu a visita. Vai bem. — É. Per-

cebi a letra dele num pacote de frutas. Mas como é que o senhor conhece essa gente? — Ah! Sou de Alagoas, nasci em Pilar. Vamos."[37]

Chama a atenção o emprego do termo "velhinho", que cria uma imagem positiva do diretor, e o modo cortês com que ele se dirige ao prisioneiro, especialmente porque tal afabilidade sucede aos maus-tratos que o encarcerado recebera na Colônia. O fato de o narrador reiterar a expressão que se refere ao aspecto do prisioneiro ("está bem, muito bem"), implica a atuação irônica dele, pois o estado do detento é de degradação física extremada depois da passagem pela Ilha Grande. Assim, na rememoração, o narrador realça a absurda benevolência do diretor, de modo a expor ainda mais a brutalidade de que foi vítima. Essa recepção amistosa e familista lhe causa bastante desconforto:

"Pegou-me o braço, levou-me à porta. Essa incrível familiaridade perturbava-me. Difícil admitir que um instrumento da polícia, só por ter nascido na minha terra e conhecer parentes de minha mulher, procedesse de tal jeito. Inclinava-me a descobrir na linguagem simples do homenzinho ideias de corrupção. Mas corrupção por quê, Deus do céu? Que diabo esperavam de mim? Estúpido imaginar terem posto ali uma pessoa do nordeste para engambelar-me. Receava comprometer-me e receava ser bruto com um vivente amorável."[38]

O gesto do diretor ao prisioneiro cria condições para que este último perceba o disparate de justificar a proximidade pelo fato de ambos serem alagoanos. Algum tempo depois ele notará, não sem surpresa, que, para Nunes, "era como se os presos fossem seus filhos" (cap. 2).

[37] *MC*, CR, p. 550.
[38] *Idem*, p. 551.

Essa relação mais precavida do prisioneiro com o algoz da Casa de Correção assinala um aprendizado da ordem da experiência, porque, depois de Aguiar e Lobo, ele já sabia que a proximidade com o poder implicava algum tipo de cooptação, embora temesse adotar uma postura defensiva. Novamente há um misto de recusa da distinção e de aceitação "simpática" do privilégio, que expõe a convivência de um pensamento moderno e esclarecido com outro, mais apegado aos favorecimentos e, portanto, regressivo — o que desenha a subjetividade como um campo perpassado de clivagens.

A cena seguinte, em que o detento depara com a própria imagem no espelho, põe em xeque a amabilidade do diretor:

"Desembocamos numa espécie de antecâmara; vi na parede um espelho, avizinhei-me dele. Não contive uma exclamação de espanto:
— Que vagabundo monstruoso! Estava medonho. Magro, barbado, covas no rosto cheio de pregas, os olhos duros, encovados. Demorei-me um pouco diante do espelho. Não podia ver-me na Colônia, de nenhum modo avaliava os estragos, a medonha devastação. — Que vagabundo monstruoso! Horrível. Entramos num salão muito comprido, onde se alinhavam camas e janelas numerosas rasgavam as duas paredes externas. Havia ali umas cem pessoas. Ao pisar no soalho gasto, oscilante, reconheci alguns dos meus companheiros do Pavilhão. Vários se aproximaram, uma voz metálica soou perto: — Você está morto, rapaz. Quantos dias faz que não come?"[39]

O contraste é flagrante: à afabilidade de Marques e à certeza de que o prisioneiro "está muito bem" sucede o espanto com que ele vê a sua figura no espelho, e a consequente autodepreciação. De certo modo, é possível notar, pela reiteração da expressão "va-

[39] *Ibidem.*

gabundo monstruoso", não só a indignação do sujeito que acabara de se submeter às terríveis condições materiais da prisão comum, mas também a sua ira por ter se avizinhado dos marginais dos quais supunha distância, assemelhando-se, agora fisicamente, a eles. O horror do intelectual que se percebe como um pária expõe a brutalidade do sistema repressivo e as consequências dos maus-tratos infligidos sistematicamente aos presos comuns. E, ainda, essa reação apresenta um viés de classe, na medida em que o nivelamento causa-lhe revolta e até mesmo uma interjeição que remonta aos miseráveis que conhecera no enorme galpão de zinco da Ilha Grande, e a cujas figuras ele busca não se assemelhar.

Na passagem, a péssima impressão causada pela aparência do detento é reiterada por um dos companheiros, o que aumenta a diferença entre os pontos de vista do diretor e dos presos da Casa de Correção. Assim, o narrador, ao articular os fatos passados, apresenta, de um lado, a certeza algo cínica do "vivente amorável" de que o prisioneiro recém-chegado "está muito bem"; de outro, a convicção, reforçada pela intervenção do colega, do estado de absoluta degradação e morbidez em que se encontrava. O arranjo promovido pela composição, que sobrepõe uma cena à outra, tem efeito irônico e chocante, na medida em que mostra o mesmo indivíduo contemplado por ordenações opostas. Ao livrar de comentários a oposição das duas cenas, o narrador exibe, de forma crua, o que há de perverso na intimidade esboçada pelo algoz, a qual revela completa insensibilidade para com o estado dos detentos.

Ao contrário, porém, de Aguiar, o Major Nunes agia com benevolência, e simulava ignorar as atividades dos detentos que poderiam representar alguma ameaça, como a marcenaria improvisada no presídio. Esse comportamento leva o narrador a considerar que Nunes se servia do regulamento "pelo avesso" e, "como um pai de família bonachão e confiante", deixava ao alcance dos presos "formões, goivas, escopos e martelos" (cap. 3). Agora, o próprio Estado, materializado na figura de um de seus guardiões, apresenta-se, justamente onde ele deveria se configurar de modo mais impessoal, como um prolongamento do círculo doméstico, e atualiza na consciência do narrador a figura do *pater familias*, proprietário sob cuja vontade, nos domínios rurais da Colônia, submetia-se toda a família patriarcal, mesmo fora do espaço privado.[40]

Nos excertos das *Memórias* em análise, o passado do herdeiro das elites arruinadas, que conhece a extensão e o raio de ação do patriarca nas regiões menos desenvolvidas do país, retorna em forma de espectro e permite ao narrador, no presente, compreender e associar a figura de Nunes ao "pai de família bonachão", indicando, por meio da sua experiência pregressa, a permanência das relações assentadas sobre a dominação direta também na capital e nas instituições "modernas" do Estado.

No mesmo capítulo, não deixa de haver, porém, uma ponderação crítica sobre tais aspectos, quando o diretor chega a oferecer ao detento a oficina de encadernação do presídio, para que ele pudesse se dedicar à escrita (desde que, é claro, escrevesse "coisas inocentes"). O narrador, então, apreende a dinâmica da relação em que se viu envolvido de forma mais precisa:

"Agradeci. Boa ideia. Mas despedi-me inquieto. E a inquietação muitas vezes reapareceu no futuro. Ser-me-ia possível, recebendo o favor e os sorrisos, ver com imparcialidade aquela personagem? Se tentasse descrevê-la, talvez propendesse a exagerar-lhe a benevolência. [...] Se exibíssemos ao público as amabilidades imprevistas, acabaríamos por tornar a cadeia um lugar desejável, mostraríamos conivência infeliz com os nossos opressores. Da vaga narrativa que me flutuava no espírito resolvia-me a afastar uma bondade suspeita. Reconsiderei: a falta de sinceridade estragaria sem dúvida a história. Afinal o bom trato que me concediam ressaltava os dias intermináveis de jejum, o sono curto no chão molhado, a ficha amarela, a grosseria de selvagens bêbados. Impossível esquecer o porão do *Manaus* e a Colônia Correcio-

---

[40] Cf. Sérgio Buarque de Holanda, "Herança rural", em *Raízes do Brasil, cit.*, pp. 80-2.

nal. Achava-me doente, arrasado, vivia com uma teimosa resistência. O guarda zarolho confessara abertamente o desejo de matar-nos. A oferta do major, as xícaras de café e a paciência do velho Marques não eliminavam esse desígnio sinistro. Nem atenuavam sérias amolações que ali existiam, apesar de estarmos agora em ambiente civilizado."[41]

O exame de consciência do narrador tem o poder de mostrar as relações personalistas que o envolveram quando prisioneiro, e revela o impasse nas dúvidas quanto à forma de representar os seus opressores na narrativa de que é artífice. A dúvida exposta é um índice de distanciamento crítico, denúncia dos mecanismos de cooptação e desalienação; no entanto, não escamoteia certa expectativa que nutriu quanto a um tratamento distinto. Por esse motivo, o narrador aponta para uma conduta condenável do seu passado, que é reinterpretada no presente da enunciação. Para o efeito de prolongamento temporal contribui a presença, no texto, do discurso indireto livre: a inquietude com o favorecimento já atormentava, de fato, o prisioneiro ou é, enfim, uma reflexão do intelectual militante que escreve no presente, quando vislumbra as consequências políticas de tantas "amabilidades"?

O emprego do discurso indireto livre, para além da clássica mistura de vozes, representa muitas vezes uma atitude crítica em relação ao vivido, o que aumenta exponencialmente a carga reflexiva da narrativa e o seu propósito (auto) acusatório. Em seus textos teóricos, Pasolini define esse recurso como uma maneira de o escritor "mergulhar na alma da sua personagem", adotando a psicologia e a língua desta, o que indica "uma consciência sociológica, clara ou não, por parte do autor". Além da consensual ideia de "simpatia" entre o narrador e a personagem, outra condição estilística que pode estar presente é a ironia, definida pelo escritor e cineasta como a "mímesis caricatural que consiste em arremedar o locutor". Trata-se de uma posição original do autor em relação

[41] *MC, CR*, pp. 570-1.

às personagens que muitas vezes implica "uma mímesis dominada não por um espírito compreensivo e de simpatia (que é, no entanto, o espírito dominante neste gênero de operações), mas que ilumina a partir de dentro os elementos odiosos e associais".[42]

Portanto o autor de uma obra, ao adotar o procedimento, poderia não apenas revelar a personagem, mas a sociedade em que ela se insere e as suas contradições. Algo dessa "iluminação interna" se mostra no texto das *Memórias*, ao envolver o narrador no presente e a sua trajetória de prisioneiro político no passado, processo em que ambos se irradiam reciprocamente. Por isso, neste passo, como na maioria das passagens significativas do livro (em que se combinam o relato e a reflexão), apresentam-se a adesão passada e a dissonância do sujeito que escreve em relação à própria conduta, um trânsito estilisticamente expressivo entre o aspecto esclarecido da autorreflexão do militante político e a aceitação de favorecimentos — simultaneidade que compõe, assim, o perfil do narrador-prisioneiro.

Embora o questionamento sobre os favorecimentos já tivesse surgido no contato, por exemplo, com o capitão Lobo, há no excerto sobre o Major Nunes um avanço efetivo, que consiste na articulação explícita entre a ameaça de morte e a xícara de café; a paciência de Marques (um velho soldado que cuida das pernas doentes do prisioneiro, para quem todos os presos são "hóspedes") e a esteira no chão molhado; a oficina de encadernação e o porão do navio. A contrapartida da reflexão concentrada do narrador das *Memórias* é, muitas vezes, uma visão em profundidade reveladora, porque reúne elementos até então dispersos. Ele se sente à vontade para denunciar as ações "generosas" dos carrascos porque mostra, em retrospecto, a brutalidade e o trato afável como

---

[42] Pier Paolo Pasolini, "Intervenção sobre o discurso indireto livre", em *Empirismo hereje*, Lisboa, Assírio Alvim, 1982, pp. 66-9. Ao pensar na transposição cinematográfica desse recurso literário (denominado de "subjetiva indireta livre"), Pasolini afirma que o emprego do discurso indireto livre é também "uma forma de consciência de classe" ("O cinema de poesia", em *op. cit.*, p. 147).

variantes de uma mesma sociabilidade, pautada pelo exclusivismo das relações paternalistas, nas quais ele também se insere e, em certa medida, se reconhece.

Esse aspecto, que considera a cordialidade dos militares e das forças retrógradas como recurso para aniquilar os adversários (arma política), permite redimensionar as afirmações de alguns críticos sobre as relações interpessoais nas *Memórias*, que ressaltam, com entusiasmo, a "humanidade" com que o narrador retrataria os agentes da repressão, como é o caso de Hildon Rocha, para quem Graciliano

> "Não caiu nesse sistema de psicologia rasa e imprudente, aceitando, de preferência, a relatividade do caráter e dos sentimentos, geralmente comprovada pelos imprevistos do comportamento individual de cada um. Imprevistos que lhe foram oferecidos em várias ocasiões, nos ambientes do cárcere. Tais imprevistos ele aproveitou com rara felicidade: a simpatia dos guardas e carcereiros, principalmente a grande amizade que fez com um dos escrunchantes mais perigosos e temidos detidos na Colônia Correcional."[43]

A "compreensão existencial" do escritor encarcerado, que perdoaria os seus algozes em lugar de recriminá-los (e que se colocaria, portanto, acima de qualquer convicção político-partidária em nome da *compaixão*), seria reforçada ainda por Alfredo Bosi, para quem a testemunha revelaria aos leitores que

> "Violência e solidariedade podem irromper de modo aleatório, a qualquer momento, no anonimato do cárcere. O que oprime o sujeito, aqui tornado objeto, é não saber de quem virão, nem quando, nem como, nem

---

[43] Jornal *A Noite*, Rio de Janeiro, 9/2/1954. Arquivo IEB-USP, Fundo Graciliano Ramos, Série Matérias Extraídas de Periódicos, Subsérie Fortuna Crítica.

por quê. O narrador muda a sua ótica em relação aos militares de baixo escalão, por exemplo, de quem o preso só esperava ouvir palavras brutais, mas em quem surpreende gestos de nobreza e respeito ao próximo."[44]

Vimos, porém, que se articulados como partes de um mesmo mecanismo de arbítrio e sujeição extrema, conforme mostra o narrador na Casa de Correção, na Colônia e no quartel de Recife, os gestos de "nobreza" e "respeito" ganham novos e ambíguos significados. Esses passam a ser menos aleatórios e mais afinados com a proposta de Graciliano de pensar, por meio da literatura, a realidade brasileira no que ela comporta de mais problemático e sombrio.

Compreendidas em sua totalidade na última parte do livro, o espectro amplo e aparentemente desconjuntado das manifestações cordiais sugere o longo processo de aprendizado que este sujeito viveu para que se certificasse do corte perverso de contatos dessa natureza: primeiro, o estranhamento diante da oferta disparatada de Lobo; em seguida, a violenta e humilhante aproximação promovida por Aguiar e os seus correlatos; e, por fim, a desmesura intimista de Major Nunes, encarnação do "pai de família" e, ao mesmo tempo, corporificação do Estado repressor, cuja atuação paradigmática permite ao narrador construir uma tela de juízo sobre as relações cordiais que vivenciou.[45]

---

[44] "A escrita de testemunho em *Memórias do cárcere*", em *Literatura e resistência*, São Paulo, Companhia das Letras, 2002, pp. 231-2.

[45] Não parece casual que, no início dos anos 1940, Gilberto Freyre tenha profetizado com euforia conservadora a permanência da organização patriarcal e suas decorrências (o familismo e o personalismo) nas instituições brasileiras, a despeito da ruína das propriedades latifundiárias. Para o sociólogo, embora as famílias patriarcais, como poderes tutelares, estivessem praticamente extintas, "suas sobrevivências terão, porém, vida longa e talvez eterna não tanto na paisagem quanto no caráter e na própria vida política do brasileiro. O patriarcal tende a prolongar-se no paternal, no paternalista, no culto sentimental ou místico do pai ainda identificado, entre nós, com as imagens de homem protetor, de homem providencial, de homem necessário ao

A representação, nas *Memórias*, dos três "carrascos amáveis",[46] instrumentos a serviço das forças repressivas que encarnam, cada um ao seu modo, o personalismo do Estado e o desdém pela norma, permite vislumbrar, tanto nas personagens como na consciência do narrador, a permanência de traços regressivos no contexto de modernização iniciado nos anos 1930. Graciliano Ramos, portanto, lança luzes sobre a sociabilidade cordial da era desenvolvimentista, e o distanciamento temporal em relação à matéria possibilita considerar criticamente o período. Ainda que a avaliação pressuponha um grau de exposição bastante grande, inclusive na revelação da permeabilidade ao que é condenado.

Nesse sentido, a ênfase em aspectos regressivos da nossa vida social, embora confinada à esfera da experiência individual, não deixa de formalizar uma realidade historicamente pautada e filtrada pela experiência partidária. As referências ajudam a entender melhor esse cenário, uma vez que, ao fazer um balanço da era getulista, Robert Levine afirma que:

> "O estilo de Vargas fundamentava-se na tradição de buscar a intervenção pessoal de algum funcionário para ultrapassar os trâmites burocráticos ou conseguir favores. Uma ironia de seu legado, portanto, foi que, embora ele defendesse um programa para o serviço público baseado no mérito, o velho estilo dos favores pessoais não apenas sobreviveu nos estados, como também

governo geral da sociedade" (*Sobrados e mucambos*, prefácio à 2ª ed., São Paulo, Global, 2008, pp. 60-78). A permanência social e mental da figura do patriarca, que empolga o Mestre de Apipucos e que remete, na origem, à portentosa e tropical "civilização do açúcar", é justamente a que desatina, em grande medida, o narrador das *Memórias*, o qual percebe a ubiquidade do patriarcalismo em um momento efetivo de modernização.

[46] A expressão é sintomaticamente empregada pelo narrador para se referir à sua chegada à Colônia, quando tem o crânio raspado por um barbeiro que, durante o exercício de sua função, desculpa-se o tempo todo: um "carrasco amável" que "queria harmonizar-se com a vítima" (*MC, CC*, p. 420).

se tornou mais forte no nível federal, em consequência da centralização governamental."[47]

Essas relações personalistas foram reforçadas no período em que o Estado brasileiro precisava assegurar-se, por meio da conciliação de interesses entre os diferentes grupos sociais, como o elemento propulsor da política desenvolvimentista com ênfase no setor industrial. Esta criou as condições necessárias para o estabelecimento definitivo do novo modo de acumulação, garantindo a expansão do setor interno da economia a fim de ampliar a condição já hegemônica das classes dominantes. Tais modificações, por sua vez, correspondiam menos a um crescimento decisivamente autônomo das forças produtivas locais do que a uma mudança de interesses na órbita do capital monopolista internacional, em sua tendência ininterrupta de expansão a partir do lugar histórico de origem.[48]

Pautada igualmente pela lógica cordial, a ideologia do trabalhismo, gestada e veiculada nos anos 1930, foi responsável por viabilizar essa dinamização em nome dos interesses do capital: cabia à legislação consolidada a partir de 1940 a tarefa de beneficiar a acumulação, reduzindo os salários a um denominador comum, conter a luta de classes e transformar o operariado em uma força orgânica de cooperação com o Estado.[49] Assim, os direitos

---

[47] Em *Pai dos pobres? O Brasil e a Era Vargas*, tradução de Anna Olga de Barros Barreto, São Paulo, Companhia das Letras, 2001, p. 164.

[48] A industrialização dos países dependentes, celebrada como a política de "substituição de importações", é explicada por Ernest Mandel não pelo viés filantrópico, mas como uma resposta à necessidade do capital monopolista internacional de produzir, nos países subdesenvolvidos, matérias-primas a baixo custo e "também bens acabados [bens de consumo] que ali poderiam ser vendidos a preço de monopólio, em lugar das matérias-primas que haviam se tornado excessivamente baratas" ("A estrutura do mercado mundial capitalista", em *O capitalismo tardio*, São Paulo, Abril Cultural, 1982, p. 43).

[49] Cf. Francisco de Oliveira, "O desenvolvimento capitalista pós-anos 1930 e o processo de acumulação", em *op. cit.*, pp. 38-9.

sociais por que os trabalhadores lutaram durante décadas, bem como seus símbolos, foram *usurpados* pela política oficial e aos proletários retornaram como dádivas do Estado providencial, personificado na figura mítica de Getúlio Vargas, que, com o poderoso auxílio de órgãos e veículos de propaganda massiva (especialmente o DIP e a radiodifusão), transformou-se no "Pai" de todos os brasileiros.[50]

Nesse contexto manipulatório e propagandístico, o conceito da *cordialidade* foi reapropriado de forma conservadora por um dos principais ideólogos do regime: Almir de Andrade, o diretor da *Revista de Cultura Política* (na qual Graciliano colaborou), e um dos responsáveis por transformar os pronunciamentos do Presidente em palavras de ordem. O político definiu a ditadura estado-novista como um regime "profundamente democrático e antiliberal", contrário às manifestações "individualistas e faccionistas" dos partidos, e avesso às "teorias importadas", alheias à realidade local. Vargas, por oposição, seria o "intérprete da cultura política original brasileira", verdadeiramente afinado com nossas "raízes", porque promotor de um equilíbrio entre a "cordialidade" intrínseca do povo, compreendida de modo enviesado como a fraternidade e concórdia herdadas do regime patriarcal, e a "força sem violência" orientada de forma produtiva pelo Estado.[51] Muito menos preocupado em conquistar as massas e capitalizar os anseios dos trabalhadores (em parte já domesticados pela legislação), e ainda mais sintonizado com o capital norte-americano, o governo Dutra distribuiu benefícios aos líderes locais em troca de

---

[50] Cf. Adalberto Paranhos, "Os sons dessemelhantes", em *O roubo da fala: origens da ideologia do trabalhismo no Brasil*, São Paulo, Boitempo, 2007, pp. 35-6.

[51] As referências à "cordialidade" são inúmeras na principal obra de Almir de Andrade, *Força, cultura e liberdade: origens históricas e tendências atuais da evolução política do Brasil* (Rio de Janeiro, José Olympio, 1940), mas sempre convergem para o sentido de "concórdia", de "camaradagem", em uma positiva e celebrada "repugnância profunda pelo formalismo" (*op. cit.*, pp. 132 e 133).

apoio nas áreas urbanas, mantendo praticamente inalterada a estrutura corporativista do Estado Novo.[52]

Tal quadro histórico mostra que o narrador das *Memórias* traz à tona as relações cordiais que, vivenciadas no presídio, pautaram a política do Estado e se estenderam ao presente da escritura. Mas a crítica proferida nos anos 1940 pelo militante é, também, uma resposta à política do Partido, uma vez que o padrão pragmático de atuação do PC consolidou um espectro amplo de relações paternalistas com o governo que vigoraram desde, pelo menos, 1942: a política de massas getulista, em nome da dinamização das forças produtivas, foi compreendida como um momento tático para a consecução futura dos objetivos socialistas.[53] Por isso, os comunistas encontraram em Vargas a receptividade "que lhes havia permitido encaminhar muitos dos dissídios por meio de apelos diretos às autoridades, agindo assim sobre as bases de um compromisso em que a boa vontade do governo desempenhava um papel fundamental".[54] O posicionamento ambíguo do Partido também em relação a Dutra reforçou o paternalismo autoritário em relação aos trabalhadores e organizações de classe, e culminou na repressão a esses mesmos setores a partir de 1947: uma violência que, como bem demonstrou o narrador das *Memórias*, integra um modo de atuação cordial que a corrente majoritária da ala pecebista fomentou.[55]

Como se pode notar, há um princípio comum ao processo histórico descrito, à experiência com os três carrascos e aos movimentos da consciência do narrador: as relações pautadas pelo personalismo e pela cordialidade mostram como os agentes da repressão, representantes do mesmo Estado responsável pela persegui-

---

[52] Cf. Robert Levine, *op. cit.*, pp. 115-6.

[53] Cf. Octavio Ianni, "A esquerda e as massas", em *O colapso do populismo no Brasil*, Rio de Janeiro, Civilização Brasileira, 1975, pp. 93-8.

[54] Francisco C. Weffort, "Origens do sindicalismo populista no Brasil (A conjuntura do após-guerra)", *Estudos Cebrap*, nº 4, São Paulo, 1973, p. 91.

[55] *Idem*, pp. 96-100.

ção macabra aos "elementos subversivos", transformam-se em "doadores espontâneos" de favorecimentos que capturam (ou desmobilizam), ao menos em parte, o prisioneiro. O narrador, se ao final mostra ter compreendido a lógica perversa de relações que chancelam a mais torpe violência, confessa ter sentido alguma "gratidão" pelos opressores, em uma dinâmica bastante familiar não apenas às classes subalternas, mas também à parte da intelectualidade recrutada para as tarefas ideológicas de Estado e parcelas significativas do PC, segmentos para os quais Vargas era apresentado oficialmente como o "Grande Amigo" (Capitão Lobo? Aguiar? Major Nunes?), capaz de se sacrificar pelo bem-estar do próximo e pela construção do "reino da concórdia": o "país Brasil".[56]

A apreensão do princípio da sociabilidade brasileira na situação do cárcere permite identificar, portanto, certa homologia entre a sociabilidade cordial ativa na modernidade e a consciência de quem, com ela familiarizado, vivenciou os efeitos nefastos desses mesmos contatos. Resgatados em sua dimensão política, eles podem dialogar, indiretamente, com a atuação do Partido e da relação deste com o Estado no momento da enunciação.

De certo modo, é o aspecto regressivo da personalidade e da vivência desse sujeito que lhe permite reconhecer a disposição de mando e de informalidade deslocada para as instâncias públicas, bem como ressaltar as consequências políticas dessa forma de sociabilidade. Dessa maneira a fisionomia do narrador, que moder-

---

[56] As expressões entre aspas são retiradas dos discursos do ministro do Trabalho, Indústria e Comércio Alexandre Marcondes Filho (advogado do Direito Comercial e representante dileto dos industriais paulistas, exercendo o cargo entre 1942 e 1945). Elas registram os conceitos-chave que moldaram a imagem de Vargas e forjaram o mito da outorga da legislação social, sem dispensar o caráter sobre-humano, místico até, do "Guia da Nação", o "maior e verdadeiro Amigo" de todos os brasileiros, capaz de realizar, por meio da "cooperação entre todas as classes", "o que foi dissídio, barricada e sangue em outras nacionalidades" (Alexandre Marcondes Filho, "Primeiro de Maio", em *Trabalhadores do Brasil!*, Rio de Janeiro, Revista Judiciária, 1943, pp. 83-7).

namente denuncia, mas que se beneficia, também ele, de prerrogativas personalistas, configura uma fusão bem característica de superação crítica e regressão que, segundo Roberto Schwarz, marca muitos momentos altos da literatura brasileira. Essa fusão, pré-formada socialmente pelo livre trânsito entre informalidade e norma, é um índice da dimensão não burguesa da reprodução da sociedade burguesa no Brasil, e denota a "condição moral e intelectual do país periférico, onde as formas canônicas do presente, ou dos países centrais, não são praticáveis na íntegra, sem prejuízo de serem obrigatórias como espelho e darem a pauta".[57]

Ao criar um narrador que se constitui simultaneamente como representação e desmascaramento das relações de cunho paternalista em um momento-chave da modernização brasileira, Graciliano intui ritmos sociais preexistentes e elabora uma análise radical. Tal análise, por sua vez, confirma a permanência do atraso em formas de consciência e sociabilidade que remetem não para o avanço das instituições e do modelo produtivo da Nova República, mas para a constelação em que repousa o fundo colonial constitutivo dessas mesmas mudanças — nossa maneira particular de inserção no concerto do capitalismo mundial.

O carrasco de si mesmo

Como foi dito, o imbricamento da exibição de marcas de classe e de autoacusação esclarecida é uma dinâmica patente no res-

---

[57] Roberto Schwarz, "Um minimalismo enorme", em *Martinha versus Lucrécia: ensaios e entrevistas*, São Paulo, Companhia das Letras, 2012, pp. 125-6. Para Schwarz, a sistematização clássica desse problema está em *Raízes do Brasil*, e a abordagem literária da questão foi pioneiramente formulada por Antonio Candido no ensaio "Dialética da malandragem" (1970). No Graciliano das *Memórias*, ela é vista com perplexidade e vivenciada em seus aspectos mais horrendos — distante, portanto, da euforia modernista de primeira hora, quando nossos sinais regressivos ganhavam um outro, e positivo, sentido.

gate, via memória, dos contatos pessoais desenvolvidos nas prisões pelas quais passou o detento. Sem prejuízo de sua força representativa, tal dinâmica também opera quando, em alguns dos capítulos, o narrador expõe a sua vida privada, ou mesmo íntima: momentos em que as reflexões sobre o outro dão lugar à análise impiedosa de si mesmo e à autoinspeção exercitada pela consciência, sob o influxo da discussão político-partidária a que ele se propõe.

Um bloco significativo para a compreensão desse aspecto trata do primeiro encontro do prisioneiro com a esposa após a detenção, no Pavilhão dos Primários, já no Rio de Janeiro, na segunda parte do livro. Pouco ambientado no espaço onde fervilhavam desconfianças mútuas e cada vez mais retraído em virtude das dissensões entre os grupos, o prisioneiro recebe, depois de fechados os cubículos, uma carta por intermédio de um dos guardas (cap. 11). A princípio, julgou que o envelope não lhe era destinado; para sua surpresa, porém, tratava-se de uma fotografia dos filhos mais novos com um pequeno texto anexo. Depois de muito especular sobre quem poderia ter se arriscado a ponto de se deslocar até o presídio para lhe entregar o material, descobre, no verso, a data e a assinatura da esposa:

> "Distingui dez ou doze linhas a lápis, uma data, uma assinatura — e explodiu a cólera bestial: — Que diabo vem fazer no Rio essa criatura? Era uma quinta-feira, princípio de maio: algumas letras e algarismos me trouxeram de relance a noção do tempo esquecido. Minha mulher chegara e prometia visitar-me na segunda-feira, entre dez e onze horas. — Que estupidez! Percebi no aviso a ameaça de aborrecimentos e complicações inevitáveis. Imaginei a pobre, desarmada e fraca, a mexer-se à toa na cidade grande, a complicar-se no aparelho burocrático, enervando-se nas antecâmaras das repartições, mal se orientando nas ruas estranhas, fiscalizada por investigadores. Nada me seria possível dar--lhe. E dela me chegariam decerto preocupações insolúveis, novas cargas de embaraços. Alarmava-me sobre-

tudo o esgotamento dos recursos guardados no porta-níqueis."[58]

A reação intempestiva, definida como "cólera bestial" (qualificação que denota, de saída, algum distanciamento e a propensão ao autoexame), é reforçada pela interrogação sobre a finalidade da visita da mulher, também pontilhada de agressividade. Mas tão incômoda quanto a presença da esposa é a recuperação da noção de tempo, até então perdida, que a carta lhe traz: uma conjunção que aponta para a dimensão, agora relembrada, da vida prática, bem como dos encargos do "chefe de família" interrompidos pela prisão.

A segunda interjeição, ainda mais agressiva ("Que estupidez!"), permite ao narrador, no entanto, explicar as causas de sua ira: a mulher possivelmente reivindicaria somas com as quais ele, nas condições em que se encontrava, não poderia arcar. A figura do chefe do lar atormentado pela inoperância imposta e, também, a imagem do pequeno proprietário que detém a tradição do provento e do mando são sintetizadas pela frase "nada me seria possível dar-lhe". A formulação, de corte mais genérico, alude, além das provisões financeiras, à vida conjugal (e sexual) igualmente bloqueada, ao homem arruinado que não tem mais condições físicas de "satisfazer" a esposa, impossibilidade que o atormenta, como adiante se confirmará.

De todo modo, a "pobre" figura de mulher esboçada, "desarmada e fraca", desorientada pelas ruas da cidade grande e alheia ao funcionamento do aparelho burocrático, é oposta, em larga escala, à imagem do patriarca provedor e viril, de quem os familiares dependiam e que, na prisão, se via cerceado. Não há como deixar de perceber as reações brutais e de certa forma autoritárias que o narrador atribui a si enquanto prisioneiro, quando este vê interrompido o exercício do poder doméstico ao constatar que a cadeia põe em xeque a sua imagem e as funções sociais antes exercidas. Dessa maneira, a encarnação do patriarca, entrevista nos algozes

[58] MC, PP, p. 251.

com os quais teve contato, agora surge como figuração íntima, por meio do autoexame a que ele se submete na rememoração.

"E realmente a ideia de ser posto na rua, sem armas, sem defesa, me causava arrepios. Medonho confessar isto: chegamos a temer a responsabilidade e o movimento, enervamo-nos a arrastar no espaço exíguo os membros pesados. Bambos, fracos, não nos aguentaríamos lá fora; a menor desgraça é continuarmos presos, inertes, descomedindo-nos em longos bocejos. Arrisco-me a falar no plural, mas na verdade ignoro se os outros se achavam também ociosos, resignando-se à imobilidade e à sombra dos cubículos. Provavelmente não. Pesavam sobre mim condições particulares. O horror ao trabalho insípido, mecânico, às miudezas burocráticas. Dormência na perna, efeito do bisturi no hospital, a coxa e o pé da barriga insensíveis a beliscões e alfinetadas."[59]

A conjunção de ruína física agravada pela prisão e o confinamento quase compulsório ao "trabalho insípido" da burocracia estatal realizado fora da cadeia geravam, no prisioneiro, a vontade franca de permanecer preso. Como essa formulação é feita pelo narrador uma década depois, é possível perceber a dificuldade e a vulnerabilidade do "escritor-funcionário" não especializado que, para fins de subsistência, tem de se submeter ao serviço público, pelo qual demonstra certa aversão, precisamente quando este se erigia como um dos pilares do regime de Vargas. Também se indica a ameaça política que paira sobre ele, que pode ser recapturado pelas forças da repressão a qualquer momento. Mas outro tipo de aflição é reiterado no excerto em virtude da visita da mulher:

"E havia também aquele desalento, a enervação na carne e na alma, depois que, surdo ao aviso do faxina,

[59] *Idem*, p. 252.

me acostumara a beber diariamente dois canecos do café adocicado e enjoativo, com saibo de formiga. Ruína física e moral, ausência de energia e de membros. Em semelhante situação, a chegada imprevista de minha mulher me concentrava as últimas forças do organismo débil e a violência transbordava: — Que estupidez! Achava-me inútil: não serviria para nada à criatura. Para nada, para nada. Movia-me talvez menos a certeza de não poder auxiliá-la nas dificuldades e tropeços que o desaparecimento inexplicável dos desejos sexuais. Para nada, para nada. Repetia esta convicção obtusa. Nenhuma recordação amável. Lembrança de contas, ignóbil sujeição à ladroeira legal, covardia."[60]

A confissão desencantada sobre o cotidiano não oculta uma preocupação com o esmorecimento dos desejos sexuais. A supressão deles faz com que a ruína física do detento se torne também moral, porque a cadeia, ao desfalicizá-lo, retira-lhe a própria masculinidade. Ao mesmo tempo, tal destituição põe em questão o seu olhar sobre a mulher. Esse enfrentamento contra si próprio, contra as suas prerrogativas de classe e de gênero, se revelará com nitidez quando da visita efetiva da esposa no Pavilhão:

"As palavras de minha mulher abalaram-me. Consumira-me a julgá-la enfrentando obstáculos invencíveis. Mocinha exígua, criada em rua modesta de capital vagabunda, com certeza se atarantava na cidade grande, encolhia-se muda. Enganei-me. Estancado o pranto leve, enxutos os olhos, fez um resumo dos seus atos, na aparência convicta de uma aprovação que não existia em mim. Ofereci-lhe concordância tácita. Que havia de fazer? Tudo aquilo era disparate, mas estava realizado e tornei-me cúmplice dele. A criatura tinha vendido os móveis e o resto, cedera tudo às cegas e naturalmente se

[60] *Ibidem.*

embrulhara. As suas contas andavam sempre numa complicação. Ouvindo-a, inteirava-me daquele negócio. Compreendia que estávamos pelados, reduzidos à penúria. Bem. Não valia a pena discutir. As nossas desavenças não tinham base econômica: a causa ordinária delas era um ciúme desarrazoado que a levava ao furor."[61]

A confissão, neste excerto, revela o choque entre a ideação patriarcal e a convicção firme com que ela expõe ao marido as diretivas que tomara, na impossibilidade de consultá-lo. O narrador confessa o seu engano, por ter subestimado a capacidade de autonomia da "mocinha exígua", criada na "capital vagabunda". As expressões empregadas para se referir a Maceió e à própria mulher expõem, com ironia, uma percepção, por parte do intelectual instalado no Centro-Sul, dos descompassos regionais do desenvolvimento capitalista, sobre os quais ele tem condições de ponderar e que são reforçados estilisticamente pela crueza dos termos empregados.

Embora o narrador, ao rememorar as ações da mulher, registre um problema prático (a moça provinciana se atrapalha com as finanças), revela surpresa ao deparar com uma dose imprevista de autonomia e força. Algo do viés patriarcal ainda persiste em formulações sentenciosas ("aquilo era disparate" e "não valia a pena discutir") e em alusões à imagem do marido provedor ("as nossas desavenças não tinham base econômica"). Esse olhar, porém, é abalado pela experiência assimilada no cárcere e registrado pelo sujeito disposto a se mostrar sem nenhum tipo de autoindulgência, questionando valores sociais tradicionais não de todo superados, mas agudamente denunciados.

Não por acaso, o autoquestionamento emerge no momento em que o pequeno proprietário toma ciência das dificuldades anunciadas pela mulher: a esposa vendera "os móveis e o resto" para dar provento à família e visitar o marido que se encontrava preso no Rio de Janeiro. A desagregação do clã destituído do seu chefe

[61] *Idem*, p. 258.

permite ao narrador rever a submissão, antes indiscutível, da esposa ao marido, uma variante da subordinação dos dependentes ao mando do proprietário, e o desastre provocado pela ausência paterna.[62] Por isso o último segmento, que finalmente narra a visita até então indesejada, é bastante eloquente, porque revela como a exposição da intimidade e das relações privadas faz ressoar uma ordem genérica que corresponde a um movimento histórico mais amplo e a um posicionamento bastante peculiar quanto às diretivas partidárias:

"Naquele momento os dissídios malucos distanciavam-se, esbatiam-se, e as nossas relações se adoçavam. Inclinava-me a concordar, perceber na mulher energia e resolução, qualidades imprevistas a revelar-se na hora difícil. Parecia-me estimar o perigo e o desconforto, dava-se bem com as mudanças, o movimento, possuía o instinto de direção, começava a gravar na cabeça o mapa do Rio, e isto era indelével. Tinha sangue de cigano, provavelmente. Essa capacidade estranha de orientar-se, como observei depois, de algum modo a aproximava também dos ladrões. Desconhecida e insignificante, iniciara em meu favor um trabalho de aranha, estendendo fios em várias direções, e ainda hoje não sei se a impelia o desejo de me ser útil ou o prazer de mexer-se, avançar, recuar, preparando a sua teia. Hospedara-se na casa de uns tios, no Meier. Estivera no Ministério da Guerra, no Ministério da Justiça, no Palácio do Catete, na Chefatu-

---

[62] Clara Ramos registra, sob o título "A derrocada da família", os impactos familiares decorrentes da prisão do pai: os filhos mais jovens abandonam a escola e são distribuídos entre os parentes e o mais velho desenvolve problemas psíquicos que culminariam no seu suicídio. Heloísa Ramos obtém em 1939 uma colocação no Colégio Universitário, e no mesmo ano Graciliano é nomeado, por recomendação de Carlos Drummond de Andrade, inspetor de ensino secundário do Distrito Federal (em *Mestre Graciliano: confirmação humana de uma obra*, Rio de Janeiro, Civilização Brasileira, 1979, pp. 99, 142-3).

ra de Polícia, falara a deputados e generais, largava rápido a língua do Nordeste e começava a adotar uma gíria burocrática singular, enganando-se às vezes no sentido de algumas expressões. Estabelecera rapidamente comunicação com a família de José Lins. Entendera-se com José Olímpio e combinara com ele mandar buscar por via aérea uma das cópias do romance. Àquela hora a papelada estava decerto voando para o Rio."[63]

O excerto mostra uma figura feminina em quase tudo oposta à visão da moça desarmada e fraca: energia, resolução, instinto de direção e dinamismo surpreendem o homem que esperava apenas passividade, lamentações e problemas conjugais. O narrador reconhece o equívoco e, ponto por ponto, as qualidades imprevistas da esposa respondem, em negativo, à difícil estada do detento na prisão, aos sobressaltos e deslocamentos permanentes, ao desinteresse em publicar o romance já escrito, à perda das referências espaçotemporais e à aversão ao mundo burocrático. Se na cena anterior a esposa era considerada impotente, e o marido encarcerado cioso e capaz de julgar a inconsequência das ações praticadas, agora é o patriarca quem se deixa flagrar em sua vulnerabilidade ante a sensatez e a objetividade da mulher.

A imagem da aranha que estende os seus fios pela cidade e imobiliza os inimigos (a polícia revista as mulheres dos presos, em vão) remete à astúcia feminina, a certo senso de praticidade diante do mundo das relações e aos movimentos contínuos para os quais ele não se considerava apto. A capacidade feminina de se ater às coisas próximas, o senso de concretude, são realçados pelo narrador ao tratar de si como o patriarca paralisado pela repressão, o qual pode enfim notar atributos que, até então, considerava inimagináveis: destituído das funções masculinas mais orgânicas e socialmente emblemáticas, o homem desvalido se tornou capaz de vislumbrar a perspicácia da "mulher aranha".

[63] MC, PP, pp. 258-9.

Graciliano e Heloísa Ramos a caminho de um encontro
com Portinari, Pablo Neruda e Jorge Amado,
no Rio de Janeiro, em agosto de 1952.

Resquícios da ótica hierárquica continuam a marcar a cena, quando o narrador registra o engano eventual da esposa com expressões burocráticas, ou na ambiguidade com a qual a compara aos marginais da Colônia, por descobrir, nela, capacidades insuspeitadas, como as percebidas no contato do prisioneiro com os párias da Ilha Grande. As ações manifestam, porém, uma autonomia expressa pelo prazer da personagem em "preparar a sua teia", um dinamismo que viabiliza, nela, algum grau de autodeterminação sobre o mundo.

Assim, a exposição e análise dos motivos que levaram a esposa a agir, bem como as iniciativas por ela tomadas, propiciam ao narrador a abertura para confessar o seu equívoco e denunciar os seus preconceitos, por meio da reflexão metódica sobre as reações diante do comportamento da mulher e pelo modo com que essa mesma reatividade se articula na matéria narrada. Nesse sentido, a correlação entre a imagem feminina e os ladrões da Colônia significa, para o narrador, um ponto de inflexão: é por meio do contato com os marginais ou com a astúcia insuspeitada da esposa que ele pode reelaborar a sua experiência e, assim, denunciar-se.

As figurações da mulher, que aparecem nas *Memórias* do ponto de vista do patriarca inicialmente convicto e depois apto a rever certezas sociais internalizadas, transitam da imagem tradicionalista da esposa dependente do pequeno proprietário à concepção moderna de indivíduo autônomo. Assim, se esboça na consciência do narrador a fusão entre a visão mais esclarecida e concepções regressivas que, embora reconhecidas, permanecem e são duramente expostas.

Há outra passagem significativa do "Pavilhão" em que o narrador, a partir da sua experiência com a esposa, discorre sobre o trabalho realizado pelas mulheres dos prisioneiros. As visitas semanais ajudavam-no, como ele confessa, a "quebrar a monotonia da prisão" e a conectá-lo com "inesperados laços ao exterior":

> "As mulheres funcionavam como agentes de ligação, traziam notícias minuciosas, levavam relatórios, cartas, recados. [...] Na cidade estirava-se uma cadeia

invisível, da oficina ao quartel e ao Congresso. Engenheiros, médicos, advogados, oficiais do Exército, conspiradores antigos de alguma forma comprometidos, relacionavam-se com o nosso organismo secreto, recebiam incumbências, avançavam no desempenho delas, sem arriscar-se muito."[64]

Os elos da "cadeia invisível" a que ele se refere são as pessoas responsáveis pelo trabalho de articulação entre o mundo do cárcere e a realidade externa, e há, no texto, o importante reconhecimento dos serviços políticos que as mulheres prestavam, pois é por meio delas que os prisioneiros conseguiam estabelecer contatos com os políticos, militares e profissionais liberais envolvidos com a insurreição e que ainda gozavam de liberdade — uma forma de garantir que o trabalho das forças progressistas contra a reação, organizado como uma vasta rede, não findasse por completo:

"As bolsas das mulheres se pejavam. O trabalho invariável das células, o fruto das longas discussões subterrâneas, redigidas com vagar, cada palavra ruminada ali desaguava, ia lá fora distribuir-se. Revistas improvisadas interceptavam frações da arriscada e numerosa correspondência; grande parte dissimulava-se nos vestidos, submergia-se na roupa íntima e escapava. Na rua as incansáveis intermediárias, fugindo à perseguição dos investigadores que farejavam pistas, desdobravam-se ativas: iam para aqui, para ali, viravam esquinas, subiam e desciam elevadores, entravam em ônibus, saltavam, metiam-se em bondes, novamente se mudavam, ingeriam-se nos cinemas, achavam sempre meio de entrar por uma porta e sair por outra. Chegando a casa, podiam examiná-las com rigor as fêmeas da polícia infiltradas no serviço secreto: os papéis tinham levado sumi-

[64] *Idem*, p. 272.

ço em vãos de portas, escadas, apartamentos, consultórios. Impossível avaliar o trabalho dessas lançadeiras de estranha máquina de costura, bem azeitada, a funcionar sem rumor."[65]

A incrível habilidade com que as mulheres se movem a fim de sustentar, fora da cadeia, a ação política dos prisioneiros vem traduzida, estilisticamente, no ritmo ágil das frases, nas ações concatenadas. As qualidades delas, em parte, já haviam sido evidenciadas no retrato da esposa: astúcia, artimanhas para despistar a polícia, objetividade. Há de se reconhecer, nas virtudes exaltadas, aspectos que compõem não apenas o ideário moderno, mas também o ponto de vista do narrador militante, o qual valoriza, no comportamento feminino, as tarefas políticas que servem a uma causa comum e à convicção partidária.

Essa concepção do narrador sobre as atividades das esposas dos encarcerados corresponde, em um primeiro momento, à política do PC, que teve diversos organismos fundados por lideranças femininas, principalmente após 1945.[66] Segundo Jorge Ferreira, "o projeto comunista incentivava a participação da mulher na política, novidade para a época, ajudando-a a libertar-se da opressão social e a afirmar-se como mulher e cidadã".[67] De algum modo, a relativa autonomia, veiculada pela cultura partidária a que pertence o narrador e vislumbrada na esposa, aparece refratada nas demais companheiras, por meio de imagens que reforçam o

---

[65] *Idem*, p. 273.

[66] As organizações femininas fizeram parte dos primórdios e da história do Partido Comunista, como a Liga Comunista Feminina, nos anos 1920, e a União Feminina do Brasil, fundada na década seguinte. Nos anos 1940, o Partido fomentou a criação do jornal *Momento Feminino*, e em 1949, foi criada a Federação das Mulheres do Brasil, órgão sob influência direta dos militantes pecebistas.

[67] Jorge Luiz Ferreira, "Imagens femininas", em *Prisioneiros do mito: cultura e imaginário político dos comunistas no Brasil (1930-1956)*, Rio de Janeiro, Editora UFF, 2002, p. 130.

seu poder de atuação e o envolvimento delas com a causa revolucionária.

A metáfora das "lançadeiras de estranha máquina de costura", que recorre a um instrumento doméstico para designar as novas funções das mulheres, revela o tino do narrador para a especificidade da condição feminina, uma aprendizagem que nasce dos papéis a elas historicamente delegados e que elas sabem canalizar para outras experiências. A máquina de costura, no excerto, não por acaso retoma a imagem da teia e da aranha: é pelo trabalho miúdo e contínuo que as mulheres procuram as autoridades, prestam serviço ao Partido, "tecem o destino", dentro de suas possibilidades, dos homens encarcerados e, por vias indiretas, tramam contra a repressão.

Mas o desnudamento do olhar masculino sobre as mulheres nas *Memórias* guarda também relações de confronto com a cultura partidária em que o narrador está inserido e com as transformações promovidas no âmbito do Estado desenvolvimentista. No interior do PC, embora a participação feminina fosse valorizada, "as imagens de uma mulher revolucionária que os comunistas procuravam construir não excluíam certa hierarquia entre os sexos, reproduzindo, de algum modo, as mesmas opressões e discriminações que eles denunciavam"; as mulheres, além de exaltadas, eram também enquadradas no papel feminino tradicional: em geral, incumbidas de atividades domésticas no espaço físico das células.[68]

Como se vê, o serviço ativo de contraespionagem aludido pelo narrador não constitui mera reiteração das qualidades da mulher militante, mas dialoga, a contrapelo, com a militância ortodoxa quanto ao emprego das aptidões femininas na luta política, engessamento prático que o militante situado em meados dos anos 1940 conhece bem — daí porque a imagem tradicional da máquina de costura para se referir ao novo papel da mulher se revela tão representativa dessa ambiguidade. Para dimensionar o grau de crítica implícita na imagem, basta lembrar que as teses elaboradas para o IV Congresso do PCB, em 1947, ainda discutiam como au-

[68] *Op. cit.*, p. 132.

mentar o número de mulheres militantes sem que isso prejudicasse as "pesadas tarefas domésticas" que lhes eram "naturalmente" designadas.[69] Esse posicionamento, alimentado em âmbito interno e externo, era bastante diverso, por exemplo, da política que Clara Zetkin defendia, no fim do século XIX, para o SPD alemão: a ideia de que uma organização diferenciada seria a melhor maneira de angariar as mulheres para a luta revolucionária, conscientizando-as da inviabilidade de um feminismo desvinculado do movimento proletário.[70]

No tocante à situação brasileira, também no âmbito do Estado a componente patriarcal pesava no processo de redefinição social dos papéis femininos então em causa. A legislação trabalhista de Vargas foi responsável por modificar o papel da mulher na sociedade de classes, por torná-la disponível para o trabalho no setor da indústria e de serviços. Paralelamente, o Estado cultuava

---

[69] Betzaida Tavares, ao estudar o papel das mulheres no PCB, conclui que "a própria organização de diversas células femininas demonstra, de um lado, o esforço do PCB em se adaptar aos costumes sociais que não aprovavam que as mulheres atuassem junto com os homens. De outro lado, o isolamento que essas células sofreram em relação às instâncias de decisão do partido demonstra que a parcela feminina tendia a ser inferiorizada" (em *Mulheres comunistas: representações e práticas femininas no PCB: 1945-1979*, Dissertação de Mestrado, UFMG, 2003, p. 77). Essa política do PCB, que introjetava os valores da sociedade brasileira patriarcal, obedecia, também, às diretrizes do PCUS. Nos anos 1930, o Estado soviético restaura um discurso moral de caráter conservador, com o restabelecimento do poder paterno e a supressão do aborto. A imagem da mãe passou a ser identificada à da Pátria e, na década de 1940, Stálin criou o título de Mãe Heroica, prêmio para as mulheres com mais de dez filhos, e Ordem da Glória Materna, para mulheres com sete a nove filhos, como forma de incentivar a esfera reprodutiva a fim de garantir a continuidade da luta operária (*op. cit.*, p. 57).

[70] "O movimento das mulheres socialistas na Alemanha" (em Zetkin *et al.*, *A mulher e a luta pelo socialismo*, São Paulo, Editora José Luís e Rosa Sundermann, 2012, pp. 149-52). Cabe lembrar que, em debate com Zetkin em 1920, Lênin destacava a necessidade de "varrer por completo a velha ideia do 'patrão', tanto no Partido, como nas massas" ("Lênin e o movimento feminino", *op. cit.*, p. 169).

a imagem da progenitora dedicada às tarefas do lar,[71] como forma de garantir e valorizar as atividades domésticas (responsáveis por produzir a mercadoria força de trabalho) sem, com isso, deixar de constituir um imenso "exército feminino de reserva", passível de ser incorporado ao mercado conforme as necessidades do capital, e invariavelmente empregado como arma eficaz para rebaixar os salários masculinos.[72] Com esse papel também submisso infligido às mulheres pelo Estado entra em conflito a imagem das "aranhas fiandeiras" do texto, que, no entanto, continuam se valendo de estranhas "máquinas de costura" como instrumentos de atuação, como a evidenciar os limites dessa modernização social e os do próprio narrador.

O olhar para a autonomia feminina, na rememoração, guarda relações, portanto, com o arejamento histórico da posição da mulher no interior da sociedade brasileira (a mulher teve o seu direito de voto assegurado pela Constituição de 1946) e dentro da militância comunista, mas também constitui uma crítica à mentalidade conservadora que era reproduzida tanto no âmbito do PC quanto no do Estado patriarcal, dos quais o narrador não se vê completamente dissociado.[73]

[71] O Ministério do Trabalho, em discurso intitulado "A senhora do lar proletário", de 1942, assim redefinia o papel da mulher na sociedade em transformação: "O termo 'proletário' — cuja etimologia vem da prole e significa 'classe que tem muitos filhos' — o termo proletário constitui uma consagração à esposa, assinala a glória da maternidade, evoca a música dos berços". Por isso, para o Estado, a função das mães seria a de "assinalar aos filhos e aos maridos o bem que hoje possuímos", de que "só a paz garante o que da paz provém". Não faltam, nos discursos, ameaças veladas em caso de "perturbação da paz" (luta de classes?), equilíbrio pelo qual as mulheres deveriam zelar; e são valorizadas, mais do que tudo, as funções reprodutivas da operária (Alexandre Marcondes Filho, em *Trabalhadores do Brasil!*, cit., pp. 56-61).

[72] Maria Valéria Junho Pena, "O Estado como senhor: a legislação trabalhista e os direitos femininos", em *Mulheres e trabalhadoras: presença feminina na constituição do sistema fabril*, Rio de Janeiro, Paz e Terra, 1981, p. 167.

[73] Em crônica publicada logo após a saída da prisão, em outubro de

Assim, do ângulo da evolução ulterior dos fatos, o ponto de vista situado no presente traz questões relacionadas às imagens femininas que persistem, retrógradas, na vida social, econômica e partidária. Tal atitude implica que o artista-militante estabeleça linhas de conexão e de correção para a luta socialista da qual participa, e responda, também por meio dos dilemas íntimos, ao quadro histórico-político em que está inserido.

Desse modo, não apenas as relações cordiais, mas também o foro da intimidade, nas *Memórias*, configura uma *arena* onde se combinam as forças sociais em antagonismo: de um lado o atraso das relações domésticas e patriarcais, de outro o impulso propiciado pela modernização e as novas funções atribuídas à mulher, ambas sintetizadas na imagem doméstica *e* revolucionária da "máquina de costura bem azeitada". Ao arquitetar, no texto, esse espaço íntimo, bem como ao apreender e denunciar a si mesmo como uma variante do homem eivado de preconceitos burgueses, o narrador militante alia a história erótico-privada do indivíduo que se confessa sem amarras e a história política de um momento crucial para o país.

À primeira vista, a manifestação da verdade pessoal, na narrativa, traz o álibi da particularidade e aparentemente desvincula o texto de um compromisso direto com impasses mais amplos; no entanto, é esse aspecto formal a garantia da força e da amplitude dos problemas discutidos, uma vez que a técnica empregada pelo escritor é determinada pelo conteúdo, o qual, por meio dela, é levado para o interior da obra. Nos estudos sobre a literatura pro-

---

1937, Graciliano registra a mudança de papel social, bem como a *persistência do conservadorismo*, no tocante à questão feminina: "Há pouco tempo uma senhora declarou num romance que as mulheres são diferentes dos homens. É claro. Mas, apesar da diferença, elas se tornaram nossas concorrentes, e concorrentes temíveis. [...] Se elas chegarem perto do estribo do bonde cheio, ficaremos sentados porque pagamos passagem e temos o direito de ficar sentados. Isto. Somos pouco mais ou menos iguais, apesar da afirmação da mulher do romance. Vão no estribo, se quiserem, de pingente. Ou fiquem junto do poste. Vão para o diabo. É isto. Concorrentes, inimigas. Ou amigas. Dá tudo no mesmo" ("Mulheres", em *Garranchos*, *cit.*, pp. 160-3).

duzida por Flaubert no refluxo do massacre promovido pela burguesia na França de 1848, Dolf Oehler verifica uma relação homóloga entre as estruturas psíquicas das personagens de *A educação sentimental* e o curso da história contemporânea, a ponto de considerá-lo um livro "cuidadosamente estruturado da sociedade burguesa, como uma psicanálise *avant la lettre* do fracasso da Revolução". O escritor francês, após a experiência coletiva traumática das barricadas, elabora os seus romances como "autoanálises, ensaios de autoterapia, nos quais procura, escrevendo, livrar-se de sua neurose de classe, já que, como na conhecida caricatura de Emma Bovary, expõe e disseca o próprio coração". Assim, para Oehler, em uma "análise infinita, o escritor Flaubert se emancipa do neurótico Gustave e liga a própria neurose à neurose geral".[74]

Em contexto muito diverso do francês, no qual uma revolução social verdadeira, ao contrário até mesmo de outros países latino-americanos, nunca aconteceu (resumindo-se a movimentos de rebelião que, segundo Michael Löwy, somente podem ser tomados por revolucionários em sentido amplo),[75] a correspondência poética entre a vida mental e histórica que se verifica nas *Memórias* inclui a autoanálise do narrador, como se a denúncia de si mesmo (tal como o velho latino que se pune em nome da felicidade do filho espertalhão ou a megera que se olha aflita no espelho)[76] fosse a maneira encontrada pelo escritor militante de se

---

[74] Dolf Oehler, "*Art-névrose*", em *Terrenos vulcânicos*, São Paulo, Cosac Naify, 2004, pp. 44-5.

[75] Michael Löwy, "Revoluções brasileiras?", em *Revoluções*, São Paulo, Boitempo, 2009, p. 533.

[76] As duas imagens aludem a representações icônicas do "carrasco de si mesmo" na literatura do Ocidente. A primeira, considerada seminal, é extraída da comédia latina de Terêncio, *O Heautontimoroumenos* (*O homem que se puniu a si mesmo*, Coimbra, Instituto Nacional de Investigação Científica, 1993). A segunda imagem remete aos versos baudelairianos do poema "O Heautontimoroumenos", cuja quinta estrofe assim se encerra: "Je suis le sinistre miroir/ Où la mégère se regarde" ("Eu sou o espelho amaldiçoado/ Onde a megera se olha aflita", Charles Baudelaire, *As flores do mal*, Rio de Janeiro, Nova Fronteira, 1985, tradução de Ivan Junqueira). Note-se, tanto

libertar, de modo simbólico, de um passado patriarcal que se atualiza nele e nas formas da realidade em funcionamento. Esse ímpeto decisivo da arte de Graciliano (e, em particular, das *Memórias*) de encarar, pelo espírito analítico, as vidas interior e social sem disfarces, Antonio Candido chamou de "sentimento ateu do pecado".[77] Talvez, aqui, possamos entendê-lo como a objetivação da neurose patriarcal.

Um dos momentos mais emblemáticos de autoquestionamento é o contato do prisioneiro com os homossexuais. No Pavilhão dos Primários, ele ouve gritos desesperados, e descobre, por meio de terceiros, que um garoto era violentado por outro homem (cap. 19). Ele também se lembra de marcas de sangue entrevistas dias antes e toma ciência, por meio de um dos faxineiros, de que um preso matara outro para continuar encarcerado junto ao amante. A partir daí, a reflexão do narrador ganha corpo: a cumplicidade dos guardas e a ausência de mulheres seria a origem, a seu ver, da prática homossexual nas celas. Compreendidas, de início, como um modo pelo qual os "pivetes" buscavam a proteção de presos mais velhos, as relações homossexuais seriam uma espécie de tirania, de "desejo absorvente", resultante de carência afetiva e sexual. Em seguida, ele revê os seus postulados e chega à conclusão de que o crime acontecera simplesmente porque um dos envolvidos "recusara a liberdade por não lhe ser possível afastar-se de um companheiro". A tirania, o desvio de conduta e a carência dão lugar, nas reflexões do narrador, à percepção do afeto e do envolvimento entre dois homens. Na sequência do movimento reflexivo, as indagações são reveladoras:

"As minhas conclusões eram na verdade incompletas e movediças. Faltava-me examinar aqueles homens, buscar transpor as barreiras que me separavam deles,

---

na comédia quanto na lírica, a violência com a qual o sujeito se revela e se condena, o que é verificável nas *Memórias*, ainda que em proporções e com significados diversos.

[77] Antonio Candido, *Ficção e confissão*, cit., p. 85.

vencer este nojo exagerado, sondar-lhes o íntimo, achar lá dentro coisa superior às combinações frias da inteligência. Provisoriamente, segurava-me a estas. Por que desprezá-los ou condená-los? Existem — e é o suficiente para serem aceitos. [...] Preliminarmente lançamos opróbrio àqueles indivíduos. Por quê? Porque somos diferentes deles. Seremos diferentes, ou tornamo-nos diferentes?"[78]

A admissão do sentimento de repulsa em relação aos homossexuais não turva, porém, a certeza de que eles devem ser aceitos, como se o peso da tradição patriarcal enfrentasse, na psique do narrador distanciado do evento, um ponto de vista mais esclarecido, que não se afirma de todo, mas dilui em parte o sentimento bárbaro contra a sexualidade que se desvia da moral burguesa. Ao final, há uma abordagem bastante significativa sobre o tema, a ponto de o narrador se perguntar:

"Penso assim, tento compreendê-los — e não consigo reprimir o nojo que me inspiram, forte demais. Isto me deixa apreensivo. Será um nojo natural ou imposto? Quem sabe se ele não foi criado artificialmente, com o fim de preservar o homem social, obrigá-lo a fugir de si mesmo?"[79]

Aqui as certezas mais íntimas do homem viril são abaladas, e ele assume a incapacidade de vencer a repulsa, o que reativaria o olhar tradicionalista do qual tenta, em vão, se desvencilhar. Mas o reconhecimento da apreensão que decorre da vontade vã de não sentir nojo é um índice forte de autoanálise. A significativa possibilidade aventada e esclarecida pelo próprio narrador (porque a pergunta retórica revela algum grau de afirmação implícita), é a

---

[78] MC, PP, p. 298.
[79] *Ibidem.*

de que o preconceito tenha sido criado para a manutenção da ordem burguesa.[80]

Essa postura do narrador, que insere a sua repulsa em enquadramentos sociais e políticos e, por isso, despatologiza a figura do homem homossexual, ao se perceber angustiadamente aprisionado às prerrogativas burguesas da sexualidade, indica também uma rebeldia contra as normas estabelecidas pela vida social ditada pela dominação de classe que, como vimos, é um dos alvos preferenciais da literatura produzida por Graciliano.

O tema da homossexualidade, tal como se apresenta nas *Memórias*, ganha relevância se for considerada, além das políticas de Estado que viam na figura masculina e viril do "pai" o elemento propulsor do desenvolvimento (seja por meio da valorização do chefe de família, seja pelo culto ao "Pai da Nação" personificado por Vargas),[81] a ética do Partido Comunista à época da prisão e durante a escritura do livro. Sob orientação do PCUS stalinista, que a partir de 1934 criminalizou a relação entre pessoas do mes-

---

[80] A conclusão apresentada pelo narrador das *Memórias* de que o preconceito em relação à homossexualidade é uma forma de manter a dominação burguesa faz ressoar, evidentemente sem o apelo revolucionário dos poemas escritos na França de 1848, a exaltação baudelairiana do lesbianismo, da mulher de posse dos seus desejos, em oposição às relações heterossexuais (sobre o assunto, ver Dolf Oehler, *Quadros parisienses (1830-1848): estética antiburguesa em Baudelaire, Daumier e Heine*, São Paulo, Companhia das Letras, 1997, p. 256). Algo da percepção de convencionalismo e de dominação de classe na moral referente ao sexo se faz presente nas reflexões do narrador das *Memórias*, porém sem a afirmação subversiva do homoerotismo proposto por Baudelaire. Esse limite pode ser explicado pelo universo patriarcal da formação do narrador, mas, também, pela ausência de perspectivas revolucionárias no horizonte da nação, diferentemente do contexto do poeta francês, em que a possibilidade real de transgressão da ordem política implicava a revisão da sexualidade convencionalmente estabelecida.

[81] O culto à figura masculina e a criminalização da homossexualidade foram ratificados pelo Código Penal de 1940, que, por meio do artigo 214 do Decreto-Lei 2.848, de 7 de dezembro, definiu legalmente a prática sexual entre pessoas do mesmo sexo como um crime de "atentado público ao pudor".

mo sexo, associada à espionagem, à contrarrevolução e às práticas "irracionais e degeneradas da burguesia",[82] os comunistas brasileiros, de modo geral, se mostravam intolerantes em relação a um assunto que, para eles, "não poderia ser explicado por fundamentos econômicos ou sociais, mas tão somente por razões de ordem patológica".[83]

Esse contexto eivado de proibições e dogmas comportamentais, tanto no âmbito do PC quanto no do Estado, fortalece ainda mais a firme disposição do narrador de confessar o que não pode ser contado, e expõe suas divergências em relação às práticas cristalizadas do Partido sob o jugo da política soviética.[84] E, se mais uma vez o pensamento esclarecido entra em choque com convicções obscurantistas das quais o narrador não se livra, inculcadas por uma formação regressiva realimentada pela ordem do dia, a inquietude moral e o conflito dela resultante apontam para a coragem da verificação interior e da retificação. Essa abertura atesta o peso da experiência com os homossexuais da cadeia para a

---

[82] Diego Vieira de Jesus revela que à descriminalização da "pederastia" pelos bolchevistas, no Código Penal da República Russa de 1922, sucedeu um período de recriminalização que perdurou até 1993. A necessidade do stalinismo de conter as "anomalias sociais" (prostitutas, mendigos, alcoólatras) foi estendida aos homossexuais masculinos depois da suposta descoberta de redes de espionagem lideradas por nazistas alemães infiltrados em círculos *gays* em Moscou, Leningrado e outras cidades soviéticas ("O camarada de um amor sem nome: medo e desejo na União Soviética (1917-1934)", *Revista de História Comparada*, Rio de Janeiro, vol. 4, nº 1, 2010, pp. 70-92).

[83] Cf. Jorge Luiz Ferreira, *op. cit.*, p. 127.

[84] Como registro do imaginário comunista ortodoxo em relação ao assunto, vale destacar que nas suas *Memórias* o célebre militante Gregório Bezerra, preso inúmeras vezes (inclusive durante as ditaduras varguista e civil-militar), confessa o "pavor" que sentia dos "pederastas" e afirma que "preferia a morte" na prisão a viver de "forma desonrada" (Gregório Bezerra, *Memórias*, São Paulo, Boitempo, 2011, p. 140). Os menores presos com o sargento no Recife, "apesar da fome, dos castigos — e, sobretudo, apesar da pederastia" — conseguiram, segundo ele, se recuperar, pois foram incorporados às Forças Armadas (*op. cit.*, pp. 163-5).

formação do militante que conta a sua história e que não adere ao discurso mecanicista do Estado ou do Partido.[85]

É próprio da dialética dessa situação a disposição à autocrítica, se considerada a cultura partidária moralmente rígida com a qual este intelectual lidou. A rotina política do PC, desde o final da década de 1920, e em especial a partir dos anos 1940,

> "Incluía as sessões de crítica e autocrítica, práticas sociais interpretadas como necessárias e salutares, pois corrigiriam os erros e superariam os desvios e as divergências. Obrigação dos militantes, críticas e autocríticas permitiam que eles, amigavelmente, definissem os rumos e a orientação a tomar, contornassem o subjetivismo e, sobretudo, impedissem as dissidências e as frações. Definidas como uma maneira honesta e fraterna de superar os antagonismos, as sessões de crítica e autocrítica no Partido, entretanto, tornavam-se muitas vezes para o revolucionário criticado, ou obrigado a autocriticar-se, uma experiência dolorosa e angustiante."[86]

Há algo da encenação pública do autoflagelo nas *Memórias* — que remete, de imediato, ao momento de escritura da obra, quando o autor já pertence, oficialmente, aos quadros comunistas. Mas, por se tratar de uma versão estilizada e bastante subjetiva das sessões de autocrítica, que muitas vezes chega a resultados desafiadores e antidogmáticos (portanto o avesso da autocrítica sta-

---

[85] Ao tratar da homossexualidade nas *Memórias do cárcere*, John Gledson a entende como um dos catalisadores que provocaram a mudança emocional e ideológica do prisioneiro, um questionamento cujo resultado, afastando-se de teorias causais e aproximando-se da acuidade e da profundidade de Machado de Assis, apareceria nas obras posteriores de Graciliano, como *Vidas secas* ("Machado de Assis e Graciliano Ramos: especulações sobre sexo e sobre sexualidade", em *Por um novo Machado de Assis*, São Paulo, Companhia das Letras, 2006, pp. 312-34).

[86] Jorge Luiz Ferreira, "Confessar os pecados e expulsar os demônios", em *Prisioneiros do mito, cit.*, pp. 152-3.

linista, cujo fim era o de condenar companheiros não alinhados), é possível vislumbrar, também na opção pela confissão e pelo autoexame literário, a dissonância em relação às diretrizes ortodoxas que, no entanto, ajudaram a balizar a reflexão do militante. Essa reflexão, além de integrar a cultura partidária a que pertence o narrador, demonstra certa proximidade com as críticas de Engels (1884) à opressão masculina, para quem "o primeiro antagonismo de classes que apareceu na história coincide com o desenvolvimento do antagonismo entre o homem e a mulher na monogamia; e a primeira opressão de classes, com a opressão do sexo feminino pelo masculino". A família tradicional, portanto, seria uma espécie de "quadro em miniatura das contradições e antagonismos no meio dos quais se move a sociedade, dividida em classes desde os primórdios da civilização, sem poder resolvê-los nem superá-los".[87]

Ao questionar a prevalência social da figura masculina sobre a feminina e ao rever a condenação sumária de orientações sexuais diversas da sua, no momento em que esse comportamento era considerado uma patologia também dentro do PC, o narrador das *Memórias*, mais uma vez, se vale da sua experiência concreta como artifício para responder a dilemas que estavam na ordem do dia e sobre os quais adota uma postura divergente: não fariam essas reflexões parte da negação política do mundo burguês contra o qual lutavam os próprios comunistas?

Por ora, além do caráter político, cabe registrar que a tradição confessional na literatura do Ocidente, de que as *Memórias* são exemplo, encontra as suas origens no exame de consciência religioso, em particular na autoinspeção sistemática promovida pelos cristãos protestantes. Segundo Weber, enquanto o fiel católico dispunha da graça sacramental da Igreja para expiar os seus pecados, ao calvinista era destinado viver permanentemente na tensão promovida pela culpa. Por isso, com a ajuda dos seus apontamen-

---

[87] Friedrich Engels, *A origem da família, da propriedade privada e do Estado*, Lisboa, Presença, 1974, pp. 86-9.

tos pessoais, o cristão reformado "tomava o pulso" de si mesmo, por meio de um virtuosístico processo de autotortura e reflexão metódica.[88] Já despida, no século XVIII, do elemento religioso, a confissão encontraria sua versão literária na variante profana do diário íntimo e nos demais gêneros confessionais, como as cartas e as memórias, dos quais as *Confissões*, de Jean-Jacques Rousseau (1782), constituem o marco da produção moderna.[89]

A tradição das "confissões do inconfessável", ou o "exame de consciência ateu, com a coragem do desejo individual", é uma dimensão literária que falta à nossa cultura.[90] De fato, raros são os momentos da produção brasileira em prosa nos quais se verifica a autoinspeção sistemática, tal como a promovida pelo narrador em muitas passagens das *Memórias*. Em Machado de Assis, o autoexame é condicionado, no *Memorial de Aires*, pelo cinismo do narrador que pertence às classes dominantes;[91] a respeito de *Um homem sem profissão*, as memórias de Oswald de Andrade, Antonio Candido alerta que nelas "não se deve procurar autoanálise nem retrato do tempo", mais dispostas que estão a esclarecerem a "aventura lírica do Quixote que procura adequar a reali-

---

[88] Max Weber, "Os fundamentos religiosos da ascese intramundana", em *A ética protestante e o "espírito" do capitalismo*, tradução de José Marcos Mariani de Macedo, São Paulo, Companhia das Letras, 2011, pp. 112-3.

[89] Não é nosso interesse, aqui, reproduzir as definições teóricas (invariavelmente estrangeiras) acerca dos gêneros confessionais, como os diários e as memórias, a fim de confirmar, por meio da obra, aspectos da teoria. Apenas registrem-se, a título de referência, as obras de Philippe Lejeune, *Le pacte autobiographique*, Paris, Seuil, 1986; Alain Girard, *Le journal intime*, Paris, PUF, 1986; e Georges Gusdorf, *Les écritures du moi: lignes de vie I*, Paris, Odile Jacob, 1991.

[90] Cf. Roberto Schwarz, "*Aquele rapaz*", em *Sequências brasileiras*, São Paulo, Companhia das Letras, 1999, p. 191.

[91] Ver, a esse respeito, Pedro Coelho Fragelli, *As formas da traição: literatura e sociedade no Memorial de Aires*, Dissertação de Mestrado, São Paulo, FFLCH-USP, 2005.

dade ao sonho".[92] Nesses modelos, bem como em peças importantes da memorialística brasileira, como *Baú de ossos*, de Pedro Nava, ou *Navegação de cabotagem*, de Jorge Amado, estamos distantes do exame rigoroso de consciência tal como, em diversos momentos, se verifica na obra de Graciliano.

Uma importante exceção à regra é o diário ficcional de Helena Morley, publicado inicialmente em 1942, *Minha vida de menina*. A garota precoce e de formação protestante da Diamantina de 1894 vive, com a família provinciana, o colapso econômico provocado pela Abolição e pela decadência da atividade mineradora. Esse quadro social, aliado a uma inquietante e atrevida personalidade, conferem a abertura de espírito necessária para que ela examine livremente o seu meio, sem os alinhamentos automáticos de classe. Em ensaio sobre a obra, Roberto Schwarz alerta que, se os meandros do autoexame servem, vez ou outra, para a confissão da narradora de pequenas práticas desonestas com a aprovação da consciência, é por meio do esforço custoso da individuação reflexiva que se torna possível à diarista duvidar de generalidades socialmente aceitas.[93]

Nas *Memórias*, de modo similar, nem sempre as ações relatadas correspondem à autoanálise do narrador, mas ainda assim o propósito de denúncia não se esvai. Quando o autoexame não se faz presente de modo explícito, predominando o registro em lugar da reflexão, são as conexões latentes da matéria narrada e a manifestação "bruta" da consciência sobre questões da intimidade que oferecem ao leitor a possibilidade de flagrar gestos contraditórios e significativos, os quais também guardam poder de revelação sobre a realidade e dilemas que permanecem. É o caso de dois segmentos contíguos de "Viagens", quando o detento está no navio *Manaus*, em meio a centenas de homens apinhados no porão.

---

[92] Antonio Candido, "Prefácio inútil", em Oswald de Andrade, *Um homem sem profissão*, São Paulo, Globo, 2002, p. 12.

[93] "Outra Capitu", em *Duas meninas*, São Paulo, Companhia das Letras, 2006, pp. 80-1.

No capítulo 23, o narrador relembra a insensatez do médico Sebastião Hora, que tencionava, no momento da escala do navio na Bahia, ser visitado pelo governador do Estado. Não admitindo a convivência com pessoas humildes no ambiente em que todos se misturavam, Hora permanecia de malas prontas e "não queria ver o presente", pois se refugiava na vida anterior à prisão, sem se dar conta de que "a autoridade os nivelava" e que ali "não havia espaço para nenhum senhor". O prisioneiro, assim, diferencia-se do amigo, porque percebe o absurdo da manutenção das prerrogativas classistas no espaço em que todos se degradavam. A esse quadro se soma, no mesmo capítulo, a represália que o conterrâneo Manuel Leal dirige a ele, por vê-lo próximo a um dos negros envolvido no levante, a quem também repreende:

"— Ah negro! Isso tem cabimento?
E apostrofou-me severo:
— A culpa é sua. Dá ousadia a esse moleque.
Pobre Manuel Leal. Recordava-se de me haver conhecido menino, filho de proprietário da roça, proprietário na verdade bem chinfrim, e espantava-se daquela mudança. De algum modo se sentia alcançado pelo rebaixamento que me atribuía. Caixeiro-viajante, fizera muito negócio com meu pai, gabara-lhe provavelmente as virtudes: a exatidão rigorosa em pagar as contas, vintém por vintém, e a avareza excessiva, a ambição de arrancar exorbitâncias do freguês. Considerando-se pouco mais ou menos igual a mim, afligia-se por me ver aceitar a camaradagem de raça impura e classe inferior, temia ser induzido a nivelamentos perigosos [...]
Se pudesse abrir-me com Manuel Leal, dir-lhe-ia que as nossas pequeninas importâncias antigas não valiam nada. Viagens, mostruários, lábias de cometa, vendas, recibos, tudo se diluía nas sombras de um passado morto."[94]

---

[94] *MC*, V, p. 141.

O exame de consciência, aqui ainda presente, permite ao narrador buscar as razões de zanga do seu "velho conhecido": de algum modo, o narrador entende que o conterrâneo, por conhecer o seu passado e a sua origem, se sentia diminuído por vê-lo liberto das amarras que o separavam dos negros e das classes mais baixas (não por acaso associados), porque tal fato representava o descenso irremediável e visível no qual Leal também submergia.

O narrador expõe, então, o ridículo da situação, porque o nivelamento promovido pelo Estado, na "cloaca infame" do navio onde se aglomeravam centenas de presos, não deveria abrir espaço para atitudes senhoriais, muito menos as que se pautavam pela vida pregressa, já em desagregação antes mesmo da cadeia. A reflexão traz ironia ("pobre Manuel Leal") e lhe permite relativizar a própria posição, pois ele percebe (não se sabe se já à época da prisão ou no momento da escritura) que, como filho de um "proprietário chinfrim", não estava tão distante, como supunha o caixeiro-viajante, dos desvalidos do sertão.

A "raça impura" e a "classe inferior", às quais o narrador se refere ironicamente, permitem questionar a visada discriminatória que aparecia em nome da manutenção da assimetria social entre negros e brancos, não desfeita nem mesmo quando a repressão atingia os prisioneiros políticos de forma mais ou menos homogênea. A cadeia, assim, possibilita ao narrador ver o quanto a postura patriarcal soava despropositada mesmo dentre os que, na sua origem remota, gozaram de posses familiares, como ele.[95]

O sujeito que tenta se desvencilhar dos juízos dos companheiros diz muito de um período iniciado nos anos 1930, em que a ideologia racista de Nina Rodrigues e Oliveira Vianna (este último um dos ideólogos do Estado autoritário de Vargas) dava lugar, nas teorias sobre o negro, à filosofia social de fundo ambientalis-

---

[95] Algo da situação de rebaixamento e a percepção da perda do mando aparecem em *Angústia*, quando Luís da Silva, obedecendo às ordens dos chefes, se compara ao avô, Trajano de Aquino Cavalcante e Silva, que mesmo depois da Abolição "ainda conservava os modos de patriarca" (em *Angústia*, Rio de Janeiro/São Paulo, Record, 2003, pp. 175-6).

ta e aos estudos de sincretismo cultural, como os de Artur Ramos e Gilberto Freyre. Segundo Thomas Skidmore, embora o ideal de branqueamento do povo brasileiro, veiculado desde a Abolição, tenha persistido até os anos 1950, "os porta-vozes da elite, depois de 1930, alegravam-se com o novo consenso científico de que o preto não era intrinsecamente pior e que a pretensão racista de que a miscigenação resultava em degeneração era pura tolice".[96] De alguma maneira, a postura do narrador no excerto guarda muito desse momento de dissolução das teorias importadas que, vigentes desde o final do século XIX, aludiam a uma suposta inferioridade biológica do negro.[97]

A superação teórica do racismo pretensamente científico não implica, porém, a eliminação prática do olhar discricionário: se as ações de Hora e Leal propiciam ao narrador ironizar as prerrogativas racistas dos companheiros e denunciar gestos senhoriais que se renovam, o episódio seguinte mostra a dificuldade do próprio prisioneiro de se libertar da formação que lhe foi inculcada e que ele pôde entrever nos colegas. Quando o navio *Manaus* enfim chega ao porto da Bahia, ele percebe, do lado de fora, um moleque

---

[96] Thomas E. Skidmore, *Preto no branco: raça e nacionalidade no pensamento brasileiro*, Rio de Janeiro, Paz e Terra, 1989, p. 228.

[97] Em crônica em que comenta os Congressos Afro-Brasileiros presididos por Gilberto Freyre no Recife em 1934 e na Bahia em 1937, Graciliano não esconde a empolgação com a política cultural para os negros promovida por renomados sociólogos, e com a superação, nos meios intelectuais, do chamado "racismo cientificista": "É inegável que os babalorixás caminham e, de objetos, se transformarão em agentes". Adiante afirma que, enquanto na literatura do século anterior, "os pretos surgiam bonzinhos" e "as mães-pretas viviam exclusivamente para amamentar a menina branca", os "moleques dos romances modernos", como Ricardo e Antônio Balduíno, são "amigos dos moleques vivos, que se sentindo retratados nessas admiráveis figuras criadas por escritores novos, afinal compreendem que não se devem envergonhar e que essa história de raça inferior foi uma conversa contada por indivíduos bem armados para se aproveitarem do trabalho deles" ("Perguntando a mim mesmo". Arquivo IEB-USP, Fundo Graciliano Ramos, Série Manuscritos, Subsérie Crônicas, Ensaios e Fragmentos, s.d. Incluída em *Garranchos*, sob o título "O negro no Brasil", *cit.*, pp. 167-74).

que espia, com curiosidade, o porão, o que suscita, no detento, planos de comunicação com o exterior:

> "E, às vezes, na carência dos objetos e dos fatos, criam-se fantasmas. Sebastião Hora, pela manhã, não tivera nenhum indício de que Juraci Magalhães iria visitá-lo: admitira uma hipótese gratuita e logo a mudara em certeza. O meu caso era menos grave: estava ali um negrinho bem-vestido a espiar-nos, curioso, a beiçorra contraindo-se num sorriso infantil. Não nos trazia nenhum aviso, claro: afastei a possibilidade remota e vacilante. Certifiquei-me, porém, de que ele poderia mostrar lá fora pedaços da nossa existência no sepulcro. Aferrei-me à convicção e, não sei por que extravagância, imaginei-o próximo de Edison Carneiro, capaz de se avistar no mesmo dia com este amigo, com quem me correspondia."[98]

O delírio do prisioneiro, como ele mesmo confessa, não está muito distante das presunções de Sebastião Hora, que queria se avistar com o governador. A possibilidade de que o "negrinho bem-vestido" traga alguma notícia do exterior é logo descartada, e substituída por outra, não menos temerária, de que o menino possa levar uma carta ao etnólogo e amigo Edison Carneiro. Ainda aqui, por meio do autoexame, o narrador confessa a sua "extravagância", que, no entanto, à época dos fatos, não o impediu de tentar semelhante disparate: se Leal pretendia encontrar Juracy Magalhães, menos grave, a seu ver, seria tentar comunicação com Carneiro por meio do garoto que parecia à toa. Essa presunção e a referida "beiçorra" remetem a componentes racistas, que se diluem, em parte, ante os traços infantis demarcados; e não deixa de ser perversamente irônico o fato de que o prisioneiro encarregue o menino, negro, de levar uma carta ao africanista e simpatizante do PC com quem se correspondia. O bilhete é inserido dentro de

[98] MC, V, p. 143.

uma casca de laranja, e ele, acreditando-se compreendido por gestos e gritos, arremessa o fruto em direção ao cais, a fim de que o menino possa apanhá-lo e realizar a tarefa de "moleque de recados" que lhe foi idealmente designada:

> "O rapaz olhava-me perplexo e interrogava-me sacudindo a cara chata. Só então me veio a certeza de que ele não havia percebido as minhas falas. Expliquei-lhe aos berros que ali havia um papel e continuei a dar-lhe indicações precisas: o nome e a residência do escritor baiano. Mas já não tinha nenhuma confiança no resultado: ou a minha voz fraca desfalecia no burburinho, nos rumores da carga e descarga, ou me achava diante de uma estupidez maciça. Trabalho perdido. Inúteis os brados e os acenos. Calei-me zangado comigo, por me haver iludido à toa, furioso com o animal, que não me entendera e, alheio ao guindaste, aos visitantes, aos passageiros, aos carregadores, continuava a farejar o porão, como um rato, erguendo o focinho, dirigindo-nos os bugalhos claros. O risinho insignificante, a hesitação, os modos oblíquos, tinham-se esvaído. Evidentemente não me ligava importância: espalhava a atenção pelos outros rostos, pelas aberturas desertas."[99]

Certo de não ter sido entendido, o prisioneiro se deixa tomar pela fúria quando se dá conta de que o garoto não atentara no seu plano e de que se iludira à toa, como Sebastião Hora e Manuel Leal. Essa fúria reativa, nele, uma visão repleta de traços discriminatórios tais como os entrevistos nos outros e que, agora, surgem despidos do exame de consciência explícito: a figura, antes simpática e infantil, passa a "animal", "rato" de "focinho e bugalhos claros", porque o prisioneiro nota que ela não lhe dava importância e não atenderia, talvez por não compreender, ao seu gesto — e dessa maneira o circuito do mando, premido pela ne-

[99] MC, V, pp. 144-5.

cessidade de comunicação com o mundo fora da prisão, não se completa.

Portanto o arranjo composicional mostra que, a despeito da tentativa de superar o preconceito, em momentos de cólera as marcas escravocratas do filho das classes dominantes arruinadas ressurgem por meio de impropérios dirigidos aos negros que, não sendo mais oficialmente servis, podem ficar alheios ou mesmo desdenhar dos desígnios dos brancos, sem que, com isso, percam o estigma social de inferioridade e a suposta necessidade de submissão.

Além disso, os impropérios revelam também a indignação impotente do prisioneiro agoniado, que, diante do desdém do garoto, evolui para agressão verbal. Há, porém, uma grande diferença em relação a Sebastião Hora: enquanto o médico buscava avistar-se com o governador Magalhães (militar e futuro udenista), o olhar do prisioneiro é horizontal, uma vez que, ao pedir socorro a um descendente de escravos, demonstra contar com as habilidades dos dominados, grupo em que, de algum modo, se vê conjunturalmente incluído.

No plano da forma, a ausência de crispação e de autoexame evidenciam certa irregularidade no tratamento da matéria (quando ao depoimento parece faltar a interpretação que lhe corresponde). Essa lacuna é expressiva de uma visão discricionária que se mantém na sociedade sem muitas alterações quando o narrador decide relatar a sua experiência, mostrando que os negros, não mais escravos ou "cientificamente" considerados inferiores, ainda eram, na *práxis*, subjugados e pouco integrados à sociedade de classes. Isso explica por que a autocrítica, severa em outras circunstâncias, parece subsumir-se à confissão do estado de necessidade e desespero em que se insere o prisioneiro, como a justificar o retorno do recalcado.

A conexão potencial entre o excerto sobre o menino negro e o do capítulo anterior, quando o narrador ironiza o comportamento racista de Manuel Leal alimentado dentro do navio-prisão, expõe o horror do intelectual pequeno-burguês que se percebe aferroado, também ele, a uma formação discricionária que teimava em se manifestar e cuja superação não depende apenas da vontade individual ou de formulações teóricas: produto de condições históricas concretas, o olhar restritivo sobre o negro aflora mesmo quando o indivíduo se acreditava liberto, ao menos por força das contingências, do passado. Assim, a visada do narrador espelha e atualiza, com exemplaridade, a regressão pressentida nos outros e manifestada, aqui, no plano da consciência — o que confere generalidade ao impasse racial e o alça à esfera da Nação que, sob muitos aspectos, buscava se modernizar.[100]

A ênfase do narrador em aspectos racistas da nossa sociabilidade, de que as cenas analisadas, embora emblemáticas, não constituem os únicos exemplos, revela o discernimento do sujeito situado no presente da escritura para o drama vivido pelo negro na sociedade de classes.[101] Também em relação a esse problema, Graciliano demonstra plena consciência crítica, a ponto de ter registrado, com agudeza e ironia, na *Pequena história da República*, os efeitos perversos de uma Abolição despida de qualquer realização de igualdade e cidadania, proclamada para atender aos interesses do capital e que culminou na expulsão dos negros do sistema de trabalho:

[100] Essa visada crítica permite relativizar as considerações categóricas de Lêdo Ivo, que em ensaio sobre Graciliano reitera o preconceito "racial" do escritor com quem conviveu: "A mestiçagem era uma referência obrigatória, quando aludia a confrades que não estimava. E, em contrapartida, são brancas as personagens dignas do seu amor. A Luísa de *Caetés* tem 'grandes olhos azuis'; a Madalena de *S. Bernardo* é loura; e o próprio Graciliano se retrata, neste segundo romance, 'vermelho e cabeludo'" ("O mundo concentracionário de Graciliano Ramos", em *Teoria e celebração*, São Paulo, Duas Cidades, 1976, p. 97). Há certa confusão, por parte do crítico, entre as personagens e o autor, como se não houvesse nenhum tipo de distanciamento entre eles. O mesmo vale para as afirmações sobre a relação de Graciliano com os homossexuais ("considerava-os seres perversos e repelentes", *op. cit.*, p. 96), que não leva em conta, em nenhum momento, a autocrítica empreendida nas *Memórias*.

[101] Sobre a manutenção do "estoque racial negro" e a sua não integração, na passagem para a modernidade urbano-industrial, à sociedade competitiva, ver Florestan Fernandes, *A integração do negro na sociedade de classes (o legado da "raça branca")*, São Paulo, Globo, 2008, pp. 321-2.

"A alegria tumultuosa dos negros foi substituída por uma vaga inquietação. Escravos, tinham a certeza de que não lhes faltaria um pedaço de bacalhau, uma esteira na senzala e a roupa de baeta com que se vestiam; livres, necessitavam prover-se dessas coisas — e não se achavam aptos para obtê-las. A gratidão dos negros a d. Isabel, a princesa que lhes deu a alforria, esfriou bastante, passadas as manifestações excessivas de maio de 88."[102]

Nas *Memórias*, a reelaboração artística, pelo militante de 1946, dos impasses e dos preconceitos sobre o negro configura um posicionamento lúcido também em relação à negligência sistemática da questão racial pelo Partido, a despeito do grande contingente de negros filiados aos quadros comunistas.[103] O próprio fato de que, na cena do cais, o menino negro nem sequer conheça Edison Carneiro demonstra o abismo existente entre os intelectuais do PC e aqueles que esses militantes pretendiam representar e defender, como os descendentes de escravos.

Essa distância prática se traduziu em uma política que, como sintetiza Florestan Fernandes, "teimava em separar raça e classe, e considerava a questão racial como exclusivamente de classe",[104] reproduzindo a inespecificidade da política orientada pela Internacional Comunista em relação aos problemas raciais dos países definidos como coloniais e semicoloniais. Basta registrar que, em um significativo documento que reproduz uma reunião do Secretariado Latino-Americano da Comintern em 1929, o então secretário-geral Astrojildo Pereira (dito Ledo) chegava à conclusão de que não haveria no Brasil, ao contrário dos Estados Unidos, o proble-

---

[102] "Os antigos escravos", em *Alexandre e outros heróis*, Rio de Janeiro, Record, 1990, p. 139.

[103] Cf. Edison Carneiro, "Situação do negro no Brasil", em *Estudos afro-brasileiros*, Rio de Janeiro, Ariel, 1935, p. 240.

[104] Cf. Florestan Fernandes, "Prefácio", em *O significado do protesto negro*, São Paulo, Cortez, 1989, p. 10.

ma da inserção social dos negros, uma vez que aqui tanto os trabalhadores negros quanto os brancos receberiam "os mesmos salários", teriam "a mesma condição de trabalho" e seriam vítimas da "exploração e opressão que pesam sobre eles igualmente".[105]

No Brasil, embora, em torno de 1930, o tema tenha sido tratado de forma difusa por militantes como Leôncio Basbaum, com breves menções a grupos étnicos nos manifestos oficiais, o PCB não compreendeu, ou não conseguiu elaborar teoricamente, a importância da luta antirracista em um país construído pelo braço escravo.[106] Trata-se de um equívoco que, para Octávio Ianni, partiu não apenas das diretrizes externas, mas também de uma leitura enviesada de Marx promovida pelos seus dirigentes.[107]

Desse modo, o olhar do narrador das *Memórias* diverge, por meio da exposição da própria intimidade, da visão partidária que minimizava o "problema negro", diluído mecanicamente na luta de classes.[108] A articulação dos episódios sobre o negro revela a

[105] Secrétariat Latino-Américain, Comission Brésillienne, 5/11/1929. Arquivo Edgar Leuenroth (AEL)/Unicamp, Fundo Internacional Comunista, mr-002, 47 (tradução minha).

[106] O atraso na compreensão do problema levou o movimento negro a ser homogeneizado por forças de direita, inclusive pró-fascistas, como a Frente Negra Brasileira, organização paramilitar e nacionalista fundada em São Paulo em 1931, que pretendia integrar o negro na sociedade por meio do apelo à ordem e ao patriotismo (cf. Augusto Buonicore, "O marxismo e a questão racial", em *Marxismo, história e revolução brasileira: encontros e desencontros*, São Paulo, Anita Garibaldi, 2009, pp. 227-36).

[107] "Nas discussões que Marx faz sobre a escravatura no Novo Mundo, sobre a questão irlandesa e sobre problemas na Índia etc., fica sugerida a ideia de que a dimensão étnica faz parte da máquina da história. Ele não a trabalhou, mas a esquerda leu mal ou não quis prestar atenção" (Octávio Ianni, em *O negro e o socialismo*, São Paulo, Fundação Perseu Abramo, 2005, pp. 47-8).

[108] Sobre a resistência do Partido em relação às lutas específicas do movimento negro, o teatrólogo Abdias do Nascimento relata a sua expulsão, pelos militantes comunistas, do Comitê Afro-Brasileiro em 1945 (do qual era um dos fundadores), sob a alegação de que "para defender os oprimidos já

tentativa lúcida de denunciar o que permanece e a autoacusação de quem não se percebe dissociado daquilo que condena, formalizando esse impasse no plano da consciência. A bifurcação entre a vida psíquica, rente à experiência concreta, e os lemas partidários generalistas com os quais o militante teve de se haver começa a revelar um tipo de percepção muito acurada do narrador quanto ao *descompasso local da reflexão teórica feita pelo PC*, pouco atento à especificidade brasileira e submetido às diretrizes stalinistas, especialmente enrijecidas durante o período da Guerra Fria, quando Graciliano redige a obra.

Como se pode notar, no percurso trilhado pelo narrador a fim de "buscar a si mesmo", a procura da verdade pessoal, além de definir uma regra de composição, é também encenação de si, que contracena com um fundo mais amplo — no caso, o Brasil do desenvolvimentismo. Reduzido, nas cenas analisadas, a marcas na consciência e na vida privada, um momento angular de nossa história e da militância de esquerda (em que se depositavam, via expansão urbano-industrial, as esperanças de superação do legado da Colônia) comparece e se revela publicamente por meio das condutas e das reflexões do sujeito que rememora.

Essa consciência a um tempo arcaica e moderna encontra as suas determinações também no plano da história econômica. Ao contrário da expansão capitalista dos países centrais, no Brasil a mudança do polo hegemônico de poder das classes proprietárias rurais para as urbano-industriais não provocou uma ruptura total com o modelo agroexportador. A manutenção da acumulação primitiva no campo criou as fontes internas do capital necessário para a indústria, constituindo a especificidade da modernização iniciada nos anos 1930, quando as novas relações de produção perpetuaram, por meio do pacto entre os proprietários rurais e a bur-

---

existia o Partido Comunista", e que as reivindicações específicas do movimento não passavam de manifestações de "racismo negro" (em *O Quilombismo: documentos de uma militância panafricanista*, Petrópolis, Vozes, 1980, pp. 172-3).

guesia industrial, as relações não capitalistas na agricultura e no setor de serviços.[109]

Desse modo, a reposição do atraso na nossa vida econômico-social (e, consequentemente, a não superação psíquica dessa sociabilidade defasada) é o princípio de generalização a que o narrador das *Memórias* dá voz, na conjunção do arcaico e do novo determinada pela singularidade histórica do período que abrange tanto o momento da prisão quanto o momento da escritura.

Ao analisar a "poesia envenenada" de *Dom Casmurro*, Roberto Schwarz mostra como Bentinho se transforma no patriarca autoritário e conservador que, em oposição à mentalidade moderna e esclarecida de Capitu, tem as prerrogativas de confundir, no país de economia escravista, as suas vontades caprichosas com as manifestações do ideário liberal, as quais, no entanto, eram indispensáveis ao "cidadão evoluído" do Segundo Império. Trata-se, segundo o crítico, de um mundo de segunda classe, em que os dinamismos modernos ficavam pela metade.[110]

O procedimento formal adotado por Graciliano nas *Memórias* corresponde a algo diverso da narrativa machadiana: neste caso, não comparece uma escrita sistematicamente equívoca, que se pode ler como expressão viva do marido ingênuo e do patriarca prepotente. Ao contrário: configura-se o desnudamento de si por parte do narrador prisioneiro, a acusação de relações de arbítrio e a transformação dos próprios juízos, em uma fusão de vozes e temporalidades que o narrador não dissimula.

No entanto, embora distinto da "estética antiburguesa" tal como a de nosso maior escritor, o resultado crítico da exposição de Graciliano nas *Memórias* aponta, em outro contexto, para direções semelhantes às sinalizadas por Machado: por meio da denúncia de si e da fusão das vozes do narrador e do prisioneiro é possível exibir o desajuste da vida social (e psíquica) inspirada no

---

[109] Francisco de Oliveira, *Crítica à razão dualista*, cit., p. 69.

[110] Roberto Schwarz. "A poesia envenenada de *Dom Casmurro*", em *Duas meninas*, cit., p. 40.

ideário burguês em um momento de crença no progresso real, orientado e acelerado pelo Estado. Por isso, a experiência da prisão, retomada como matéria de memória, se revela tão importante: ela representa o ponto a partir do qual o sujeito acusa e se percebe portador de um passado que se nega à superação, obrigando-o a ver e analisar o funcionamento dos dinamismos modernos que, entre os anos 1930 e 1950, continuavam "pela metade", inclusive no âmbito da política partidária.

Nesse sentido, o desmascaramento da ideologia burguesa promovido pelo livro de Graciliano traz à boca da cena a dimensão de privilégio e autoritarismo inerentes à vida brasileira descortinada a partir da prisão. Como nas *Memórias* o movimento de interiorização não é estratégia autoral em que se exibe o cinismo autoindulgente das nossas elites, a reflexão sobre impasses pessoais e históricos, ou mesmo a crua exibição de dilemas íntimos, são elementos que conferem à narrativa um alcance amplo. Tal alcance parece afinado com uma verdade de início particular, periférica e provinciana, mas que, ao ser explicitada, desnuda o processo real em curso do qual é tributária, permitindo ao narrador marcar uma posição política com vistas ao debate público. Expressá-la, contudo, não se revela uma tarefa simples: ele tem de, muitas vezes como o carrasco de si mesmo, resgatar e exibir o horror que, da experiência dolorosa do aprisionamento, continua a martirizá-lo psiquicamente — expiando-o a fim de que se possa aspirar, por meio da crítica e da tentativa de desalienação, a uma sociedade refeita segundo outras normas.

3.

"Quem trabalha é que tem razão": figurações da malandragem

> "Do rio que tudo arrasta se diz que é violento
> Mas ninguém diz violentas
> As margens que o comprimem."
>
> Bertolt Brecht, "Da violência"

No dia 18 de janeiro de 1937, cinco dias após a libertação de Graciliano, o chefe da seção da Delegacia Especial de Segurança Pública e Social do Distrito Federal redigiu o seguinte documento, que foi anexado ao prontuário policial do escritor:

> "Graciliano Ramos, ao qual se reporta o requerimento adjunto, do advogado Heráclito Fontoura Sobral Pinto, preso em Alagoas, acusado de participação no movimento de novembro de 1935, foi apresentado à Chefatura de Polícia a 14/3/1936, sendo recolhido à Casa de Detenção à disposição do Exmo. Sr. Chefe de Polícia. Transferido, a 11/6/1936, para a Colônia Correcional de Dois Rios, dali regressou a 29/6/1936, sendo recolhido à Sala da Capela da Casa de Correção, e, finalmente, posto em liberdade, por ordem do Exmo. Sr. Chefe de Polícia, a 13/1/1937. É quanto me cabe informar."[1]

As informações sobre o detento mostram precisamente o tempo transcorrido em cada uma das "estações do cárcere" apresentadas nas *Memórias*: onze dias entre a prisão em Maceió (a 3 de

---

[1] Prontuário Graciliano Ramos. Arquivo Público do Estado do Rio de Janeiro (APERJ), Fundo Polícias Políticas, Pasta 11.473.

março) e a chegada ao Rio de Janeiro, em viagem no navio *Manaus*; noventa na Casa de Detenção (Pavilhão dos Primários); dezoito dias na Colônia de Dois Rios e seis meses e meio na Casa de Correção. Por isso, chama atenção o fato de que a terceira parte do livro ("Colônia Correcional"), narrativa sobre o curto período vivido pelo prisioneiro na Ilha Grande, seja a mais extensa, inclusive no que diz respeito à quantidade de capítulos: 35. Tal desproporção entre a relativamente rápida passagem pelo "galpão de zinco" e a maneira com que essa experiência é tratada como matéria literária dá a medida do impacto e do grau de violência vivenciados pelo narrador na Colônia Correcional de Dois Rios, bem como a importância de se resgatarem esses episódios no momento da escritura por razões políticas.

A polícia de Vargas e o "curral de arame"

Embora o sujeito situado no presente tenha dimensão do que irá relatar e do que efetivamente o marcou, os capítulos iniciais da terceira parte mostram a progressiva apreensão do prisioneiro em relação à possibilidade de ser enviado para a Colônia. No Pavilhão dos Militares, à espera de mais uma transferência, o guarda encarregado da vigilância permite aos detentos andar pelo pátio, no momento em que chegava uma leva de homens da Ilha Grande, muitos já conhecidos do Pavilhão dos Primários: esquálidas e desdentadas, as "figuras estranhas", verdadeiras "carcaças", tornam-se reconhecíveis apenas pela voz (cap. 3). Além disso, o impacto e a reverberação do relato de Tamanduá (um dos prisioneiros que regressavam da Colônia), onde os detentos "viviam como bichos" (cap. 2), se tornam, para o escritor encarcerado, um tormento permanente.

A expectativa diante da possibilidade de ser enviado à Ilha Grande é relatada como um misto de ansiedade e angústia. Por um lado, há a "curiosidade malsã" em conhecer de perto as figuras do presídio: um "abundante material" para um escritor, segundo José Medina, que lá estivera. Por outro, o narrador confessa ter se rebelado com a perspectiva de aproximação compulsória a "ladrões, vagabundos e malandros" depois de se deixar arrastar "mais de quarenta anos longe deles" (cap. 3). De algum modo, já se expressa aqui um problema crucial para a compreensão da terceira parte do livro: ao mesmo tempo que o narrador vai revelando a importância de ter se aproximado da ralé, quando se descortina um novo olhar sobre a realidade do país que, de certa forma, o Partido também ignorava, há a autodenúncia da impossibilidade de identificação do intelectual pequeno-burguês com a massa de desvalidos, como adiante se verá.

As conjecturas reapresentadas pelo narrador, que ressalta a sua revolta por ser enviado à Ilha Grande, mostram o que representava para o imaginário comum, pelo menos até a década de 1930, a Colônia Correcional de Dois Rios: uma prisão destinada aos párias sociais, dos quais o intelectual-funcionário, por décadas, se mantivera distante.

O histórico da Ilha Grande como espaço de segregação remonta aos tempos do Império. A construção do Lazareto, o primeiro espaço de reclusão da Ilha, se tornou uma das obras mais dispendiosas do final do século XIX. O funcionamento da edificação, por meio do isolamento imposto aos doentes que ficavam sob vigilância das autoridades sanitárias, visava ao controle de epidemias trazidas por navios que adentravam os portos nacionais. Por isso, imigrantes e visitantes estrangeiros suspeitos de contaminação eram compulsoriamente lançados para a Ilha Grande, a fim de se tentar impedir a disseminação de doenças infecciosas.[2]

A partir de 1894, durante o governo de Floriano Peixoto, o Lazareto começou a ser utilizado como presídio militar, para onde foram enviados os participantes de rebeliões como a Revolta da Armada. Na Fazenda Dois Rios, lugar que servia de anexo à estação de quarentena, foi construída, em setembro do mesmo ano, a Colônia Correcional, a fim de reabilitar, por meio do trabalho for-

---

[2] Cf. Myrian Sepúlveda dos Santos, *Os porões da República: a barbárie nas prisões da Ilha Grande (1894-1945)*, Rio de Janeiro, Garamond, 2009.

çado, pequenos infratores acusados de vadiagem. Esse projeto atendia às disposições do Código Penal de 1890, que estabeleceu a prisão por contravenção sem, no entanto, definir o crime de modo preciso, o que abriu prerrogativas para a repressão sistemática a todo indivíduo considerado criminoso: um espectro composto por alcoólatras, desempregados, biscateiros, doentes, trabalhadores pobres, mendigos, vagabundos, capoeiras, ladrões, cáftens e prostitutas.[3]

Enquanto os marginais eram enviados à Colônia, em 1927 o Presidente Washington Luís extinguiu a prisão militar do Lazareto. No entanto, ela voltou a ser utilizada por Getúlio Vargas, e lá ficaram detidos os soldados e civis que participaram da Revolta Constitucionalista de 1932, dentre eles o escritor paulista Orígenes Lessa, que publicou no ano seguinte um depoimento otimista sobre a ação dos "combatentes paulistas" a despeito das torpes condições do cárcere.[4] Dez anos mais tarde, esse complexo arquitetônico deu lugar à Colônia Penal Cândido Mendes. A Colônia Correcional de Dois Rios, porém, se manteve quase ininterruptamente ativa até 1955 e foi utilizada por Vargas durante os anos 1930 como forma de combater e segregar não apenas os vadios, mas também os indivíduos suspeitos de subversão comunista, como é o caso do prisioneiro das *Memórias*.[5]

---

[3] *Idem*, p. 90. Ainda segundo a autora, ficavam sujeitos à prisão celular pelo período de quinze a trinta dias, conforme o Código Penal de 1890, os "mendigos que tinham condições de trabalhar" (Art. 391); os indivíduos que "embriagavam-se por hábito" (Art. 396); os que não exerciam ofício, não possuíam meios de subsistência ou domicílio ou que buscavam a subsistência atentando contra a "moral e os bons costumes" (Art. 399).

[4] Em *Ilha Grande: do jornal de um prisioneiro de guerra*, São Paulo, Companhia Editora Nacional, 1933.

[5] Além da Casa de Correção da Corte (criada em 1850) e da Casa de Detenção (1856), diversas ilhas vinham sendo utilizadas como presídios militares desde a década de 1920, como a Ilha das Flores, a Ilha das Cobras e a Ilha Trindade. Além dessas, havia a Colônia Clevelândia, criada no Oiapoque (AP), em 1922, em plena selva amazônica, *campo de extermínio* que recebia presos comuns e políticos, como parte de uma política de eliminação

Vila de Dois Rios, na Ilha Grande, RJ, em 1942. Ao fundo, o presídio da Colônia Agrícola do Distrito Federal, construído em 1937. À direita, em segundo plano, o antigo presídio da Colônia Correcional.

Desde a origem, portanto, a existência da Colônia esteve vinculada à prática e à correção da contravenção, dos pequenos delitos e de "desvios sociais". No "estado de exceção" decretado pelo Executivo, no qual a polícia federalizada e submetida ao Chefe de Estado determinava as formas de exclusão e intervinha diretamente sobre a vida dos cidadãos, a prisão da Ilha Grande transformou-se em um imenso depósito de presos, passando de 150 detentos em 1935 para algo em torno de 1.388 encarcerados em menos de dois anos. O chefe da Polícia Política e Social do Distrito Federal, Filinto Müller, que se manteve no cargo por quase uma década a partir de 1933 (e que nutria explícita simpatia pela Alemanha nazista, declarando-se um "persistente antissemita"), respondia ao Presidente da República como o responsável pelos presídios, dentre eles a Colônia de Dois Rios.

No plano político, o governo de Getúlio Vargas, logo após a tomada do poder, levou a cabo uma série de acordos internacionais com o intuito de combater o comunismo. Dessa época datam as ligações das autoridades com o serviço secreto britânico, que prestava informações à polícia brasileira. Após o levante de 1935, houve também uma aproximação progressiva com a Gestapo; em menos de dois anos, um acordo mútuo entre o Brasil e a Alemanha era firmado e incluía troca de material sobre a atuação da esquerda e propostas de ação policial para o combate de atividades subversivas. Entre 1936 e 1938, também o FBI forneceu assistência à polícia brasileira; além disso, existia um convênio entre os países sul-americanos que visava ao intercâmbio para a troca de informações sobre os comunistas e anarquistas.[6]

A hipertrofia das atribuições do poder da polícia, potencializada pelos acordos internacionais, e a consequente superlotação

---

dos vadios e subversivos (em sua maioria, composta por pobres desempregados de São Paulo e Rio de Janeiro) e ocupação das regiões fronteiriças; e a Colônia do Porto das Almas, na Ilha dos Porcos, em São Paulo, transferida para Taubaté em 1914 (cf. Myrian Sepúlveda dos Santos, *op. cit.*, p. 167).

[6] Elizabeth Cancelli, *O mundo da violência: a polícia da Era Vargas*, Brasília, Editora Universidade de Brasília, 1994, pp. 84-5 e 90.

dos presídios encontravam respaldo jurídico nas reformulações do Código Penal de 1890, empreendidas por Vargas em 1932 e 1940, que assimilaram preceitos da Escola Positiva e da Antropologia Criminal. Tais pressupostos, além de considerarem a existência de pessoas biologicamente "superiores" e "inferiores", priorizavam não o delito, mas o seu agente, o qual seria detentor de uma tendência inata ao vício. Esses fundamentos convergiam, na lógica do governo, para além dos pobres e negros desde sempre apartados, aos comunistas e estrangeiros,[7] setores que, por estarem associados à combatividade política no imaginário das autoridades, negavam a "cooperação social" ditada pelo regime totalitário.

Na terceira parte das *Memórias* há formulações do narrador que evidenciam a prática da polícia política de Vargas em relação aos estrangeiros. No capítulo 5, ainda no alojamento dos militares e prestes a ir à Colônia, o detento é informado, por meio de um faxineiro, que a Polícia Especial havia visitado o prédio vizinho e "quebrado muitas cabeças" no Pavilhão dos Primários:

> "Desordem no Pavilhão, gritos e pancadaria; certamente Agildo se comprometera elevando no fuzuê a voz fina e o gesto macio de gato. Não me podiam dar uma notícia, dizer ao menos se houvera transferência? Nesse caso, os estrangeiros iriam roer o osso mais duro: Ghioldi, Sérgio e Snaider gramariam tormentos físicos e morais; a coleção de selos de Birinyi desapareceria, e o pobre homem, desesperado, tentaria de novo abrir as artérias. Onde estavam Ghioldi, Sérgio, Benjamin Snaider e Valdemar Birinyi?"[8]

Criada em 1933, juntamente com a Delegacia Especial de Ordem Pública e Social (DESPS), a Polícia Especial comandada por Filinto Müller era, na definição do próprio governo, uma tropa de

---

[7] Cf. Myrian Sepúlveda dos Santos, *op. cit.*, p. 79.
[8] *MC*, CC, p. 390.

elite que deveria atuar em "momentos mais agudos", destinada a reprimir manifestações de cunho político (como se pode notar no excerto, por meio de soluções físicas brutais). A ação direta sobre os prisioneiros e a violência extrema de sua abordagem são revividas pelo narrador, cuja reflexão aponta para os estrangeiros como parte significativa da constelação de inimigos potenciais do regime, além dos marginais, dos comunistas e dos simpatizantes de esquerda.[9]

O "osso mais duro" que os detentos estrangeiros roeriam encontra antecedentes históricos na própria política adotada pelo governo Vargas. Em 1932, um anteprojeto de lei dificultava a entrada de imigrantes no país, ratificado pelos decretos de 1935 e 1938.[10] Por razões de política externa, e com vistas a evitar a concorrência interna, o imigrante, em especial o judeu, passou a ser considerado um inimigo social de caráter degenerado, invariavelmente associado a teorias alienígenas: em particular, ao comunismo e a posições antiburguesas. Como revela o estudo de Maria Luiza Tucci Carneiro,

> "O antissemitismo que se manifestou durante o Estado Novo foi, antes de mais nada, um antissemitismo político. Este serviu aos interesses do governo Vargas que, até momentos antes da eclosão do segundo conflito mundial, procurou manter relações simpáticas com os países do Eixo, principalmente com a Alemanha, sem entretanto opor-se abertamente aos Estados Unidos."[11]

---

[9] Além da Polícia Civil do Distrito Federal e do seu desdobramento em Polícia Especial, havia ainda a Guarda Civil, responsável pelo centro urbano do Rio de Janeiro, e as polícias militares dos Estados, que recebiam equipamentos do Ministério da Guerra (cf. Elizabeth Cancelli, *op. cit.*, pp. 66-7).

[10] *Op. cit.*, p. 99.

[11] Segundo a historiadora, mesmo figuras aparentemente progressistas e americanófilas do governo Vargas, como o Ministro das Relações Exteriores Oswaldo Aranha, apoiaram medidas restritivas aos judeus por meio de

O questionamento do narrador, que se pergunta onde estariam os colegas estrangeiros que conhecera no Pavilhão dos Primários, mostra a sua ciência quanto à conduta do Estado, para quem os imigrantes, inassimiláveis, configuravam um caso de polícia. Adiante, na quarta parte do livro ("Casa de Correção"), a narração sobre a retirada de Olga Prestes e Elisa Berger da prisão e a referência à cilada que culminaria com a deportação das duas para um campo de concentração na Alemanha (cap. 20) irão reforçar a denúncia da política xenófoba e antissemita adotada por Vargas.[12] Por esse motivo, pode ser considerado provocativo o comportamento do prisioneiro, ao reconhecer laços e relações pessoais cultivadas com indivíduos indesejados pelo Estado, como o russo Sérgio ou o dirigente argentino Rodolfo Ghioldi, em aproximações relatadas na segunda parte das *Memórias*, que revelam franca simpatia e interesse por essas figuras.[13]

Como se pode notar, a partir dos anos 1930, com a centralização do poder estatal, era a Polícia quem definia o estatuto de cidadania dos diversos atores sociais. Daí que na Colônia Correcional, desde a origem associada à infracidadania, o escritor-prisioneiro vivencia a equalização entre a militância e a criminalidade, materializada pelas condições aviltantes de encarceramento

---

circulares secretas em 1937 e 1938. Filinto Müller, por sua vez, concedeu prerrogativas às delegacias estaduais no combate aos imigrantes indesejados, além da deportação em massa de judeus após o levante de 1935. Essas posturas encarnavam uma reação da burguesia ascendente que via no semita um "concorrente comercial" ("O antissemitismo nos bastidores do Estado Novo", em *O antissemitismo na Era Vargas (1930-1945)*, São Paulo, Brasiliense, 1995, pp. 247-348).

[12] Sobre a trajetória da esposa de Luís Carlos Prestes, suas relações com a Internacional Comunista e o levante de 1935, a estada na Casa de Correção e a deportação para a Alemanha, ver a biografia escrita por Fernando Morais, *Olga*, São Paulo, Companhia das Letras, 2008.

[13] John Gledson alude à certa benevolência do narrador para com os estrangeiros, e esse registro, a nosso ver, tem conotações políticas ("Brasil: cultura e identidade", em *Por um novo Machado de Assis, cit.*, p. 377).

(como a hiperlotação, a péssima qualidade da comida e os espancamentos sistemáticos), e se torna, ele também, uma das vítimas da profilaxia social empreendida pelo Estado, assim como os marginais e capoeiras do começo do século.[14] Por seu turno, a retomada da experiência da Ilha Grande como matéria de memória, anos depois, permite ao narrador a exposição crítica, e política, de seus cercos ideológicos.

Da expectativa do detento à realidade vivida o passo é mais do que o imaginado: o modo pelo qual a Colônia é descrita contribui para evidenciar o horror ante as sinistras condições do espaço, muito longe de qualquer lógica de reabilitação: a visão do imenso galpão cercado por arame farpado embota o entendimento do prisioneiro (cap. 8); o "ar nauseabundo" traz "vultos indecisos" (cap. 10); a bebida oferecida é uma "infusão de capim seco" e o furto, sistematicamente praticado, daí a necessidade das roupas vestidas pelo avesso (cap. 12). Nesse espaço sórdido, em que funções orgânicas eram exercidas publicamente nos banheiros coletivos (cap. 14), o prisioneiro perde o interesse pelo entorno, a fim de não ter de olhar, por exemplo, para a repugnante comida servida no refeitório. As torturas infligidas e a sentença proferida aos presos por um dos guardas quando da sua chegada, de que

---

[14] De acordo com Nicolau Sevcenko, a abolição da escravatura, a crise da economia cafeeira, a chegada dos imigrantes e a especulação fiduciária dos primeiros anos de República atraíram para o Rio de Janeiro um avassalador contingente populacional que se manteria até 1920. Como a oferta de mão de obra excedia largamente a demanda do mercado, a população mais pobre era expulsa das regiões centrais e empurrada para morros, pântanos e bairros coloniais sem nenhum tipo de infraestrutura; todo indivíduo que não tivesse domicílio certo ou emprego regular era retirado de circulação; festejos populares e manifestações culturais eram perseguidos pela polícia. O resultado foi a multiplicação exponencial do número de presos da Casa de Detenção, internamentos no Hospício Nacional e taxas de suicídio — essa a realidade "surda e contundente" da nossa *Belle Époque* ("A inserção compulsória do Brasil na *Belle Époque*", em *Literatura como missão: tensões sociais e criação cultural na Primeira República*, São Paulo, Companhia das Letras, 2003, pp. 35-94).

"eles não estavam ali para se corrigir, mas para morrer", explica por que a Colônia foi chamada por uma historiadora de "espaço concreto do arbítrio".[15]

Essas condições não escaparam à percepção dos prisioneiros políticos da época. A 27 de junho de 1936, quando Graciliano ainda se encontrava em Dois Rios, os encarcerados da Casa de Detenção (prisão do centro do Rio de Janeiro) enviaram uma carta ao Presidente Vargas. Na correspondência assinada por mais de sessenta nomes (muitos deles, companheiros de cela no Pavilhão dos Primários, como Roberto Sisson, Aparício Torelly e Hercolino Cascardo), denuncia-se a farsa da decretação do estado de guerra e a atuação arbitrária da polícia, à parte de qualquer tipo de jurisdição:

"O regime da Colônia de Dois Rios, ironicamente chamada Correcional, é de tal forma bárbaro e desumano que afasta toda possibilidade de descrição. Centenas de pessoas de todas as condições sociais, arrancadas violentamente de seus lares e afazeres, encontram-se, sem a menor culpa formada e algumas sem mesmo terem sido sequer ouvidas pelas autoridades, submetidas a um regime de trabalho forçado que nenhuma lei autoriza, premeditada e criminosamente sujeitas a viverem em promiscuidade com delinquentes tarados da pior espécie (vagabundos, pederastas etc.), com morféticos, tuberculosos, epiléticos, etc., dormindo sobre a areia molhada de um barracão mal coberto por telhas de zinco furadas, onde não podem, ao menos, conciliar o sono, assaltados que são, a cada momento, por toda sorte de parasitas. As condições higiênicas são as mais precárias possíveis. [...] E, para ampliar esse quadro verdadeiramente dantesco, os presos políticos são espancados a cacete, coice

---

[15] Cf. Myrian Sepúlveda dos Santos, *op. cit.*, p. 180.

de fuzil, borracha (camarão), pelos mais fúteis pretextos e mesmo sem pretexto algum."[16]

O relato sombrio sobre a Colônia Correcional, presente tanto na carta dos presos quanto na terceira parte das *Memórias*, encontra desdobramentos na literatura da mesma década em que veio a lume o livro de Graciliano. Coube ao jornalista e sindicalista Herondino Pereira Pinto a publicação, em 1950, de um vigoroso relato sobre as masmorras varguistas, uma coletânea de diversas reportagens publicadas inicialmente no periódico carioca *A Rua*, de orientação esquerdista. Pereira Pinto, que se declara um "socialista independente", narra, *Nos subterrâneos do Estado Novo*, a sua prisão (que durou de 1935 a 1937), a passagem pela Casa de Detenção do Rio de Janeiro (por ele referida como o "Túmulo dos Vivos") e a experiência na Colônia, a "Ilha dos Suplícios". Sem poupar ataques a Vargas, registra as dificuldades e doenças que se alastravam dentre os "cativos da ditadura" em meio à floresta tropical da região:

"Uma ilha que fica no continente cercada de vegetação espessa, circundada de grandes cachoeiras recebendo todo o vento do nordeste; um telhado de zinco chorando gotas enervantes de chuva; a areia fria, a fome, a opressão, as paredes do presídio esburacadas deixando passar livremente as rajadas violentas de friagem, os terríveis parasitas; homens seminus e molhados; ameaças, cacete e bofetões. Eis a fotografia de um campo de concentração nazifascista sustentado por Getúlio Vargas."[17]

---

[16] Carta dos Presos Políticos da Casa de Detenção ao Presidente Getúlio Vargas, 1936. Arquivo Público do Estado do Rio de Janeiro (APERJ), Fundo DPS, Série Prontuários, Not. 30052.

[17] *Nos subterrâneos do Estado Novo*, Rio de Janeiro, Germinal, 1950, p. 53.

Imagens do prédio da Colônia Correcional de Dois Rios, construído em 1894 na Ilha Grande, RJ, onde Graciliano Ramos esteve preso. A partir de 1942, com a inauguração do novo presídio, o edifício foi transformado em cinema.

Segundo o autor, a miséria vivenciada não era apenas física, mas também moral: além das terríveis condições do espaço e dos maus-tratos recebidos, ele relata, ao menos duas vezes, a indignação dos presos políticos por estarem misturados, em uma "promiscuidade aviltante", a "ladrões de toda a espécie e malandros de todos os matizes".[18] Um trecho da carta anteriormente transcrita ratifica a mesma indignação: para os detentos que escrevem a Vargas, faz parte da desumanidade do regime a proximidade de diversos "profissionais qualificados" com "pederastas", "morféticos" e "vagabundos": seriam esses grupos sociais indesejados ou evitados apenas pelo governo?

Sem minimizar a importância documental da carta dos presos da Detenção ou da reportagem escrita e publicada em livro pelo jornalista (que apontam para problemas concretos muito similares aos enfrentados pelo prisioneiro das *Memórias*), talvez seja precisamente o tratamento conferido à "promiscuidade" entre presos comuns e políticos o fator responsável pela alta voltagem literária da terceira parte da obra de Graciliano, pelo grau de provocação que ela encerra quanto aos limites da intelectualidade pequeno-burguesa.

Como foi possível perceber nos capítulos anteriores, faz parte da dinâmica do narrador a revelação crua do que entende serem privilégios sociais de sua classe e de um ideário patriarcal que, pouco a pouco, são questionados, seja pela situação de vulnerabilidade do prisioneiro, seja pela perspectivação do passado motivada pela narrativa de memórias, que permite a exposição crítica de seus preconceitos. Assim é que ele pode redimensionar juízos socialmente arraigados e expor a própria intimidade com vistas ao debate político. Essa dinâmica, importante porque confirma a força centrípeta do narrador como um dado estrutural da obra, também pode ser deduzida nos capítulos que dizem respeito à Ilha Grande, em particular nas relações do detento com os marginais.

No capítulo 3, antes de partir para a Colônia, o narrador confessa ter preferido não conhecer os "ladrões, vagabundos e malan-

[18] *Idem*, pp. 39-42.

dros" de Dois Rios, ou seja, ainda existe algum tipo de distância e temor do prisioneiro, similar à manifestada na carta dos presos ou no relato do sindicalista. Mais adiante, no embarcadouro de Mangaratiba à espera da lancha que conduzirá os presos à Ilha, a experiência concreta da invisibilidade termina por erodir qualquer resquício de presunção: algumas senhoras que saltam de um trem de primeira classe, acompanhadas pelo diretor interino da Colônia na época, o médico Hermínio Sardinha, sentam-se em cadeiras confortáveis e conversam animadas, sem sequer atentarem para os presos amontoados sobre as tábuas:

> "Embora estivessem próximas, em cima do tablado exíguo, as pessoas vindas da primeira classe muito se distanciavam de nós. Atentei nos rostos delas — e, que me lembre, nunca vi tal expressão de estabilidade, de segurança. [...] Certamente se haviam habituado a olhar trastes como nós, espalhados no chão, eram tipas importantes, não nos enxergavam, naturalmente. Carregados de embrulhos, redes, malas e sobretudos, gente do sul e do norte, pobres-diabos, não valíamos nada, éramos lixo. Não nos distinguiam. Acostumadas ao lixo, andavam cegas, podiam pisar-nos. Passariam tranquilas por cima de nós, machucar-nos-iam com as solas dos sapatos, como se fôssemos pontas de cigarros. Excitava-me o sossego das mulheres e cócegas me arranhavam a garganta. Desejo de rir. [...] Tão grandes e tão afastadas, assim próximas e miúdas, em cadeiras de vime!"[19]

O prisioneiro, estarrecido, se dá conta da invisibilidade social a que fora submetido. A imagem das mulheres, alheias de todo à realidade aflitiva vivenciada pelos detentos, contrasta com a situação dos encarcerados. De tal modo rotinizada, a visão da miséria, para as "tipas importantes", incorporara-se à paisagem, e o riso esboçado pelo prisioneiro permite o distanciamento necessá-

[19] *MC*, CC, pp. 400-1.

rio para que ele possa compreender o absurdo da situação: agora, ele também seria vítima da indiferença que, confessadamente, reservara, ou imaginara adstrita, à escória. A grandeza imaginária das mulheres em atitude senhorial, em oposição à nulidade dos indivíduos apinhados ao rés do chão, expressa de modo cristalino essa inversão.

De alguma maneira, embora ainda pareça distante do universo dos vadios e pequenos infratores, a vivência da marginalização expressa pela cena é decisiva, pois permite ao prisioneiro experimentar uma cruel invisibilidade que, na Colônia, se revelará uma premissa da vida e do modo de agir dos marginais, dentro e fora do presídio. Ao se mostrar minimamente familiarizado com o lugar invisível do "lixo social", o narrador abre espaço para a inusitada proximidade que será construída na sua relação com os malandros de Dois Rios.

O mundo dos sem-trabalho

> "Quem trabalha é que tem razão
> Eu digo e não tenho medo de errar
> O bonde São Januário
> Leva mais um operário
> Sou eu que vou trabalhar
>
> Antigamente eu não tinha juízo
> Mas resolvi garantir o meu futuro
> Sou feliz, vivo muito bem
> A boemia não dá camisa a ninguém
> E digo bem."

No Carnaval de 1941, o samba composto por Wilson Batista e Ataulfo Alves se tornou grande sucesso popular. Batista, célebre autor de versos polêmicos dirigidos a Noel Rosa (como "Frankstein da Vila", de 1936), e um boêmio nato, aparentemente deixava de cantar a malandragem para louvar a ideia do trabalho regular como meio de realização plena do homem. Essa conversão atendia às exigências do Departamento de Imprensa e Propaganda (DIP) criado em 1939, órgão de controle das músicas, das rádios e das gravadoras no período. Há indícios de que os autores tenham sido obrigados pela censura a substituir a expressão "sócio otário" por "operário", no quarto verso da letra.[20] Como registra Sérgio Cabral, a tendência manifestada pelos compositores populares de cantar a malandragem nos anos 1920 e início dos 1930 contrariava a direção do DIP, que passou então a convencê-los a não tratarem mais desses temas e, sim, do trabalho "de uma maneira positiva".[21] Em relação ao "Bonde São Januário", todavia, o convencimento dos sambistas não parece definitivo: a imposição da censura não pôde impedir o sentido irônico garantido pela melodia de marchinha carnavalesca e pela síncope, recurso por meio do qual a fluidez do ritmo dissolve, em grande medida, o conteúdo "sério" da letra.

A composição de Batista e Ataulfo se torna sintoma ambivalente da assepsia promovida por Vargas, inclusive nas produções culturais, em nome da política trabalhista, e também da resistência "malandra" dos compositores populares ao rolo compressor representado pelo Estado. A polícia, como vimos, realizava a outra parte da profilaxia governamental: prendia e deportava para a Ilha Grande os indivíduos que não possuíssem trabalho, residência fixa ou vivessem de pequenos golpes.

Por isso, é surpreendente a maneira pela qual o narrador das *Memórias* registra a experiência transformadora, vivida por ele uma década antes, com os pequenos ladrões e golpistas que conhe-

---

[20] Sobre a música "O bonde São Januário", bem como a transformação do samba de música de vadios, nos anos 1920 e começo dos 1930, a símbolo de brasilidade sob o Estado Novo, ver Fabiana Lopes da Cunha, *Da marginalidade ao estrelato: o samba na construção da nacionalidade (1917-1945)*, especialmente o capítulo 6, "É negócio casar e trabalhar" (Dissertação de Mestrado, FFLCH-USP, 2000, pp. 218-35 e 238).

[21] "Getúlio Vargas e a música popular brasileira", em *Ensaios de opinião*, Rio de Janeiro, Inúbia, 1975, pp. 40-1.

cera na prisão: Gaúcho, Cubano, Paraíba e José (que encontra ao sair da Colônia) — e ainda mais significativa é a maneira como a rememoração discute com as diretrizes partidárias impostas ao militante.

O primeiro contato do prisioneiro com Gaúcho é bastante eloquente da sua reação ao nivelamento compulsório promovido pela cadeia: o "rapagão espadaúdo", com "olho de gavião", é apresentado a ele por Vanderlino Nunes como "ladrão e arrombador" (cap. 13). A reação do prisioneiro é de surpresa: como se ofendia "um homem daquele jeito, cara a cara, sem metáforas?". Sem notar nenhum sinal de ofensa da parte de Gaúcho, tem início uma conversa entre ambos sobre a vida do marginal. De saída, o narrador deixa patente a distância que o separava desse universo, uma vez que, para ele, ser chamado de ladrão era uma ofensa; mais tarde o prisioneiro descobrirá que se trata de uma "profissão" como as outras.

A aparição e as histórias divertidas de Gaúcho, que versam sobre as artimanhas e as peripécias vividas por ele e os seus comparsas, permitem ao prisioneiro suportar temporariamente a aridez do regime da Colônia. Sem conseguir se alimentar, as visitas de Gaúcho à sua esteira, à noite, representam momentos de evasão e de momentânea dissolução das barreiras sociais que mantinham o marginal e o intelectual segregados.

As narrativas de Gaúcho dão acesso ao mundo social filtrado pela marginalidade. É assim que ele descobre que, para o novo companheiro, os homens se dividiam em malandros e otários; que a mulher do ladrão era uma "rata de valor", com "trinta e duas entradas na Casa de Detenção"; que outros marginais, como Paulista e Paraíba, eram muito mais respeitados e reservados do que ele (cap. 17). O que mais chama a atenção nos casos relatados, entretanto, são os artifícios empregados por Gaúcho e por sua mulher para realizarem os roubos: eles se passam por criados, vendedores ambulantes, consertadores de fogões, lavadeiras, a fim de conhecerem suas vítimas e prepararem o furto. A elaborada estratégia de sobrevivência permite ao prisioneiro rever o juízo pejorativo que fazia dos marginais: havia ali muito engenho e quase nenhum amadorismo, na conjugação do lícito (a inserção temporária na vida burguesa, quando atuam como serviçais) e do ilícito (quando a mesma função abre precedentes para o furto e os golpes, antes de adotarem novamente o disfarce de empregados). Como se vê, trata-se de uma dinâmica, exposta no capítulo anterior, que não se restringe aos carrascos ou ao prisioneiro: também nas operações dos malandros da Colônia o narrador vislumbra a reversibilidade entre infração e norma característica de nossa vida social por razões de ordem histórica.

Aos poucos, o universo do ladrão, que antes parecia indevassável, vai se formando aos olhos do prisioneiro. A atenção aos expedientes empregados pelo marginal, bem como a relevância literária que o narrador confere à personagem, apontam para o grau de subversão desse registro nas *Memórias*: Gaúcho, e também Paraíba, Cubano ou José, como veremos a seguir, ocupam nas páginas do livro um lugar tão significativo quanto o de dirigentes e membros importantes do Partido, como Rodolfo Ghioldi ou Agildo Barata. Essa presença maciça dos marginais na terceira parte do livro tem o mérito de desnudar os reveses da ideologia trabalhista e do discurso partidário então em voga.

Na Era Vargas, o estatuto de cidadania foi redefinido pelo Estado intervencionista ainda nos anos 1930, quando o cidadão passou a ser integralmente identificado ao trabalho produtivo realizado: por meio deste, o indivíduo "encontraria sua posição na sociedade e estabeleceria relações com o Estado; por esta mesma razão, o Estado se humanizaria, destinando-se a assegurar a realização plena dos cidadãos pela via de promoção da justiça social".[22]

O encontro e as conversas com Gaúcho desmentem, ponto por ponto, tais postulados: sem oferta de trabalho, o lugar do pobre na sociedade fica relegado à criminalidade e ao desamparo; um ofício regular, porém, não garante necessariamente espaço e assistência, uma vez que o exponencial crescimento urbano-industrial dos anos 1930 e a disponibilidade de mão de obra tornavam o tra-

---

[22] Cf. Ângela de Castro Gomes, "O redescobrimento do Brasil", em *Estado Novo: ideologia e poder*, cit., p. 127.

balhador não especializado descartável. Por isso o trabalho, para Gaúcho, era associado aos "otários", em oposição aos "malandros", como ele, categorias que, aos olhos do marginal, repartiriam o mundo dentro e fora da cadeia.

A fala da personagem revela, assim, que o principal esteio da ideologia varguista não oferecia perspectivas reais de autonomia e de realização para os despossuídos do Brasil moderno, o qual, a despeito das mudanças, permanecia excludente: as 32 entradas da mulher de Gaúcho na Detenção eram o retrato acabado desse cenário generalizado de falta de oportunidades e do estigma que marcava os prisioneiros. Por fim, não havia como permanecer na esfera da norma quando o próprio Estado, aderindo aos valores capitalistas da produção de mais-valia, não garantia a realização dos ideais que professava e tampouco assegurava os fundamentos básicos de cidadania.

Mesmo o ator social que seria o antípoda de Gaúcho, o trabalhador assalariado (o "otário"), continuava à margem da distribuição da riqueza, concentrada e perpetuada entre as elites detentoras dos meios de produção: a ideologia trabalhista, ao domesticar e controlar o conflito entre capital e trabalho, dificultou a organização horizontal entre os trabalhadores, e reeditou, "no contexto urbano-industrial, o padrão do paternalismo e do clientelismo no qual mais vale procurar favores do patrão do que se unir e se organizar com seus iguais".[23]

Nesse sentido, parece haver a fusão da dificuldade objetiva na carreira do trabalho com a recusa consciente de Gaúcho ao assalariamento, o que indica a reafirmação sistemática de um lugar nas franjas do sistema. Essa recusa aponta, à sua maneira, para uma percepção desideologizada do conceito do trabalho como meio de realização do homem. Veja-se o diálogo com o prisioneiro, ainda receoso de chamá-lo de ladrão:

---

[23] Cf. Ruben George Owen, *Cultura e violência no Brasil*, Rio de Janeiro, Petrópolis, 1983, p. 30.

"— Vossa mercê usa panos mornos comigo, parece que tem receio de me ofender. Não precisa ter receio, não; diga tudo: eu sou ladrão.
— Sim, sim, retruquei vexado. Mas isso muda. Lá fora você pode achar ofício menos perigoso.
— Não senhor, nunca tive intenção de arranjar outro ofício, que não sei nada. Só sei roubar, muito mal: sou um ladrão porco.
Diversos profissionais corroboravam esse juízo severo, ostentavam desprezo à modesta criatura. Eram em geral vaidosos em excesso, fingiam possuir qualidades extraordinárias e técnica superior. Tentavam enganar-nos, enganar-se, e o natural expansivo do escrunchante exasperava-os."[24]

Na fala de Gaúcho, fica patente a recusa de qualquer pudor que o prisioneiro ainda possa ter: a malandragem é uma forma de sobrevivência assumida, incorporada e aprimorada pela personagem, em oposição a certa ingenuidade do intelectual quanto às possibilidades de trabalho para os indivíduos marcados pela prisão. Esse quadro mostra que, para os setores marginalizados, a integração está vedada, seja porque nenhuma condição concreta lhes foi possibilitada, seja porque a única inserção possível, a atividade laboral, também constitui, aos olhos do malandro não cooptado por ela, uma espécie de *logro*. A visão peculiar sobre o mundo do trabalho exposta por Gaúcho e enfatizada pelo narrador mais de dez anos depois é parte de uma verdade, nua e compartilhada, entre o malandro e o intelectual do país periférico, que as prerrogativas abertas pelo trabalho livre assalariado, nos países centrais, cuidavam de mistificar.[25]

---

[24] *MC*, CC, pp. 451-2.

[25] Roberto Schwarz afirma que, muito antes dos sinais de "esgotamento histórico geral da ideologia do trabalho", esse "pilar da ideologia burguesa contemporânea" já se via abalado, explicitamente, na realidade do país pe-

Desse modo, a ética do trabalho, um dos pilares da ideologia burguesa contemporânea (a qual não encontrava muito fôlego no Brasil, pois a existência da escravidão desmerecia o trabalho livre),[26] se encontra em xeque, nas *Memórias*, por meio das intervenções de Gaúcho e do registro do narrador, em um momento histórico em que, não por acaso, essa ética se erigia como razão de ser do Estado e da modernização por ele empreendida:

> "O dever e o direito de trabalhar não comportavam idealizações alternativas para se alcançar um mundo melhor. Era preciso combater tanto o subversivo, identificado ao inimigo externo, ao estrangeiro de pátria e de ideias, quanto o *malandro*, o inimigo interno que se definia como avesso ao trabalho e às leis e regras da ordem constituída."[27]

Ao enfatizar uma estratégia de sobrevivência alheia ao regramento imposto pelo Estado, o narrador revela-se crítico em relação à política varguista, cuja meta era a valorização do trabalho como elemento decisivo para o salto progressista da Nação e o triunfo do sujeito. Dito de outro modo, a ideologia do trabalho é

---

riférico: "Para o contraste entre as situações europeia e brasileira, quanto ao que era óbvio e o que era necessário demonstrar, leiam-se os primeiros parágrafos da *Crítica ao Programa de Gotha, 1875*. Aí, Marx combate a valorização do trabalho no interior do próprio movimento operário, lembrando que ela é expressão de interesses burgueses" ("A velha pobre e o retratista", em *Os pobres na literatura brasileira*, São Paulo, Brasiliense, 1983, p. 47).

[26] A concepção muito brasileira do trabalho como *derrogação*, uma das consequências da sociedade escravista, tem a sua origem no ponto de vista do brasileiro livre do século XIX (que, não sendo escravo, nem português, nem animal, não trabalha), como Antonio Candido revelou no ensaio em que analisa o foco narrativo do romance *O cortiço* ("De cortiço a cortiço", em *O discurso e a cidade*, Rio de Janeiro, Ouro sobre Azul, 2004, pp. 105-29).

[27] Ângela de Castro Gomes, "A construção do homem novo: o trabalhador brasileiro", *op. cit.*, p. 164.

desmascarada em seu momento de inverdade quando a inserção por meio da atividade laboral se apresentava como uma realidade possível para diversos atores sociais, ao mesmo tempo que bloqueada, ou inviável, para os despossuídos.

Além do desmascaramento ideológico, o fato de Gaúcho ser menosprezado pelos seus companheiros e a confissão decorrente ("sou um ladrão porco") apontam para uma rivalidade no interior do grupo que, antes de lhes permitir um confronto real e organizado com o poder estabelecido, reproduz, entre os seus e na constituição da própria autoimagem, a lógica desigual e hierárquica de que os marginais são resultado. Desse modo, entre os malandros da Colônia, há disputas por supremacias imaginárias, por certo reconhecimento de superioridade interpessoal ("fingiam possuir qualidades extraordinárias e técnica superior"), impedindo qualquer tipo de articulação e, consequentemente, de politização. Corrobora-se, assim, a situação trágica que os mantém segregados. Trata-se de um impasse do qual o narrador demonstra plena consciência ("tentavam enganar-nos, enganar-se"), expresso por uma dinâmica cujas origens remontam ao século XIX e que já havia sido formalizada, na literatura, por Manuel Antônio de Almeida.[28]

Assim como há, no contato do prisioneiro com Gaúcho, proximidade e aprendizado, o nivelamento promovido pela cadeia pode ser mais bem compreendido se considerarmos as oposições sociais que são temporariamente desfeitas. A franqueza de Gaúcho tem uma contrapartida que reitera as posições diferentes de cada

---

[28] No seu estudo sobre as *Memórias de um sargento de milícias*, Edu Teruki Otsuka constata, no romance, que a reafirmação de alguma diferença hierárquica de um dependente em relação a outro, por meio do desmando e do desrespeito pelo semelhante, trazia consequências materiais reais, uma vez que o prestígio interferiria nas condições socioeconômicas dos pobres, garantindo vantagens e privilégios junto aos proprietários. Essa lógica permitiria, portanto, tirar proveito no interior das relações de desigualdade, sem, contudo, transformá-las, indicando o "beco sem saída" em que os desfavorecidos se encontravam (*Era no tempo do rei: a dimensão sombria da malandragem e a atualidade das* Memórias de um sargento de milícias, Tese de Doutorado, São Paulo, FFLCH-USP, 2005).

um deles: o ladrão conta as suas histórias a fim de que o escritor possa retê-las e publicá-las em livro: "Queria instruir-me e ambicionava ler tudo aquilo impresso", afirma o narrador, esclarecendo, por seu turno, a dimensão prática de sua aproximação com os pobres.

O que move a ambos, portanto, é um interesse que reativa, ainda que em outro patamar, as diferenças de classe, convidando à ilusão da solidariedade: o reconhecimento tanto da individualidade de Gaúcho quanto do seu universo dependem, de algum modo, da vontade do prisioneiro, que é escritor. Alijado do mercado de trabalho, marginalizado pelo Estado e também por seus parceiros, o pária imagina ter a sua existência reconhecida quando o arbítrio do homem culto (e preso) se dispõe a fazê-lo, seja no lugar concreto da cadeia, seja no espaço simbólico da escritura, ao transformá-lo em personagem. Assim, a confissão de Gaúcho é uma moeda de troca que lhe garante a visibilidade e o reconhecimento não encontrados nem dentro da Colônia (onde era desprezado pelos outros malandros), nem na realidade exterior à prisão, a não ser, evidentemente, pela polícia. Tal aproximação também interessa ao prisioneiro político, pois, na prática, é uma maneira de se diferenciar dos presos comuns e resistir ao nivelamento, assegurando-se de seu lugar como escritor.

Essa relação próxima mas assimétrica entre o prisioneiro e o malandro dialoga com um passado histórico não muito distante. Como se sabe, a situação do homem livre pobre no Brasil escravista era de completa dependência para com as classes mais abastadas: a benevolência eventual do proprietário representava a sua única garantia de sobrevivência material e institucional.[29] Meio sé-

---

[29] "No contexto brasileiro, o favor assegurava às duas partes, em especial à mais fraca, que nenhuma é escrava. Mesmo o mais miserável dos favorecidos via reconhecida nele, no favor, a sua livre pessoa, o que transformava prestação e contraprestação, por modestas que fossem, numa cerimônia de superioridade social, valiosa em si mesma" (Roberto Schwarz, "As ideias fora do lugar", em *Ao vencedor as batatas: forma literária e processo social nos inícios do romance brasileiro*, cit., p. 20).

culo depois, segundo esta leitura das *Memórias*, a existência do marginal, bem como seus valores e práticas, seriam reconhecidos de forma não repressiva quando o proprietário do discurso se apodera da narrativa do outro. Esse quadro reedita, em contexto diverso, a relação de dependência dos desvalidos para com os proprietários, sejam os que detêm a posse de bens materiais, sejam os possuidores de bens simbólicos, um dos atributos confessos do escritor encarcerado.

Na relação com Paraíba, o segundo malandro apresentado por Cubano, o espanto e a reformulação de juízos tornam-se ainda mais patentes (cap. 25). O "mulato de olho vivo" hesita em discorrer sobre os seus golpes, pois acredita que não se devem expor aos "leigos" os "mistérios da profissão". Como Cubano insiste, Paraíba, "com um gesto profissional que manda um consulente para a sala de espera", pede para o prisioneiro aguardar, pois está entretido em "negócios".

É nesse momento que o detento pode ver de perto a atuação do vigarista: diante de um preso que insiste em afirmar que é de sua posse o cinto que Paraíba usa, este afirma ter comprado o objeto a um dos companheiros da cadeia e, "por ética" (qualidade não apenas dos homens de posse), jamais denunciaria o vendedor. A observação da cena provoca uma aguda reflexão do narrador: "o outro se desmoralizava inteiramente, sucumbia, representando o infeliz papel de otário. Paraíba iria zombar dele, exigindo o cinto, e desmanchava-se uma reputação. Otário".[30]

Fica patente a assimilação prática dos ensinamentos de Gaúcho, segundo os quais as pessoas se dividiam entre "malandros" e "otários": de um lado, a lábia de Paraíba; de outro, a vítima desmoralizada. A fala final do narrador, que ironicamente mostra certa familiaridade com essa lógica, representa, no plano estilístico, uma marca de *dialogismo*, para Bakhtin um dos privilégios mais notáveis da prosa romanesca e dos gêneros híbridos, por ele chamados de "intercalados":

---

[30] *MC*, CC, p. 487.

"Um personagem de romance sempre tem sua área, sua esfera de influência sobre o contexto abrangente do autor, ultrapassando (às vezes muito) os limites do discurso direto reservado ao personagem. Essa área ao redor dos personagens é profundamente original do ponto de vista estilístico [...] e ela é sempre dialogizada de alguma maneira; nela irrompe o diálogo entre o autor e seus personagens, não um diálogo dramático, desmembrado em réplicas, mas um diálogo romanesco específico, realizado nos limites das estruturas monológicas aparentes."[31]

O conceito da prosa literária como o lugar de orquestração de diferentes linguagens sociais e como expressão de lutas históricas concretas submetidas à unidade do estilo interessa na compreensão da terceira parte das *Memórias*, uma vez que o narrador, aos poucos, aprende a lógica marginal (exposta por meio do discurso direto), e ela repercute no seu estilo contra os próprios agentes repressivos, como adiante se verá. Por ora, registre-se que essa ressonância implica o contato dinâmico entre pontos de vista (e, portanto, lugares sociais) diferentes, o que dá a medida do olhar do narrador para uma realidade que, no tempo da enunciação, permanecia inalterada, seja pelas razões de Estado, seja pela política do Partido.

Paraíba, enfim, decide revelar ao escritor-prisioneiro os "mistérios" de seu ofício. O "golpe da velha", um dos artifícios de que se vale, é uma modalidade de estelionato bastante intrincada: o malandro finge ser um interiorano em visita à tia doente, contracena com um "esparro" diante da potencial vítima apiedada e, por fim, quando consegue levá-la a um falso escritório de advocacia, obtém dela um empréstimo que nunca será pago. O artifício de Pa-

---

[31] Mikhail Bakhtin, "O plurilinguismo no romance", em *Questões de literatura e de estética: a teoria do romance*, São Paulo, Hucitec/Annablume, 2002, p. 127.

raíba, bem como as "armas psicológicas" de que dispõe (o recurso à piedade e os efeitos da encenação) geram surpresa no prisioneiro e demovem a ideia de qualquer traço de amadorismo associado às condutas dos malandros: "Estive um minuto em silêncio, olhando o vigarista com algum respeito. Na verdade o ofício dele não era tão simples como eu supunha. Um técnico, evidentemente; linguagem de pessoa educada".[32]

Também na vida de Paraíba se torna perceptível o trânsito expressivo entre infração e norma, pois são as prerrogativas abertas pelo desenvolvimento urbano (o contrato entre credor e devedor, a visita ao escritório de advocacia, a atuação teatral como o ingênuo interiorano em meio à turbulenta cidade grande) que possibilitam e alimentam a prática da malandragem — na qual, em contrapartida, o narrador vislumbra atributos associados, no senso comum, à vida burguesa regular, como profissionalismo, ética e educação, de modo a ironizar os dois mundos. Assim, ao destacar esse trânsito entre um e outro universo na rememoração, o narrador mostra que a lógica dos malandros, longe de prescindir da ordem, dela se alimenta, reiterando o abismo social que os separa dos proprietários, e revela que, dentro e fora da Colônia, as esferas da marginalidade e do regramento são reversíveis.

Sem prejuízo da contundência dos retratos dos outros marginais, a personagem que melhor encarna essa dualidade constitutiva é Cubano, encarregado de organizar os prisioneiros da Colônia, um malandro mediador entre detentos e funcionários que, segundo o narrador, "dispunha de autoridade enorme, mandava e desmandava, e uma denúncia dele trazia os castigos mais duros a qualquer um" (cap. 13). A hierarquização e a busca de supremacia sobre os outros presos, estimuladas e realizadas com a anuência das autoridades, ganha traços nítidos quando Cubano faz as vezes da própria polícia, inclusive ao castigar física *e mais brutalmente* os companheiros. Portanto, ele reproduz e contribui para a perpetuação, na esfera dos oprimidos, da lógica dos opressores, ao

[32] *MC*, CC, p. 130.

disciplinar os presos e impedir um potencial amotinamento, preocupação central de Filinto Müller, uma tática de domesticação e repressão que se estendia também aos trabalhadores fora da cadeia, de modo geral.[33]

Inerentes à lógica que inclui o favor para a domesticação, são inúmeros os serviços prestados pelo "negro vagabundo" ao prisioneiro: ele se oferece para guardar a sua roupa e os seus pertences (cap. 19), o protege dos furtos praticados por terceiros (cap. 21) e o obriga a se alimentar, certo de que se encontra diante de um "doutor", o que gera algum desconforto no detento:

> "Curiosa deferência num lugar onde os homens se nivelavam, deitados na areia, nas esteiras podres. Revolvi os miolos, a buscar sentido no caso absurdo. Convenciam-se da existência de um doutor no meio ignóbil, a definhar na piolheira, o crânio devastado a máquina. A enorme queda e o imenso contraste deviam interessá-los. Era agradável ter ali uma importância extinta, lembrar isto, agravar a abjeção."[34]

A proximidade de Cubano com o intelectual rebaixado pela prisão é percebida como uma maneira encontrada pelo malandro para ganhar ainda mais prestígio e se distinguir dos demais, uma vez que ele se torna responsável pelo "doutor", e, como compensação simbólica, pensar-se superior também em relação ao prisioneiro, o que reitera a lógica de dominação da qual os malandros são vítimas.[35] O autoritarismo fica nítido quando, diante da insis-

---

[33] Cf. Elizabeth Cancelli, *op. cit.*, p. 33.

[34] *MC*, *CC*, p. 463.

[35] De modo a explicitar o lastro histórico do problema (que, não sendo idêntico, ainda assim remonta à escravidão), note-se a conclusão de Roberto Schwarz a respeito de Prudêncio, o ex-escravo de Brás Cubas, surpreendido por este quando açoitava um negro na rua: "À sua luz as brutalidades de um escravo forro não são menos complexas e espirituais que os di-

tência do marginal para que o detento entre na fila para o almoço, ambos se veem envolvidos em uma luta física:

> "— Perdoe-me. Eu não posso deixar o senhor morrer de fome. Vai à força. [...]
> Uma semana de jejum completo, mais de uma semana, conjeturo. Nessa infeliz situação, bambo, atracar-me a um bicho forte, habituado ao rolo das favelas, era estúpido.
> Amável, serviçal, procurava tornar-nos a vida menos dura no lugar infame. De repente, a inopinada agressão. Gente singular, meio esquisito: até para revelar sentimentos generosos era indispensável a brutalidade. Na desordem, mexendo-me ao acaso, via-me forçado a achar razoável o disparate: o homem recorria à violência com o intuito de prestar-me favor, e admiti que não podia ser de outro modo. Tinha um coração humano, sem dúvida, mas adquirira hábitos de animal. Enfim todos nos animalizávamos depressa."[36]

A reação do prisioneiro, indignado por se envolver na luta, cede passo à compreensão de que, afinal, Cubano realizava muitas das funções negligenciadas pelo Estado, como a proteção, a responsabilidade pela alimentação e a guarda de objetos pessoais, possibilitando as mínimas, mas necessárias, condições de sobrevivência. Há, portanto, o registro reverso da atuação violenta de Cubano: ele detém uma representatividade política conquistada e reconhecida pelos demais detentos, que, no entanto, é instrumentalizada pelas autoridades contra eles próprios, a fim de dissemi-

---

vinos caprichos de uma senhora elegante, contrariamente ao que pensariam o preconceito comum, ou também o racismo científico então em voga" ("A sorte dos pobres", em *Um mestre na periferia do capitalismo: Machado de Assis*, São Paulo, Duas Cidades/Editora 34, 2000, p. 114).

[36] *MC, CC*, p. 507.

nar o poder de polícia e minar ainda mais as possibilidades de articulação política.

Como explicita o narrador, essas funções policialescas, exercidas com o apoio tácito das autoridades e no lugar delas, revelam a reciprocidade entre o malandro e as forças estatais ("na falta dos guardas ou do anspeçada Aguiar, [Cubano] mandava e desmandava"). Seria essa aproximação o sinal prévio de um conluio que, décadas depois, se adensaria e se revelaria integralmente?[37]

De todo modo, a figura de Cubano permite apreender, de forma mais completa, a dinâmica do mando: o exercício da supremacia e da diferenciação sobre os presos comuns, a princípio iguais a ele, decorre da posição subalterna e segregada dos homens pobres e sem trabalho (portanto criminosos, segundo a ótica do Estado) na sociedade estratificada, os quais, sem possibilidades de ascensão e, quando muito, confinados ao subemprego, recorriam a expedientes ilícitos como meio de subsistência e buscavam, dentro desse universo, formas de distinção e de liderança. Dessa representatividade legítima de Cubano no interior do presídio deriva uma consequência prática, que é a atuação da autoridade paralela, o que implica a ênfase do narrador no agenciamento do ma-

---

[37] O desdobramento da associação entre o poder público e a malandragem resultaria no domínio das populações exercido pelo narcotráfico. Conforme nota Roberto Schwarz ao analisar a obra *Cidade de Deus* (1997), a antiga marginalidade, patrocinadora do desfile das escolas de samba, dá lugar às "exigências sem perdão" do mundo do crime, e, no romance de Paulo Lins, o universo fechado da favela não exclui a relação dos bandidos com "as esferas superiores do negócio de drogas e armas", setores pouco distintos no conjunto, de modo a sugerir "a afinidade de todos com todos" ("Cidade de Deus", em *Sequências brasileiras*, cit., p. 166). Algo dessa afinidade umbilical, por assim dizer, entre o malandro e o poder público, bem como a violência inerente ao modo de agir de ambos, são notadas pelo narrador das *Memórias* na relação de Cubano com as instâncias superiores (e inferiores) da Colônia, e ressignificadas pelo militante, como tentamos demonstrar. Não parece casual, também, que o berço do Comando Vermelho, uma das principais organizações criminosas do país, surgida no final dos anos 1970, tenha sido justamente a Ilha Grande, mais precisamente o Instituto Penal Cândido Mendes, que agrupava presos comuns e presos políticos.

landro para as tarefas repressivas: como faz as vezes dos algozes, delatando os companheiros e, ao mesmo tempo, presta assistência aos detentos, Cubano transita livremente entre o universo dos oprimidos e o dos opressores, variando a angulação conforme suas necessidades.

Como se pode notar, não estamos muito distantes dos "carrascos amáveis" estudados no capítulo anterior: a pessoalização dos contatos e a conduta discricionária também fazem parte do universo dos marginais, que reproduzem a opressão que os atinge. Porém, o aspecto propriamente político do fato consiste na cooptação, pelo Estado, dos párias que na cadeia despontam como líderes dentre os dominados, a fim de que o combate efetivo dos inimigos também se realize de forma endógena.

Conforme o registro do narrador, longe de representar algum tipo de vantagem, desponta o recurso à violência como um hábito rotinizado pela vida subalterna, à qual o prisioneiro também estava submetido. Daí a percepção de que todos, na Colônia, se "animalizavam" depressa: os expedientes agressivos (ainda que por causas "nobres", como a nutrição e a proteção do detento) são referendados e potencializados pelas torpes condições do regime carcerário, o que é percebido, na rememoração, de modo desencantado.

A aproximação entre marginalidade e Estado, evidenciada na mútua associação entre Cubano e as autoridades da Colônia, aparece sedimentada ao final da terceira parte, quando o prisioneiro recebe um telegrama e é informado de que será transferido (cap. 30). Na secretaria do presídio, pede ao diretor que lhe devolva a carteira que havia sido "roubada" pelos funcionários da revista quando da sua chegada:

"— Ó doutor, quer fazer-me o obséquio de mandar procurar uma carteira que me furtaram aí na secretaria?
O sujeito olhou-me severo e respondeu firme:
— Aqui não se furta.
— Santo Deus! Tornei. Aqui não se faz outra coisa. Todos nós somos ladrões. Por que é que estamos na

Colônia Correcional? Porque somos ladrões, naturalmente. Pelo menos é esta a opinião do governo. O senhor ignora que lá dentro usamos casacos pelo avesso, para os nossos amigos não nos meterem as mãos nos bolsos?"[38]

Na certeza da transferência, o prisioneiro em tom desafiador se vale da própria definição ampla do conceito de "marginalidade" promovida pelo Estado para deixar claro que todos eram ladrões, portanto pouco valia a retórica oficial de que nada se furtava ali. Depois de muita insistência, a carteira reaparece, o que provoca risos do prisioneiro e constrangimento do diretor:

> "Ao sair, espantava-me de ele não haver dito uma palavra de censura. E mais me surpreendia o desazado comportamento do velhaco: repelira a acusação frágil, depois se embrulhara, perdera os estribos e condenara-se estupidamente. Isso corroborava o meu juízo a respeito dos ladrões: gente vaidosa e potoqueira. Mas aquele na verdade era inferior aos outros. Descuidista, imaginei."[39]

Na intervenção ácida do narrador, fica clara a conduta ilegal dos agentes do Estado que, a seu ver, são bem mais precários no exercício das infrações ("descuidistas", os gatunos mais baixos da hierarquia) do que os ladrões e vadios que conhecera, como Gaúcho e Paraíba. Ao utilizar a gíria dos marginais para se referir aos funcionários e ao diretor da Colônia ("velhaco"), o narrador, que mais uma vez faz ressoar no seu discurso a fala das personagens, desfaz qualquer ilusão quanto à integridade das instâncias públicas, submetendo-as à mesma reversibilidade da vida dos párias, e, ao menos em parte, associadas a eles. Pela ótica do Estado varguis-

---

[38] *MC*, CC, p. 514.
[39] *Idem*, p. 516.

ta, essa mesma infração da norma se traduz na opressão das classes subalternas, uma vez que as prerrogativas jurídicas estavam suspensas e o próprio poder do Chefe de Polícia, subordinado diretamente ao Executivo, ultrapassava em muito os do Judiciário e do Legislativo.

Se a prática de delitos não é atributo exclusivo dos malandros, a assistência negligenciada pode ser assegurada por Cubano, que por sua vez reproduz, junto aos presos da Colônia, a lógica excludente e paternalista do próprio Estado. Para um governo que pretendia promover a assepsia do malandro em nome da ideologia trabalhista (seja por meio da prisão, seja pela censura às produções culturais), e que para isso se valia de um regime discricionário, nada mais subversivo do que a exibição, nas *Memórias*, da conduta desonesta do diretor e dos funcionários da Colônia, em paralelo à atuação tutelar, violenta e vital, para o prisioneiro, de Cubano.

O aspecto político do problema, o de líderes cooptados pelas forças repressivas para desempenharem papel de polícia, aponta também, ao tempo da escritura, para um diálogo do narrador militante com as grandes polêmicas em que o PCB se viu envolvido entre os anos 1930 e 1940, quando das denúncias de colaboracionistas ao governo. Especialmente emblemáticas foram as do secretário-geral Antônio Maciel Bonfim ("Miranda", eleito para o cargo em 1934), que acarretou a prisão de vários dirigentes comunistas. Militante de origem camponesa, professor e militar, Miranda, no "Pavilhão dos Primários", exibia "com orgulho e pimponice" marcas de tortura que o narrador insinua forjadas ("víamos agora um sujeito alardear os sinais do vilipêndio, tão satisfeito que supus achar-se entre nós um profissional da bazófia", cap. 14). Ele teria colaborado com a polícia após a execução, em março de 1936, da sua companheira Elvira Cupello Calônio (Elza Fernandes, que, nunca tendo pertencido formalmente ao PCB, foi considerada delatora pela cúpula partidária). A morte de Elza a mando do Partido (ou o "justiçamento" da "Garota", como ficou conhecido o episódio) foi explorado pela reação durante muito tempo, serviu para a condenação de Prestes a mais de quarenta anos de prisão e se tornou um dos temas mais espinhosos da história do PCB.[40]

Assim, o narrador militante, ao realçar a atuação ambígua de Cubano no presídio, revela ciência quanto à tática empregada pelo Estado e pelas forças burguesas, que transforma líderes (sejam eles marginais ou "revolucionários profissionais") em delatores — os quais, em busca de eventuais benefícios ou por vinganças de ordem pessoal, se deixam vilipendiar.[41] Por meio da atuação do malandro, esse narrador alerta os seus pares de militância para o perigo de uma proximidade entre dominados e opressores, ou entre os militantes e o poder, que a experiência pregressa da esquerda em momentos cruciais e efetivamente revolucionários do século XX só vinha referendar.[42]

---

[40] Prestes, acusado pela polícia de ter sido o mandante da morte de Elza, assegurou nos anos 1980 que o Partido, e não ele, decidira pela execução (cf. Dênis de Moraes e Francisco Viana, *Prestes: lutas e autocríticas*, Rio de Janeiro, Mauad, 1997, p. 116). Jacob Gorender, porém, rechaça tal versão e reitera que a ordem de execução partiu mesmo de Prestes (*Combate nas trevas: a esquerda brasileira: das ilusões perdidas à luta armada*, São Paulo, Ática, 1987, p. 243). Para um relato do episódio envolvendo Miranda e Elza, ver *Olga*, de Fernando Morais (*cit.*, pp. 133-44). Mais recentemente, o jornalista Sérgio Rodrigues publicou um romance sobre o caso: *Elza, a garota*, Rio de Janeiro, Nova Fronteira, 2009.

[41] A tática da reação é tão profícua que, algumas décadas depois, durante a ditadura civil-militar, o Serviço Nacional de Informações (SNI) chegou a recrutar *abertamente* membros do Partido para colaboração com o regime em troca de benefícios materiais (cf. Moraes e Viana, *op. cit.*, p. 255).

[42] Como indica a experiência internacionalista da qual Graciliano faz parte (e que não parece ignorar), os riscos da aproximação com a polícia têm larga precedência histórica: evidentemente em outra proporção, a trágica derrota do proletariado alemão na Revolução de 1918, um banho de sangue que deixou marcas indeléveis em todo o movimento de esquerda do século XX, deveu-se, em grande parte, à traição do Partido Social Democrata (SPD), que, além de se entregar explicitamente ao reformismo burguês, exerceu quando no controle do Estado o papel reservado à polícia, massacrando os trabalhadores e comandando as tropas que esmagaram, em janeiro de 1919, o movimento revolucionário de Berlim, quando Rosa Luxemburgo foi presa e exe-

Além do aspecto partidário do debate proposto pelo narrador, a figura do malandro, tal como se revela na terceira parte das *Memórias*, dialoga, não sem especificidade, com uma tradição consolidada em nossa literatura. O estudo central de Antonio Candido sobre as *Memórias de um sargento milícias* (1970) apreendeu o ritmo da prosa no balanceio das personagens entre o lícito e o ilícito, inaugurando uma vertente do romance brasileiro que teria continuidade no Modernismo. O princípio estrutural formalizado pelas *Memórias de um sargento de milícias* seria a representação do ritmo geral da sociedade escravocrata marcada pela anomia: cabia aos homens livres e pobres do século XIX toda sorte de acomodações casuísticas, como forma de garantir a subsistência em um mundo no qual o trabalho regular não lhes era acessível. A representação literária de um universo popular, livre da "culpa e do remorso", apontaria, conforme Candido, para uma sociabilidade espontânea e flexível que eventualmente facilitaria nossa inserção "em um mundo mais aberto".[43]

Ao discutir o ensaio de Antonio Candido, Roberto Schwarz (1979) nota, no texto, a dualidade emblemática na análise que se volta para um modo de ser de uma classe específica (isto é, os homens livres pobres) e para outro popular, folclórico, donde conclui que "a dialética de ordem e desordem oscila entre ser contingência de uma classe oprimida ou característica nacional vantajosa". Essa oscilação encontra lastro no contexto histórico em que foi escrito o ensaio: a valorização da malandragem (e, portanto, do caráter espontâneo do brasileiro) poderia ser entendida como uma resposta à brutal modernização em curso durante a ditadura civil-militar. Ocorre que, como ressalta Schwarz, nem o "concerto das nações" se mostrou possível sob a égide do capital, nem a pouca interiorização da ordem revelada nas *Memórias de um sar-*

---

cutada (cf. Maria Isabel Loureiro, *A Revolução Alemã (1918-1923)*, São Paulo, Editora UNESP, 2005, pp. 50 e 61-2).

[43] Antonio Candido, "Dialética da malandragem", em *O discurso e a cidade*, cit., pp. 17-46.

gento de milícias se tornou um trunfo, uma vez que malandragem e capitalismo não constituem categorias opostas, no Brasil ou em qualquer lugar onde se produza a mais-valia.[44]

Ora, o enfoque de Graciliano nas *Memórias do cárcere* em relação à malandragem reitera a interdependência entre a prática do malandro, o avanço do capital e a soberania do Estado: quanto mais cresce o espaço urbano e se diversificam as atividades produtivas, mais os pobres são lançados à própria sorte, o que alimenta a busca de vantagens dentro da ordem burguesa em expansão, para muitos o único meio de subsistência possível. Ao mesmo tempo, a busca por vantagens os impele a encontrar algum tipo de salvaguarda junto às forças repressivas. Portanto, o quadro de anomia dos homens livres e pobres, intuído e representado por Manuel Antonio de Almeida no século XIX, desponta remodelado no modo de vida dos malandros da Colônia em plena era trabalhista, porque as promessas de integração por meio da atividade laboral não se efetivaram, como demonstra o narrador.

Robert Levine esclarece que, por todo o período Vargas, "a inequívoca divisão entre as classes sociais permaneceu intocada", e os trabalhos especializados estavam reservados aos imigrantes; negros e mulatos eram relegados "aos serviços mais perigosos, mais subalternos e mais mal pagos da economia". Ainda segundo Levine,

> "As leis getulistas nunca pretenderam abolir o profundo fosso entre ricos e pobres. Apenas aquelas baseadas em conceitos de justiça redistributiva poderiam ter provocado mudanças reais, mas esse era um conceito estranho a Vargas e às classes altas. Suas reformas eleva-

---

[44] "Pressupostos, salvo engano, de 'Dialética da malandragem'" (em *Que horas são?*, São Paulo, Companhia das Letras, 2002, pp. 129-55). Para se reter a *dimensão internacional* da associação entre malandragem e capitalismo, retome-se a *A ópera de três vinténs* (1928), de Bertolt Brecht: não seria J. J. Peachum a encarnação perfeita do "malandro empreendedor"? (em *Teatro completo*, Rio de Janeiro, Paz e Terra, 1988, vol. 3).

ram a qualidade de vida de milhões, mas também aumentaram a distância que separava milhões de brasileiros do patamar em que viviam os mais afluentes. Elas modernizaram o Brasil, mas não fizeram muito para expandir o mercado interno, combater o subemprego, facilitar a aquisição de terras, fornecer ensino técnico ou eliminar a condição de pária em que viviam homens e mulheres condenados pela falta de oportunidades a uma pobreza opressiva."[45]

Desse modo, as infrações sistemáticas são mostradas pelo narrador como parte integrante da expansão econômica do país, indicando, de forma contundente, que o progresso do capital e o progresso da sociedade não eram coincidentes, a despeito da aposta no desenvolvimentismo, encampado inclusive pela esquerda pecebista. Tal posição reitera a dissonância do narrador das *Memórias* em relação às diretrizes majoritárias adotadas pelo PC e desnuda a sua consciência crítica em relação à modernização empreendida por Vargas, que atualizava a fratura social dos tempos da escravidão.

Nesse sentido, as figurações da malandragem, nas *Memórias*, permitem uma visão lúcida do mundo do trabalho, e revelam como a busca por vantagens, reais ou simbólicas, reproduz a dominação, reiterando a lógica competitiva entre os desvalidos e minando qualquer tipo de articulação política. Esse enfoque sobre os malandros dialoga, a contrapelo, com o projeto nacional dos modernistas da fase heroica, cujo paradigma é a literatura de Mário e Oswald de Andrade. Nelas, a promoção da vida popular e a nossa informalidade adquiriam um "brilho estético moderno": tratava-se da tentativa de desbloquear o indivíduo e tornar revolucionária a sua natureza flexível e acomodatícia, como forma de driblar as alienações da civilização burguesa. Sob essa lógica, nosso substrato pré-burguês (isto é, os condicionamentos constrangedo-

---

[45] Robert Levine, *op. cit.*, pp. 185-6.

res da herança colonial) se tornava um trunfo capaz de romper com o padrão metropolitano e promover um desenvolvimento novo, com eixo interno — o que, efetivamente, não aconteceu.[46]

Esse legado colonial, reciclado pela modernidade confiante nas promessas da industrialização e exaltado pelos modernistas, aparece de forma desabonadora no Graciliano das *Memórias*, porque manutenção, sem superação, de uma perversidade estrutural que, no limite e em termos bem concretos, resultou no arbítrio do poder soberano que o condenou à prisão e que arrasta a existência dos pobres à invisibilidade. A malandragem, conforme mostra o narrador, em vez de remeter a uma promessa de futuro, é expressão viva dos antagonismos sociais, da iniquidade brutal em que vivem os desvalidos (invariavelmente negros ou mulatos, como Cubano, Gaúcho, Paraíba, José) e da sujeição deles ao poder de um Estado que, ao fim, pratica igualmente a contravenção dentro e fora da cadeia, ao privá-los de direitos jurídicos e constitucionais.

Como não há possibilidade de redenção para o malandro, a contrapartida é uma resistência traduzida não no enfrentamento do mundo, mas no aperfeiçoamento das técnicas ilegais necessárias à sobrevivência (o que explica a hesitação de Paraíba em revelar os seus segredos), na disputa entre iguais por um reconhecimento e uma supremacia simbólicas cujo reverso é o desprezo dos pares (Gaúcho) e, também, em caso de representatividade política, no aliciamento dos líderes pelas autoridades (caso de Cubano).

Dessa maneira, a narrativa sobre a Colônia mostra que o nosso fundo não-burguês *resulta da própria reprodução do capital, aprofundando-a*, uma vez que a expansão orientada do mercado interno a partir de 1930 exigiu a transformação das massas urbanas e do contingente que afluía às cidades em um imenso "exército de reserva", implicando o rebaixamento do preço da força de trabalho, a reconversão de trabalhadores especializados à situação

---

[46] Cf. Roberto Schwarz, "Outra Capitu", em *Duas meninas*, cit., pp. 139-42.

de não qualificados e o crescimento de um setor de serviços remunerado a níveis ínfimos.[47] Esse quadro, por sua vez, fomentou a criminalização de grande parte da população mais pobre, relegada ao subemprego ou preterida, na disputa por trabalho, por homens brancos, escolarizados e fartamente disponíveis como mão de obra barata.

Por se revelar um elemento pré-moderno necessário à acumulação industrial, cuja lógica acompanha, esse fundo não-burguês reproduz e reitera, também no seu interior, os movimentos de dominação e de segregação que perpetuam a situação dos desvalidos. E, de maneira sistemática, pode ser instrumentalizado politicamente contra os inimigos do regime, de modo que o narrador deixa ver que os sem-direitos, por vezes agindo civilmente, exercem a brutalidade aprendida com os de cima, e o Estado, encarregado de cumprir a lei, passeia livremente pelos domínios da franca delinquência.

Nas *Memórias*, o enquadramento realista da malandragem, porque ancorado na experiência histórica e biográfica concreta, também pode ser explicado pela mudança de perspectivas quanto à realidade nacional que se verificou na produção literária a partir de 1930, quando a força desmistificadora do romance, ao expor a "consciência catastrófica do atraso", suplantou a pujança virtual do país novo celebrada pelos primeiros modernistas.[48] Conforme João Luiz Lafetá, a literatura da segunda geração, em função do recrudescimento do confronto ideológico, incorporou radicalmente a luta de classes, relativizou a experimentação estética e aprofundou contradições insolúveis pelo modelo burguês.[49]

---

[47] Cf. Francisco de Oliveira, "O desenvolvimento capitalista pós-anos 1930 e o processo de acumulação", em *op. cit.*, pp. 35-60.

[48] Cf. Antonio Candido, "Literatura e subdesenvolvimento", em *A educação pela noite*, Rio de Janeiro, Ouro sobre Azul, 2006, pp. 169-96.

[49] "Estética e ideologia: o Modernismo em 30", em *A dimensão da noite e outros ensaios*, São Paulo, Duas Cidades/Editora 34, p. 64.

Tais pressupostos aparecem nitidamente no penúltimo capítulo da terceira parte das *Memórias*, quando do encontro do prisioneiro com o malandro José. O contato com o "mulato de cara viciosa", que fora muito castigado na infância (cap. 34), deixa claro, como arremate das percepções do narrador, que a existência marginal do garoto, bem como as distâncias entre eles, eram indissociáveis das assimetrias de classe, ainda que a cadeia os unisse temporariamente:

> "Haveria alguma semelhança entre nós? Na verdade a minha infância não deve ter sido muito melhor que a dele. Meu pai fora um violento padrasto, minha mãe parecia odiar-me, e a lembrança deles me instigava a fazer um livro a respeito da bárbara educação nordestina. [...] Débil, submisso à regra, à censura e ao castigo, acomodara-me a profissões consideradas honestas. Sem essas fracas virtudes, livre de alfabeto, nascido noutra classe, talvez me houvesse rebelado como José."[50]

A infância marcada pelos castigos, histórico comum que permite certa aproximação, não é a única responsável pela malandragem como meio de sobrevivência, pois se combina com a situação perene de infracidadania relegada aos mais pobres. De maneira que, para esse narrador, a atuação do marginal é uma expressão das diferenças de classe. Aqui, a dimensão relacional da cena não permite que a oposição percebida pelo narrador se transforme em contraste promissor, uma vez que ele sabe que a atuação de José não mina a propriedade nem barra o avanço do capital. Ou seja, o desconforme quanto à norma burguesa, representado pelo malandro, não ganha, a não ser de modo perverso, estatuto de emblema pátrio. Note-se, por isso, como a literatura de Graciliano também enfrenta as ilusões modernistas.[51]

---

[50] *MC*, CC, pp. 537-8.

[51] Em sentido inverso, ao analisar a poética de Oswald de Andrade, Ro-

Nesse mesmo passo, é significativo que, justamente ao sair da Colônia, o narrador relativize o próprio trabalho e associe a sua vida regular de funcionário público à acomodação e à debilidade: não haveria parentesco entre essa reflexão e a visão ácida de Gaúcho, para quem somente existiam "malandros" e "otários"? De modo análogo, o comodismo não seria alusivo à domesticação de operários e do funcionalismo empreendida por Vargas? O trabalho "considerado honesto" estaria muito distante, na prática, das ações dos marginais que oscilavam entre a regra e a infração, ou à cooptação de Cubano pelas autoridades do presídio? Como se vê, mais uma vez a realidade dos marginais e a reflexão dela decorrente convergem para o próprio narrador, cuja percepção se mostra, ao fim da terceira parte, remodelada, ao constatar uma *ambiguidade social generalizada* que é objeto de sua reflexão a partir dos episódios relatados.[52]

Assim é que a experiência com os malandros leva o prisioneiro a se encerrar ainda mais em dura reserva, um comportamento constante que se tornará agudo na "Casa de Correção", lugar que constitui uma prisão política ainda mais envenenada, em termos

berto Schwarz conclui que a suspensão do antagonismo entre as matérias colonial e burguesa e a sua transformação em contraste pitoresco, onde nenhum dos termos é negativo, "vem de par com a sua designação para símbolo do Brasil, designação que, juntamente com a prática dos procedimentos vanguardistas, está entre as *prerrogativas* da superioridade" ("A carroça, o bonde e o poeta modernista", em *Que horas são?*, São Paulo, Companhia das Letras, 2002, pp. 21-2).

[52] A "maleável sociedade relacional brasileira", percebida pelo narrador das *Memórias*, não apenas *não* nos inseriu em um "mundo eventualmente mais aberto", como, décadas depois, reversamente se tornou o paradigma do processo de *brasilianização do mundo*, quando nossa fratura congênita foi igualada pela realidade dos países centrais cindidos pela desagregação do universo do trabalho, de maneira que o capitalismo no núcleo orgânico está "cada vez mais parecido com a nossa malandragem agora ultramoderna" (cf. Paulo Arantes, "A fratura brasileira do mundo: visões do laboratório brasileiro da mundialização", em *Zero à esquerda*, São Paulo, Conrad, 2004, p. 67).

de divergências, do que o Pavilhão dos Primários. O narrador, nos capítulos sobre a Ilha Grande, mostra o seu processo de aprendizado e de desmistificação quanto à vida dos marginais; ao mesmo tempo, reitera o abismo que o separava dos despossuídos, sintetizado na primeira providência do detento ao chegar à Sala da Capela: "Escanhoei-me e alterou-se um pouco a figura semelhante aos ladrões, meus companheiros na Colônia Correcional" ("Casa de Correção", cap. 1).

Como arremate, cabe lembrar que, no plano biográfico, o Graciliano cronista atentara, no final dos anos 1930, para as determinações da malandragem e a sua integração com o mundo burguês, em particular com o funcionalismo. Na crônica em que comenta o romance *Vovô Morungaba*, do escritor mineiro Galeão Coutinho (1937), apesar da crítica severa ao título e aos nomes das personagens ("decididamente o sr. Coutinho não batiza bem as suas personagens"), o autor revela grande interesse por Barra Mansa, um pequeno funcionário público que "vive atrapalhado com a polícia", porque pratica golpes e outros expedientes ilícitos. A relevância da personagem para o cronista reside na consciência de sua condição:

> "Barra Mansa é um homem que sofre enormemente por ter necessidade de ser canalha. [...] Essa dor horrível de um pobre-diabo bole com a gente, odiamos o escritor, desejamos endireitar Barra Mansa. Tolice. Barra Mansa nunca se endireitará. Um dia, com o negócio do espiritismo, pensam que ele se regenerou, algumas pessoas começam a tratá-lo com respeito — e a vida do infeliz se torna um inferno: os credores apertam-no, os amigos não admitem que um indivíduo sério continue a morder. E Barra Mansa volta a ser malandro; só assim pode aguentar-se, porque ganha duzentos e cinquenta mil-réis por mês, sustenta mulher e filhos. Para ser agradável aos que têm ordenados graúdos, o sr. Galeão Coutinho podia ter conseguido uma profissão decente para sua personagem. Infelizmente Barra Mansa não sabe fa-

zer nada. E o pior é que não quer morrer. O recurso que tem é ser descarado."[53]

Como se pode notar, o trabalho regular da personagem não a desobriga da prática do estelionato (ao contrário, parece justificá-la), e essa combinação de trabalho e malandragem aviva o interesse de Graciliano: premido pelas necessidades materiais, o funcionário se vale da contravenção porque sabe, na prática, que a repartição não garante sequer a subsistência. A percepção desalienada sobre o trabalho público (que, mais uma vez, expõe uma relação tensa com o Estado-patrão), a imagem nada utópica do malandro e a notação da reciprocidade entre as esferas da lei e da ilegalidade se fazem presentes, portanto, na atividade crítica exercida pelo escritor, e essa questão ganha corpo na terceira parte das *Memórias*.

Nesse sentido, os impasses que na obra aparecem sem perspectiva de resolução dentro do modelo econômico desenvolvimentista representam uma tomada de consciência favorecida pelo recuo temporal, que permite ao narrador decantar a própria experiência e estabelecer conexões com os dilemas que se mantêm no ato da escritura. Esse elemento estrutural da narrativa explica, também, as diferenças de perspectiva em relação ao entusiasmo dos primeiros modernistas, capturados pela nascente industrialização e a promessa de um futuro mais próspero para o país. O período de 1948 a 1950, quando Graciliano redige, especificamente, a "Colônia Correcional", permite uma visão de conjunto em retrospecto sobre os rumos da realidade político-econômica que, somados à experiência do cárcere, conferem aos capítulos um resultado substantivo a respeito da nossa malformação estrutural.[54]

---

[53] "Uma personagem sem vergonha", em *Linhas tortas*, Rio de Janeiro, Record, 2005, p. 157.

[54] Como a corroborar a força crítica desse narrador, lembre-se de que Silviano Santiago afirma que, dentre os modernistas, Graciliano chama a atenção por ser "o único que não esteve comprometido com o projeto de mo-

Há ainda que considerar, inversamente à experiência local-cosmopolita das oligarquias cafeeiras, a um só tempo modernas diante do circuito do capital internacional e conservadoras na esfera doméstica (experiência formalizada pelas obras de Mário e Oswald de Andrade), a violenta derrocada material das elites nordestinas na passagem do século XIX para o XX.[55] Desse colapso decorre o "aprisionamento" de parte dos seus descendentes empobrecidos nos limites do funcionalismo, e esse quadro certamente participa dessa indisposição generalizada, do narrador das *Memórias*, para com os nossos desajustamentos de extração colonial.

Portanto, a rápida, mas decisiva, convivência com os malandros da Ilha Grande mostra que o tão evitado, e antes invisível, "enxurro social" combinava-se, de modo articulado e ativo, ao mundo urbano e desenvolvido do Centro-Sul que, nos primeiros capítulos do livro, o atraía: uma miragem capaz de resgatá-lo da vida provinciana, mas que terminou por lançá-lo na prisão dos vagabundos. A partir de então, nem a malandragem se mostrou incólume à lógica da dominação, nem o ponto de vista do narrador sobre o mundo do trabalho pôde ignorar a existência dos párias, tão atuantes e visíveis como os arames farpados que o cercaram no curral de zinco.

dernização do Brasil", enquanto os outros "tinham uma mente desenvolvimentista, em todos [os outros] a necessidade de atualização era capital e todos queriam fazer com que o Brasil entrasse na História [sic], e numa História que seria pura industrialização" ("Mesa-redonda", em J. C. Garbuglio *et al.*, *Machado de Assis: antologia e estudos*, São Paulo, Ática, 1982, p. 423).

[55] O declínio vertiginoso da economia nordestina entre 1889 e 1937 fez-se acompanhar, também, da perda de influência política de Pernambuco e seus "estados-satélites" (Alagoas, Paraíba, Rio Grande do Norte e Ceará), com a proliferação de refinarias de açúcar no Centro-Sul a partir de 1910 e a diminuição significativa da bancada nordestina no Congresso (cf. Robert Levine, "O poder dos Estados. Análise regional", em *História geral da civilização brasileira — O Brasil republicano*, vol. 1, t. III, São Paulo, Difel, 1975, pp. 122-51).

Os militantes e as "criaturas perdidas"

"À noite Gaúcho ficava uma hora de cócoras, junto à minha esteira, a divagar por numerosas aventuras. A posição incômoda não o fatigava. Queria instruir-me e ambicionava ler tudo aquilo impresso.
— Vou comprar esse livro. Quanto custa?
Erguia-se, tentava reanimar Paulista, criatura arrasada, um molambo:
— Se vire, homem, tenha coragem. Desse jeito você endoidece.
Paulista ouvia sem nenhuma reação, a cara inerte, os braços caídos, a aguentar-se mal nas pernas bambas, a boca entreaberta, quase sem fôlego, murcho, pálido como um defunto. França andava a empurrar ideias revolucionárias no espírito rombo desse infeliz, e a aprovação tácita, a passividade, a falta de resistência davam-lhe esperanças absurdas. A teimosia cega do padeiro alarmava-me. Aquela gente estava perdida, sem esforço víamos isto."[56]

Nesta cena lateral das *Memórias*, quando o prisioneiro ainda está na Ilha Grande, é interessante o modo como a matéria é organizada, ao instaurar uma passagem sem nuances entre a disposição de Gaúcho, que tenta animar Paulista, e a insistência de França em repetir palavras de ordem, a despeito das condições físicas da "criatura arrasada". O arranjo composicional, que expõe e aproxima duas ações distintas (o impulso humanitário do ladrão e o impulso doutrinário do padeiro) dá forma à feição, a um tempo corajosa e feroz, deste narrador.

Ao indicar a falta de reação de Paulista, ele atenta para as marcas corpóreas resultantes das condições desumanas do cárcere que podem levar os detidos ao depauperamento, inviabilizando qualquer possibilidade de resistência ou de reação. Por esse moti-

[56] *MC*, CC, pp. 453-4.

vo, soa como despropósito o fato de que França (com quem o prisioneiro tivera contato no navio e no Pavilhão dos Primários) insista na conversão de Paulista à causa revolucionária sem atentar para as condições físicas do homem inerte ao qual se dirige. Também no excerto, a fala de Gaúcho externaliza o seu já referido interesse em se tornar uma personagem reconhecida, conquistando simbolicamente, por meio do livro que o prisioneiro pretende escrever, a existência pública negligenciada pelo Estado.

A indiferença explícita de Paulista quanto às palavras de ordem do militante é avaliada pelo narrador: ele anota que a passividade e o silêncio do malandro eram compreendidos pelo padeiro como um sinal de disponibilidade e adesão às causas políticas. É aí que o narrador, ao tachar as esperanças de França de "absurdas", exibe o seu olhar enviesado para a cegueira de parte da militância com a qual teve contato, guiada ou por um franco desdém pela marginália ou por um pragmatismo descabido em meio à destruição perpetrada na cadeia da Ilha Grande.

Nesse sentido, a sua postura lúcida sobre os marginais ("aquela gente estava perdida") decorre não apenas da percepção de que eles não aderem com facilidade a princípios revolucionários (como lhe mostrara a convivência com Cubano, Paraíba e o próprio Gaúcho), como também do ceticismo com que os percebe vítimas costumeiras das autoridades, em quem recaem os piores tratos.

O modo pelo qual é construída, na rememoração, a associação entre Gaúcho e França, quando ambos atuam sobre Paulista com interesses muito diversos, dá corpo ao olhar crítico para a inadequação da atuação política tal como entrevista na Colônia, seja pelo apreço por palavras de ordem, seja pelo desdém quanto à realidade concreta. Fundamental, nesse aspecto, é que o registro *em paralelo* acentua a visada incisiva do narrador militante, que pode indicar como esse sujeito entende, de modo retroflexo, a atuação do Partido a que pertence.

Também em outro episódio envolvendo França na Colônia, o olhar do narrador para o colega ressalta traços de comportamento por meio dos quais se torna possível compreender a organização revolucionária na versão brasileira de 1935-1936, quando o

Prisioneiros políticos na Colônia Correcional
da Ilha Grande, RJ, em 1937.

detento é repreendido por ter comprado uma cama de Gaúcho sem antes oferecê-la aos companheiros doentes:

> "Surgiu-me de repente uma contrariedade. França, o padeiro tuberculoso, meu vizinho no Pavilhão dos Primários, veio censurar-me, e com tanta arrogância que o supus logo dirigente de qualquer coisa. Falava como se eu fosse criança, queria saber quem me havia dado licença para deitar-me na cama. Tinham preferência os companheiros doentes. [...] Certamente havia ali pessoas mais doentes do que eu; Van der Linden e Mário Paiva mereciam sem dúvida aquele desgraçado conforto. Domício Fernandes estava moribundo, não voltaria ao Rio Grande do Norte. Se não fosse a bazófia de França, não me custaria despojar-me em benefício de qualquer deles."[57]

A prosa mostra as relações que o narrador, ao retomar a sua experiência, constituiu diante de outro episódio, na aparência, banal: a componente pedagógico-moralista do comportamento de França remete o sujeito que rememora, sintomaticamente, às instâncias diretivas das organizações políticas. Assim, o narrador desfere, de modo indireto, uma crítica severa aos quadros hierárquicos do PCB, quando a lógica piramidal de mando e coerção que estruturava o Partido atinge, ao fim da cena, o próprio prisioneiro.

Teoricamente, o estatuto do PCB foi erigido sobre o princípio do *centralismo democrático*, uma das 21 condições de admissão pela Internacional Comunista, e que consistia no binômio "liberdade de discussão, unidade de ação": um princípio que na própria IC se tornara ficção desde 1922.[58] Como o PCB, porém,

---

[57] MC, CC, pp. 480-1.

[58] Expulso da IC, do Comitê Central do PCUS e exilado em Alma-Ata em 1928, Trótski denunciava a substituição prática do "centralismo democrático" pelo "centralismo burocrático" — burocratismo cuja finalidade era a de se tornar um instrumento de pressão das classes não proletárias (isto é,

nasceu praticamente "bolchevizado" (ou seja, stalinista e burocratizado, portanto muito distante do suposto modelo bolchevique), não experimentou, assim como outros partidos comunistas sul-americanos, a comunicação das massas em sentido ascendente, uma vez que a hierarquia centralizada impedia que as bases conduzissem ou participassem da elaboração de princípios fundamentais.[59]

Nas *Memórias*, a recusa do encarcerado em ceder a cama pode se explicar porque, além de se saber doente, é preciso responder de forma negativa à tutela que o militante tenta exercer sobre ele, o que não deixa também de assegurar certas prerrogativas. Assim é que resquícios de mandonismo do prisioneiro se chocam, no texto, com o autoritarismo do padeiro, de modo que o narrador, no presente, pode evidenciar um comportamento discutível adotado por ele próprio no passado, mas especularmente refletido em alguns companheiros como França. Desse modo, a crítica do narrador ao que parece ser entendido como uma manifestação autoritária dialoga com certos pressupostos quanto à formação de quadros e ao papel decisivo dos militantes na condução das massas.

No mencionado episódio miúdo e sem importância objetiva, o narrador põe em cena um comportamento que nada tem de irrelevante. Trata-se não apenas da submissão do PCB às diretrizes de Moscou, aqui menos evidenciadas, quanto da tradição autoritária local que se combina à militância, e que ele sabe reconhecer em si e nos outros, a ponto de associar o padeiro França, no momento da rememoração, a um "dirigente de qualquer coisa". Na história do marxismo clássico, coube a Lênin formular as estratégias revolucionárias anticzaristas para a social-democracia russa, por meio da formação de um quadro de "revolucionários pro-

---

a burguesia) sobre o proletariado (Leon Trótski, "Crítica ao programa da IC", em *Stálin, o grande organizador de derrotas: a III Internacional depois de Lênin*, São Paulo, Sundermann, 2010, pp. 200-2).

[59] Ronald Chilcote, "A organização do Partido e o papel de dirigentes e das bases", em *Partido Comunista Brasileiro: conflito e integração (1922-1972)*, Rio de Janeiro, Graal, 1972, pp. 172-3.

fissionais" capazes de dirigir a luta emancipatória dos oprimidos e orientar as massas, constituídas por trabalhadores e por todos os setores vitimados pelo absolutismo, incluindo-se os párias sociais.[60] A partir da criação da Terceira Internacional (1919), a assimilação do legado leninista por Stálin serviu de pretexto para justificar a importância do partido revolucionário de vanguarda e sustentar o voluntarismo das posições políticas do líder, centrado por inteiro nos interesses exclusivos do Estado soviético. Conforme Leandro Konder, a partir de então "a práxis revolucionária degenerava em um 'pragma' que não conseguia ser efetivamente revolucionário e que se revestia, inevitavelmente, da forma de uma persistente manipulação do comportamento alheio".[61]

É nessa direção que se pode compreender a visada do narrador ao comentar a doutrinação impingida por França a um "pobre molambo", bem como o enrijecimento das relações interpessoais advindas da prática política no interior da prisão. No momento da reconstituição memorialística, insinua-se a crítica, indireta e cifrada, ao encaminhamento do marxismo-leninismo sob o monopólio de Stálin, que, ao contrário das proposições de Lênin, atrelou a criatividade do sujeito revolucionário ao Partido e suprimiu as mediações entre teoria e prática, a ponto de "negligenciar a dialética em favor de uma profissão de fé pretensamente materialista".[62]

Tanto quanto os influxos externos, a peculiaridade do PC brasileiro é importante para a contundência do registro. A despeito das tentativas do Partido de interpretar a realidade nacional, sucedâneas à sua fundação em 1922 e creditadas aos pioneiros Astrojildo Pereira e Octávio Brandão, as condições locais de recepção das diretivas stalinistas tornam a vocação doutrinária dessas

[60] V. I. Lênin, *Que fazer? As questões palpitantes do nosso movimento*, São Paulo, Hucitec, 1978, pp. 96-7, 55-70.

[61] Leandro Konder, *A derrota da dialética: a recepção das ideias de Marx no Brasil, até o começo dos anos 30*, São Paulo, Expressão Popular, 2009, p. 68.

[62] *Op. cit.*, p. 66.

ainda mais hipertrofiada. À rigidez importada do PCUS somava-se a formação positivista, próxima do autoritarismo conservador, dos principais militantes e ideólogos brasileiros, de maneira a combinar as fórmulas concisas e inflexíveis do stalinismo com a autolimitação do pensamento ao dado e ao fato (em outros termos, o desprezo à teoria) típico do sistema filosófico que moldou boa parte de nossa intelectualidade.[63] Concorrendo com os fatores culturais, há que considerar ainda a pouca tradição de lutas do operariado brasileiro, que de modo geral, e como herança anarcossindicalista, tendia a buscar reivindicações imediatas sem contestar, em bloco, o sistema (o que aconteceu, de forma planejada e como resultado da acumulação da experiência da luta de classes, na Rússia).

No excerto das *Memórias*, o recorte construído pelo narrador faz ver que a postura tutelar e arregimentadora do militante é eloquente não apenas da estrutura de mando, mas também do programa político do Partido à época em que o escritor estava preso. Como a escrita das *Memórias* se deu em um momento em que Graciliano já era filiado ao PC, e partindo do pressuposto de que a obra também é uma forma de intervenção do narrador militante no debate, pode-se ver no episódio escolhido uma irônica análise da conjuntura de 1935. Nesse momento, os dirigentes do Partido, a despeito da derrota sofrida nas rebeliões de novembro, mantinham o discurso triunfalista, convencidos da existência de um processo revolucionário em curso no Brasil e de sua hegemonia nele. De maneira que se viam investidos da missão de conduzir e dirigir a revolução brasileira, descartando a proposição de que seria preciso organizar e cuidar das debilidades antes de pegar em armas.[64]

A manutenção, por parte dos comunistas, da linha insurrecional que superestimava qualquer sinal como adesão às causas revolucionárias e o hiperdimensionamento de seus papéis de guias junto à sociedade, aparecem refratados, nas *Memórias*, por meio

[63] Cf. Leandro Konder, *op. cit.*, pp. 220-1.

[64] Cf. Dainis Karepovs, *Luta subterrânea: o PCB em 1937-1938*, São Paulo, Hucitec/UNESP, 2003, p. 70.

do aspecto caricatural das intervenções de França e das reações do prisioneiro que são retomadas pelo narrador. Do ponto de vista da composição, é sintomático que a crítica à atitude cega do militante apareça sintetizada em um caso extremo como o da doutrinação do pobre molambo, o que traz à tona, nesse pequeno fragmento, uma leitura ácida da atuação dos quadros políticos com que o narrador tomou contato. Mais uma vez, a experiência privada e a repercussão, na subjetividade, do episódio relatado revelam a sua percepção para o fato de que, a despeito dos camaradas mais entusiasmados, as situações revolucionárias não são produzidas por encomenda.

A crítica ganha ainda mais relevo se se considerar a política de condução da revolução brasileira assumida pelo PC durante o período de escrita das *Memórias*, quando a conquista das massas constituía uma estratégia central, fermentada pela breve legalidade desfrutada entre 1945 e 1947. É nesse contexto que Maurício Grabois, um dos membros da direção nacional, define, em informe interno, a necessidade da agitação e da propaganda tanto nos órgãos de base quanto nos da direção, e o desafio não apenas de formar quadros internos, mas também de conduzir as "amplas massas das cidades e dos campos": serviço feito preferencialmente por oradores proletários, que teriam "mais facilidade de expressar os anseios das massas" e seriam "por elas melhor compreendidos".[65]

Diante dessas injunções, é possível notar a polêmica construída pelo texto, uma vez que a concepção do partido de vanguarda capaz de esclarecer e politizar as massas por meio de uma linguagem simples e direta, tarefa executada por militantes proletários (e secundariamente por intelectuais, que, no entanto, *deveriam falar a língua do povo*), surge de modo desabonador nas *Memórias*. Nelas o narrador registra, por meio da autorreflexão, o mecanicismo das formulações do padeiro, os efeitos hipostasia-

---

[65] Maurício Grabois, "Levemos às massas nossa linha política" (Informe de Divulgação, Edições Horizonte, 1946, p. 27). Centro de Documentação e Memória da UNESP, CEDEM/ASMOB, Not. 03.199.3.

dos da sua prédica e a arrogância com que esse se dirige ao escritor encarcerado.

Do ponto de vista dos movimentos dessa subjetividade, a arrogância que o narrador militante percebe no padeiro entra em choque com certa insubmissão e inflexibilidade de quando ele próprio era detento, evidenciando, com distanciamento temporal, o confronto entre duas personalidades vincadas pelo autoritarismo, sobre o qual o sujeito que rememora tem condições de ponderar. É assim que lhe é possível mostrar o que há em comum entre a atuação coercitiva de alguns militantes e a experiência social assentada no mandonismo e nas prerrogativas patriarcais que o formaram, de maneira que à dureza de França corresponda, reativamente, a inflexibilidade do encarcerado.

De modo similar à relação do prisioneiro com os carrascos, a composição formaliza o movimento especular de uma subjetividade cujos traços regressivos são dolorosamente exibidos. Em virtude da mistura de vozes e de temporalidades, tais traços são também empregados como *recurso* para denunciar o que há de retrógrado nos outros (lá, nos agentes de Estado; aqui, em parte da militância), movimento favorecido pelo recuo temporal, que delega ao narrador a lucidez necessária para que, por meio das ações e supostas reflexões atribuídas ao prisioneiro, ele possa debater os imperativos políticos e partidários. Por isso, é significativo que a postura progressista do narrador militante seja construída por meio da revelação do que, nele, havia de mais regressivo: como já esclarecera no capítulo de abertura das *Memórias*, faz parte da sua dinâmica transformar aparentes empecilhos em trunfos, e a autoexposição, em crítica produtiva.

A dissonância em relação às diretrizes do Partido se torna mais clara quando, na quarta parte do livro ("Casa de Correção"), o narrador retoma a passagem pela Colônia, o episódio vivido por Paulista e a impossibilidade de retornar à Ilha Grande, pondo em causa sua capacidade de representar os homens que conhecera:

"Cubano e Gaúcho ficariam desconhecidos, ou apareceriam deformados e imóveis, esboços feitos a custo, na ignorância. Não me seria desagradável tornar a vê-los, completar observações, aprender alguma coisa. Voltar à Colônia, deitar-me na esteira podre, na cama suja de hemoptises, falar a Cubano, embalar-me nas aventuras de Gaúcho, saber como ele fugira de Fernando de Noronha. Esvaíra-se o princípio dessa fuga arriscada — e era-me preciso reconstituí-la. Embora o pormenor não tivesse importância, agarrava-me a ele, queria debalde lembrar-me de uma frase duvidosa, em gíria. Provavelmente as narrações de Gaúcho eram mentiras, e isto me prendia — e nos aproximava. Que havia nos meus livros? Mentiras. A necessidade horrível de entrar no galpão imundo, conversar com os meus amigos, perseguia-me. Os políticos me condenavam essa fraqueza — porque enfim Gaúcho, Cubano, Paraíba e seu Mota eram rebotalhos sociais, criaturas perdidas. Eu próprio havia dito isso quando França diligenciava meter ideias revolucionárias no espírito rombo de um infeliz como Paulista. Achava-me incoerente, a acusar e a inocentar Medina e Bagé."[66]

É significativo que, na prisão de intelectuais pequeno-burgueses da Casa de Correção, o prisioneiro manifeste a vontade de voltar à Colônia, para completar as impressões sobre os malandros e fugir das divergências quanto aos planos de greve na cadeia. Esses planos envolviam os líderes do levante como José Medina (o dirigente responsável pelas paralisações do setor marítimo em 1935 que, oito anos depois, se tornou secretário-geral interino do PCB), e Bagé (membro do Comitê Central nos anos 1930 e um dos participantes do Pleno de novembro de 1935, que decidiu pela insurreição).[67] As dissensões no encaminhamento da greve no presídio acabam por atingi-lo, ao ser tachado, pelos companheiros,

---

[66] *MC*, CR, pp. 653-4.
[67] Cf. Apêndice.

de "reacionário" e "pessimista", estigma reforçado por seu ceticismo quanto à vitória das forças republicanas na Guerra Civil Espanhola e quanto às possibilidades de revolução iminente no Brasil — fatores que contribuem para o seu isolamento e confirmam o perfil recluso do prisioneiro.

O imaginário retorno à Ilha Grande, que, segundo a sua confissão, lhe daria condições de *aprender* ainda mais com os malandros com quem se relacionara, destoa do ponto de vista dos militantes porque, ao contrário do comportamento político sob a forma doutrinária, ele pretende entender e aproveitar literariamente o universo dos marginais. Assim é que, ao viés fantasista de Gaúcho, o narrador, que já era escritor quando da prisão, opõe o seu olhar realista: em troca das aventuras do ladrão, havia a necessidade pessoal de ouvir e conhecer as histórias de golpes e furtos, as habilidades de sobrevivência postas em prática e a capacidade de elaboração ficcional dos desvalidos sem, com isso, transformá-los em massa de manobra de convicções político-partidárias.

No excerto, a formulação sobre os párias ("criaturas perdidas"), antes assumida pelo prisioneiro, é desta vez enunciada pelos próprios líderes do levante que, posteriormente e já ao tempo da escritura, se tornariam figuras importantes do PCB. A repetição deslocada insinua uma crítica aos dirigentes, que não nutrem grande interesse pelos molambos, compreendidos como indivíduos que não se tornariam sujeitos da história, razão pela qual os "rebotalhos sociais" não constituíam área de influência pecebista, centrada no mundo do trabalho e nas articulações possíveis no interior desse universo.[68]

Esse quadro permite ao narrador pôr em xeque a visão humanista sobre aquelas criaturas, bem como o raio de ação da política do PC: os marginais desconsiderados pelos dirigentes e tratados como massa de manobra por alguns militantes de base não poderiam, em virtude dessa negligência, prestar serviço à contrarrevolução, como acontecia na própria Colônia com Cubano? Consequentemente, a mesma formulação que serviu para rechaçar a

---

[68] Cf. Dainis Karepovs, *op. cit.*, p. 71.

ação doutrinária e obnubilada de França presta-se agora a criticar o desdém pelos "rebotalhos" expresso pelas figuras mais graduadas do Partido.

A postura em relação aos párias da Colônia, que revela a disposição do escritor-prisioneiro em recolher, em meio à marginália, material para a sua ficção, sem com ela se identificar plenamente (evitando, pois, o proselitismo partidário), instaura ainda um diálogo tenso com os postulados do realismo socialista, cujo auge, no Brasil, correspondeu ao período de escritura das *Memórias*. Fruto do enquadramento das artes e especialmente da literatura pelo PCUS, a origem dessa corrente remonta à fundação, em 1932, da União dos Escritores Soviéticos, que homogeneizou a produção dos profissionais definidos por Stálin como os "engenheiros da alma humana".[69]

As teses do realismo socialista se propagaram maciçamente no PCB a partir de 1947, com a publicação dos textos teóricos de Andrej Jdanov. Em um deles, o responsável pelo controle da produção intelectual sob o stalinismo impunha a necessidade de que os escritores soviéticos expressassem o heroísmo com que o povo reerguia a economia daquele país.[70] Isso se traduziu, no PCB, na

---

[69] Ao discorrer sobre a história do realismo socialista, Homero Freitas de Andrade esclarece que, de modo geral, o foco dessa corrente traduzia-se em um esquema narrativo bem simples: "um herói positivo, dotado de uma sólida consciência política e de um enorme espírito de sacrifício, torna-se exemplo para os camaradas não tão dotados assim de como se deve proceder na incansável luta para a construção do socialismo". A vitória na II Guerra reforçou o caráter laudatório das obras, e, embora com o degelo o realismo socialista tenha sido questionado, essa corrente permaneceu em vigor até a era Gorbatchov, nos anos 1990 ("O realismo socialista e suas (in)definições", *Literatura e Sociedade*, n° 13, 2010, Departamento de Teoria Literária e Literatura Comparada, 2010, pp. 152-65).

[70] "Mostrar essas grandes virtudes novas dos homens soviéticos, mostrar nosso povo, não somente como é hoje, mas como será amanhã, iluminar com um projetor o caminho que está à frente — tais são as tarefas de todo escritor soviético honesto." Andrej Jdanov, "As tarefas da literatura na sociedade soviética", *Problemas — Revista Mensal de Cultura Política*, ano 3, ago.-set. 1949, p. 105.

exigência do retrato fiel das condições de vida do proletariado (fidelidade, entretanto, definida *a priori* pelo Comitê Central) e das lutas heroicas dos trabalhadores nas diversas regiões brasileiras.[71]

Portanto, é desafiadora a reiteração, pelo narrador das *Memórias*, do seu vivo interesse nos molambos lançados sempiternamente às masmorras getulistas, o "proletariado miserando" desprezado pela política do Partido. Tais figuras humanas passam longe do revolucionarismo edificante do herói positivo, porém são relevantes para Graciliano, um escritor atento à inadequação local do realismo socialista, para quem a única literatura proletária possível seria aquela escrita pelo próprio operário.[72]

Mais desafiadora ainda é a presença dos molambos nas *Memórias* do militante se considerarmos que a *Imprensa Popular* asseverava, meses após a morte do escritor, que este, tendo chegado

---

[71] Dênis de Moraes atenta para o fato de que o realismo socialista tenha penetrado velozmente nos meios pecebistas logo após a fundação da Cominform, a central de informações dos PCs que substituiu a Comintern e se tornou um novo emblema do disciplinamento dos PCs de todo o mundo pela máquina stalinista. Nesse contexto, vários escritores do Partido foram enviados a regiões distintas do país a fim de escreverem sobre as condições dos trabalhadores locais: Dalcídio Jurandir enfocaria os portuários gaúchos; Alina Paim, os ferroviários mineiros; Permínio Ásfora, os trabalhadores rurais da Paraíba; James Amado, os camponeses das fazendas cacaueiras ("Os epígonos do jdanovismo no Brasil", em *O imaginário vigiado: a imprensa comunista e o realismo socialista no Brasil (1947-53)*, Rio de Janeiro, José Olympio, 1994, pp. 144-60). Esses livros integraram a série de publicações intitulada "Romances do Povo", dirigida por Jorge Amado e lançada pela Editorial Vitória, de propriedade do Partido.

[72] "Um burguês só pode fazer contrafação quando trata um tema proletário. Mas eu já lhe disse que o porquê da coisa somente o próprio povo poderia dizer. [...] Acho que as massas, as camadas populares, não foram atingidas e que nossos escritores só alcançaram o pequeno-burguês. Por quê? Porque a massa é muito nebulosa, é difícil interpretá-la, saber de que ela gosta. Além disso, os escritores, se não são classe, estão em uma classe, que não é, evidentemente, a operária" ("Os romances sociais não atingiram as massas", entrevista à revista *Renovação*, ano 7, n° 13, maio-jun. 1944. Arquivo IEB-USP, Fundo Graciliano Ramos, Série Matérias Extraídas de Periódicos, Subsérie Produção do Autor).

aos "pontos culminantes do realismo crítico", nos seus últimos anos de vida "buscava assimilar e compreender os fundamentos do realismo socialista, que dariam à sua criação literária nova amplitude e profundidade humana".[73]

De modo mais amplo, a reflexão crítica sobre a militância, bem como o processo de descoberta da lógica dos malandros da Ilha Grande, representam, além de contraposição às diretrizes partidárias, a rejeição da ascendência histórica e das atribuições tutelares do intelectual junto ao povo que foram definidas ainda durante o processo de formação do Estado brasileiro.[74] Mais tarde, sob a Era Vargas, a transformação dos intelectuais em "sócios a serviço da identidade nacional", operada por meio da cooptação para os postos públicos e do reconhecimento simbólico que o governo lhes destinava (dos quais Graciliano não saiu ileso), contribuiu para privar os setores populares de expressão própria, que ficavam, mais uma vez, relegados a segundo plano, em nome dos porta-vozes do povo e da nação.[75]

Como se nota, há certa consonância entre a passividade das massas como era concebida por Vargas e aquela imaginada pelas correntes majoritárias do Partido, para as quais era premente a necessidade de marchar à frente do povo e dos seus interesses. A tal ponto que, para Daniel Pécaut, tanto o desenvolvimentismo quanto o evolucionismo marxista (ou seja, o marxismo tal como codificado pelo PCB) seriam os continuadores, no século XX, da "construção racional do Brasil".[76]

A ideia do intelectual como porta-voz dos despossuídos não encontra ressonância no narrador das *Memórias*, como tentamos demonstrar por meio dos excertos transcritos. Por isso, e como a

---

[73] *Imprensa Popular*, Rio de Janeiro, 1/11/1953. Arquivo Público do Estado do Rio de Janeiro (APERJ), Fundo Polícias Políticas, Pasta 11.473.

[74] Cf. Luiz Felipe de Alencastro, "O fardo dos bacharéis", *Novos Estudos*, Cebrap, nº 19, São Paulo, dez. 1987, pp. 68-72.

[75] Daniel Pécaut, *Os intelectuais e a política no Brasil: entre o povo e a nação*, São Paulo, Ática, 1990, pp. 90-1.

[76] *Idem*, p. 106.

convivência com os malandros na cadeia lhe permite apreender mais nitidamente a amarga realidade da sociedade de classes, ele não eleva essas personagens à categoria de revolucionários potenciais à espera da fagulha incendiária lançada pela intelectualidade ou pela militância, e sequer subestima o olhar dos marginais para a realidade do país, o que evidencia uma concepção política dissonante quanto aos métodos cristalizados no binômio tutela/passividade.[77]

No recorte da cena que faz ver a sua oposição a certa militância doutrinária e a vontade de compreender a ralé, o narrador, homem ilustrado da classe média, não deixa de perceber o "parentesco entre a própria impotência e a precariedade da vida popular, quase desprovida de direitos civis, sem falar de mínimos materiais". Essa percepção crítica, durante a era desenvolvimentista que teve início nos anos 1930, redirecionou a cultura burguesa "contra o seu fundamento de privilégio e as formas arcaicas de propriedade e poder".[78]

Nas *Memórias*, o redirecionamento se mostra por meio das assimetrias registradas entre o prisioneiro e os malandros e pelo incômodo mas decisivo rebaixamento por ele vivenciado na Ilha Grande. Nesse sentido, a aproximação compulsória propiciada pela cadeia resulta em vigoroso processo de autoconhecimento, por meio do qual o narrador reelabora seus juízos e preconceitos. Também permite a reflexão sobre as condições de vida dos miseráveis, como transgressões e acomodações, postas em relevo exatamente

---

[77] Tampouco o texto sugere a necessidade de se corrigir uma malandragem que, cooptada por Vargas durante o processo de modernização do país, somente seria extirpada, na ótica de Guimarães Rosa, por meio do retorno a um Estado patriarcal idealizado, como mostra a leitura de Ivone Daré Rabello para o conto "Traços biográficos de Lalino Salãthiel — ou A volta do marido pródigo", de *Sagarana* ("Le *trikster* et le *malandro*: la dimension historique de la représentation des motifs archaïques dans l'ouevre de Guimarães Rosa", em *João Guimarães Rosa: mémoire et imaginaire du sertão-monde*, Rennes, Presses Universitaires de Rennes, 2012, pp. 77-88).

[78] Cf. Roberto Schwarz, "Nunca fomos tão engajados", em *Sequências brasileiras, cit.*, pp. 172-7.

no momento histórico em que se anunciava um novo "milagre" para as hordas de despossuídos.

Como a reforçar a postura peculiar do narrador quanto aos pobres, cabe registrar que, no plano biográfico, a relação do Graciliano militante com as massas aparece de forma explícita em uma carta ao filho Júnio. Nela, o escritor também menciona a intenção de redigir, ainda em 1945, as *Memórias do cárcere*, e de "apresentar aquela gente [os companheiros de cadeia] em cuecas, sem muitos disfarces, com os nomes verdadeiros":

> "Domingo achei-me em dificuldade séria. Num comício, na Praça Saenz Peña, houve sabotagem, cortaram-nos o microfone — e foi preciso, diante de alguns milhares de pessoas, andar gente em busca de pilhas, não sei quê. Só podiam falar os sujeitos de pulmões fortes. Vieram as pilhas, mas ainda assim os oradores tiveram de suprimir muitas coisas. Eu tinha feito uma experiência. Afirma a reação que a massa é estúpida, insensível, e por isso devemos oferecer-lhe chavões e bobagens rudimentares. Resolvi não fazer ao público nenhuma concessão: escrevi na minha prosa ordinária, que se não é natural, pois a linguagem escrita não parece ser natural, me parece compreensível. [...] Decidi, pois, falar num discurso como falo nos livros. Iriam entender-me? Talvez metade do auditório fosse formado pelas escolas de samba. E referi-me à canalha dos morros, à negrada irresponsável, utilizando as expressões dos jornais brancos. Era arriscado. Aceitaria a multidão essa literatura sem metáforas e crua? Além disso, Deus me deu uma figura lastimosa, desagradável, cheia de espinhos. Com essas desvantagens, senti-me apoiado logo nas primeiras palavras, e conversei como se estivesse em casa. De repente o microfone emperrou. Em vez de encoivarar o resto à pressa, calei-me, dobrei os papéis e aguardei os acontecimentos. Exigências e gritos fizeram com que o miserável voltasse a funcionar. Cheguei ao fim com di-

versas interrupções. Os homens dos morros ouviam a injúria que a reação lhes atira e manifestara-me simpatia inesperada. É inútil, porque não pretendo ser ator. Estou velho para mudar de profissão."[79]

Há algo da ordem do aprendizado, na experiência relatada na carta, muito similar àquele obtido na passagem pela Colônia, e que se distancia bastante do comportamento doutrinário ou do proselitismo de partido: em lugar das palavras de efeito ou de uma questionável identificação populista, o militante aguça o senso crítico da plateia por meio do discurso sardônico. Ao compartilhar a verdade comum da falta de perspectivas e dos interesses unificados das classes exploradas sem, no entanto, "falar a língua do povo", como preconizava o dirigente Grabois, o orador se sente recompensado, uma vez que o contato lhe permite uma abordagem produtiva e rente ao universo dos dominados sem rebaixá-los ou domesticá-los como público ignaro e passivo.[80]

Desse modo, a relação do narrador das *Memórias* com os marginais, bem como a avaliação que ele faz da militância e das parcelas dos desvalidos, expõem concepções que destoam abertamente das promessas do desenvolvimentismo e, de forma persis-

---

[79] Carta a Júnio Ramos, Rio de Janeiro, 12/10/1945. Arquivo IEB-USP, Fundo Graciliano Ramos, Série Correspondências, Subsérie Correspondência Ativa, Not. 315-2.

[80] Registre-se que esse comportamento dialoga, também pelo avesso, com a política cultural encampada pelo PCB a partir de 1945, quando as escolas de samba do Rio de Janeiro passaram a ser vistas como um veículo preferencial de penetração dos ideais comunistas entre as camadas populares, servindo para a instrução política das "massas desinformadas" — a ponto de a União Geral das Escolas de Samba (UGES) transformar-se em um organismo classista dentro do PCB. Para a execução das tarefas pedagógicas, era preciso que os militantes do Partido, infiltrados nas agremiações, "falassem a linguagem do morro esperançoso de dias melhores" (cf. Valéria Lima Guimarães, *O PCB cai no samba: os comunistas e a cultura popular (1945-1950)*, Rio de Janeiro, Arquivo Público do Estado do Rio de Janeiro (APERJ), 2009, pp. 95-175).

tente, de determinadas práticas e teses que foram encampadas pelo Partido Comunista com as quais o narrador militante teve de se haver. Por essas razões, aos poucos, se tornam ainda mais compreensíveis, na obra, o refúgio na própria interioridade, a figuração de um comportamento quase sempre esquivo dentro da cadeia e o desejo, expresso já no primeiro capítulo, de que o livro fosse publicado postumamente: haveria lugar para a explicitação desse discurso dissonante no interior dos quadros partidários? Os impasses apresentados pelo narrador quanto às posições defendidas pelo PCB e pelos militantes presos poderão responder, de modo mais efetivo, a essa pergunta.

4.

A força do concreto e a toada irrealista

> "Aspiramos a uma terra pacífica, através da crescente militarização dos espíritos, para já não falar na preparação bélica total."
>
> Carlos Drummond de Andrade,
> "Reflexões sobre o fanatismo"

As *Memórias*, como vimos mostrando, configuram um modo de intervenção muito particular e pessoal do militante situado nos anos 1940-50 no debate político da época. Essa intervenção se caracteriza não apenas por realçar determinados traços de comportamento das personagens com os quais teve contato na cadeia — formas de sociabilidade enraizadas, nele e nos outros, que são objeto de crítica —, como também por dar margem a uma discussão das diretrizes políticas do Partido em que Graciliano militou. Assim, por meio da narração dos contatos estabelecidos na prisão, o narrador expõe convicções que fazem parte do debate disseminado por ele ao longo das quatro partes do livro.

Um momento emblemático, que esclarece o peso da trajetória pessoal e da experiência na formação do narrador militante, é o encontro do prisioneiro, no trem que o conduz ao Recife, com o usineiro José da Rocha ("Viagens", cap. 5). Em uma das primeiras estações do trajeto, ele depara casualmente com o conterrâneo que, ao vê-lo, recua e o chama de "comunista". A partir daí, o narrador registra o impacto que sofreu diante do "xingamento":

> "Espanto, imenso desprezo, a convicção de achar-se na presença de um traidor. Absurdo: eu não podia considerar-me comunista, pois não pertencia ao Partido;

nem era razoável agregar-me à classe em que o bacharel José da Rocha, usineiro, prosperava. Habituara-me cedo a odiar essa classe, e não escondia o ódio. Embora isto não lhe causasse nenhum prejuízo, era natural que, em hora de paixões acirradas, ela quisesse eliminar-me. O assombro do usineiro me pasmava — e éramos duas surpresas. Nascido na propriedade e aguentando-se lá, sempre a serrar de cima, conquistando posições, bacharel, deputado etc., não via razão para descontentamentos. Com um sobressalto doloroso notava que eles existiam. Então os cérebros alheios funcionavam, e funcionavam contra os seus interesses, as moendas, os vácuos, os dínamos e os canaviais. Uma palavra apenas, e nela indignação, asco, uma raiva fria manifesta em rugas ligeiras: — Comunista!"[1]

A cena expõe com clareza a reação do usineiro, que passa a ver o preso como um inimigo declarado: o epíteto se torna assim uma injúria, o que dá a medida da reação ao "perigo vermelho" orquestrada por Vargas e a adesão imediata das classes dominantes a esse discurso alarmista. José da Rocha se espanta com o fato de que o filho das elites arruinadas pendia, a seu ver, para o campo do inimigo, em contrariedade aos interesses do capital, configurando aquilo que seria uma traição de classe. Mas, pela ótica do prisioneiro ainda não filiado ao PCB, ser associado à classe do usineiro é que constituiria propriamente uma ofensa, marcando um posicionamento político já claro nos anos 1930 e que seria ratificado, ao tempo da rememoração, pelo narrador militante.

O "sobressalto doloroso" de José da Rocha, que decorre do raciocínio atribuído ao usineiro, mas formulado pelo narrador, é índice de uma realidade compartilhada entre ambos, um passado oligárquico que cada um, à sua maneira, vivenciou, bem como a desagregação desse passado e a diferença social que passou a marcar cada um deles.

[1] MC, V, p. 37.

Assim é que o narrador pode se revelar detentor de certezas há muito arraigadas em relação à burguesia, certamente amplificadas pelo momento da escritura e pela vivência do militante; e mostrar como, nela, o ódio à revolução se manifesta em momentos de acirramento político, um desdobramento quase natural de sua razão de ser enquanto classe. De quebra, ele evidencia também, por meio da carreira ascendente de José da Rocha, a capacidade de parte da elite nordestina de se atualizar em relação aos seus interesses (sintonizados com os centros econômicos mais prósperos do país).[2] Essa capacidade se traduziu na violenta repressão aos trabalhadores, simultânea ao processo de modernização dos engenhos, e à instalação dos representantes dessas elites em âmbito federal, no Poder Legislativo.

Desse modo, já começa a aparecer aqui uma percepção difusa, mas prolífica, quanto às especificidades do desenvolvimento do capitalismo brasileiro, em que a oligarquia, representada por figuras como José da Rocha, determinou o padrão mandonista de dominação burguesa e selecionou a luta de classes e a repressão do proletariado como eixo da nossa modernização.[3] O narrador, que conhece a extensão do mando do proprietário nas zonas rurais, se mostra ciente da reação violenta do poder burguês/oligárquico quando este se vê minimamente ameaçado, mas se surpreende ao notar que o usineiro o considerava, ainda, um semelhante. É como se o percurso ascensional de Rocha se confrontasse com a de-

---

[2] Basta lembrar que as oligarquias regionais passaram, a partir de 1930, a explorar a "pauta nordestina" em âmbito federal. O Instituto do Açúcar e do Álcool, por exemplo, compunha os interesses dos usineiros com os do mesmo setor no Sudeste, protegendo as elites nordestinas com subsídios que cobriam a diferença de produtividade e formavam um preço único nacional; e a Constituição de 1946 destinava 3% da renda federal para obras contra a seca, atendendo plenamente aos interesses das elites sertanejas (cf. Marcos Del Roio, "O Nordeste, problema nacional para a esquerda", em *História do marxismo no Brasil*, Campinas, Editora Unicamp, 2007, p. 272).

[3] Cf. Florestan Fernandes, *A revolução burguesa no Brasil*, São Paulo, Globo, 2005, p. 246.

cadência da família rural e a manifestação de ideais subversivos representados pelo escritor aprisionado.

A experiência pessoal, marcada por posições bastante definidas do narrador quanto à burguesia com a qual teve contato e quanto às contradições da modernização a partir do olhar para a sua região de origem, é significativa porque indica, com base em uma vivência circunscrita, a explicitação de um posicionamento que vai se configurar de forma plena dois capítulos adiante como convicção política, quando o narrador, ao recriar e se fundir às supostas reflexões do prisioneiro, põe em questão, mais detidamente, as diretrizes do Partido no qual militou a partir de 1945.

Um jogo perigoso

O nono capítulo de "Viagens" ocupa uma posição bastante peculiar na economia das *Memórias*: trata-se de um segmento expositivo com longa argumentação do narrador, que passa em revista parte dos anos 1920 e 1930 da história política do país e chega ao presente da escritura, tornando-se assim peça-chave da estruturação da obra e de sua estrutura. O prisioneiro instalado no quartel do Recife, em meio à rotina pontuada pelas constantes visitas de capitão Lobo, tem acesso, durante o café, ao jornal do dia 6 de março e à notícia de que Prestes havia sido preso no dia anterior. A partir daí, o movimento reflexivo engendra um momento ímpar de exposição teórica, quando a voz narrativa dúbia marcada pela conjunção de temporalidades discute as diretrizes da Aliança Nacional Libertadora. Ocorre que essas mesmas diretrizes foram encampadas pela política pecebista nas décadas posteriores à ANL, e com elas o militante comunista teve de se haver quando as retomou como matéria de memória. Isso dá a medida da ambivalência, mas também do enfrentamento de teorias hegemônicas que conformaram à esquerda um modo de compreensão da realidade brasileira, das quais o narrador militante confessa discordar.

De saída, ele afirma que não tinha, à época da prisão, "opinião firme" a respeito de Prestes, mas entende a Coluna de 1925-

Graciliano Ramos com os redatores da *Tribuna Popular*, em 1945.
Da esquerda para a direita: Paulo Motta Lima,
Astrojildo Pereira, Graciliano, Aydano do Couto Ferraz,
Rui Facó, Dalcídio Jurandir e Álvaro Moreyra.

27 como uma "viagem romântica pelo interior" que permitiu revelar a "vida miserável" das populações rurais e começou a envolver o "guerrilheiro teimoso" em prestígio e lenda, açulando o ódio nos exploradores e a esperança nos explorados. O vivo andamento estilístico do entrecho, que confere dinamismo à trajetória da personagem, assinala também a lembrança da ruptura de Prestes com os tenentes e sua adesão ao comunismo (a Liga de Ação Revolucionária, em 1930, sinalizou a adesão de Prestes ao PCB, que viria a se efetivar quatro anos mais tarde).[4] Tendo o líder da Coluna assumido, enfim, um "roteiro" seguro, uma orientação política precisa depois de "anos de trabalho áspero" (possível alusão ao exílio de Prestes na Bolívia, seu contato com o fundador do Partido, Astrojildo Pereira, e sua formação política na União Soviética),[5] o narrador se pergunta: "Que desgostos causaria aos nossos governos apáticos e cegos quando se decidisse a entrar novamente em ação, dirigido por uma certeza?". O parágrafo seguinte, porém, revela uma reversão dessas esperanças, quando entra em cena a política da ANL:

> "De repente [Prestes] voltava; a Aliança Nacional Libertadora surgia, tinha uma vida efêmera em comícios, vacilava e apagava-se. Estaria essa política direita? Assaltavam-me dúvidas. Muito pequeno-burguês se inflamara, julgando a vitória assegurada, depois recuara. Provavelmente dedicações enérgicas iriam esfriar, amigos ardentes se transformariam em rancorosos inimigos. Seria possível uma associação, embora contingente e passageira, entre as duas classes? Isso me parecia

---

[4] Para a compreensão do tenentismo como um movimento elitista, que negava a participação das classes populares no processo político, ver o capítulo "Classes médias e tenentismo", de Boris Fausto (em *A revolução de 1930: historiografia e história*, São Paulo, Companhia das Letras, 1997, pp. 89-95).

[5] Ver, a respeito, Astrojildo Pereira, "Encontro com Luís Carlos Prestes", em *Formação do PCB, 1922-1928*, Lisboa, Prelo, 1976, pp. 129-33.

jogo perigoso. Os interesses da propriedade, grande ou pequena, a lançariam com certeza no campo do fascismo, quando esta miséria ganhava terreno em todo o mundo."[6]

À grande expectativa em relação à adesão de Prestes ao PCB se contrapõe, imediatamente, a vacilação e o trajeto meteórico da ANL, da qual Prestes era presidente de honra e na qual o Partido apostava como forma de organizar um amplo movimento de massas sob sua direção, concebendo-a como uma "luta anti-imperialista, antifeudal e pelas liberdades democráticas".[7] Tratava-se de uma manifestação local da tática das Frentes Populares determinadas pela IC em seu VII Congresso (1935), cujo objetivo era selar a aliança das classes médias com os operários na luta contra o fascismo[8] e que culminou, no Brasil, com os levantes de novembro de 1935. Derrotada a ANL e sufocada a insurreição, a avaliação interna do Secretariado Nacional criticava a incapacidade efetiva do Partido de compor verdadeiramente com a burguesia e definia, a partir dessa crítica, o caráter da revolução brasileira:

"Nós sabemos que o proletariado brasileiro é explorado de uma forma bárbara. [...] O que não vimos com clareza até hoje é que a burguesia nacional também é oprimida pelo imperialismo que a impede de se desenvolver, de ampliar sua indústria, de libertar seu comér-

[6] *MC*, V, p. 62.

[7] CC do PCB, "O governo popular nacional revolucionário e as tarefas do Partido" (maio 1935), em Marly Vianna (org.), *Pão, terra e liberdade: memória do movimento comunista de 1935*, Rio de Janeiro/São Carlos, Arquivo Nacional/Universidade Federal de São Carlos, 1995, pp. 49-50.

[8] Como registra Paulo Sérgio Pinheiro, a força do modelo bolchevique na prática dos PCs fazia com que a opção pelas Frentes Populares não implicasse a renúncia à tomada de poder pelas armas ("Assalto ao poder: os precedentes e a revolta de 1935", em *Estratégias da ilusão: a revolução mundial e o Brasil 1922-1935*, São Paulo, Companhia das Letras, 1991, p. 291).

cio e de pôr em exploração as grandes riquezas naturais existentes no país. [...] É preciso trazer a burguesia nacional para a Revolução Nacional Libertadora e abandonar completamente o medo de *caminhar junto* com esse importante aliado, rompendo com a posição falsa esquerdista mantida até hoje. [...] É preciso que todo o Partido compreenda que, como vanguarda do proletariado, o seu partido político, jamais abandonaremos um só instante a luta pelos seus interesses de classe; por isso mesmo é que devemos marchar junto com as demais forças motrizes da Revolução Nacional Libertadora que são a *burguesia nacional* e as *pequenas burguesias* das cidades e dos campos, contra o inimigo fundamental que é o imperialismo."[9]

Ora, a concepção de uma burguesia oprimida capaz de promover o desenvolvimento do capitalismo no país de forma autônoma e que seria uma importante aliada dos comunistas não encontra eco nas formulações do narrador, que rejeita a um só tempo a associação programática com a burguesia "grande ou pequena", atentando para o perigo do fascismo e a sua base social.[10] O narrador deixa claro, por meio de uma restrição dirigida na aparência apenas à ANL, a sua posição heterodoxa quanto à orientação que guiava a política do Partido, inclusive e ainda quando ele estava preso e não militava.[11] Na verdade, descontado o período

---

[9] SN do PCB, "A marcha da revolução nacional libertadora e suas forças motrizes", Salvador, dez. 1936, grifos do original. CEDEM/UNESP, Coleção Internacional Comunista (CIC), 495.29.96, r. 05.

[10] Especialmente se considerarmos que o apoio de massas ao fascismo europeu pressupôs uma pequena burguesia instrumentalizada pelo grande capital industrial (cf. Leandro Konder, *Introdução ao fascismo*, São Paulo, Expressão Popular, 2009, p. 73).

[11] A posição não era, obviamente, exclusiva de Graciliano. Leôncio Basbaum (sob o pseudônimo de Augusto Machado), militante marginalizado durante a escalada obreirista do PCB na virada para os anos 1930, criti-

entre 1930 e 1933, quando o PCB recusou temporariamente o frentismo (com ataques, inclusive, à aproximação com Prestes, que negociou diretamente com a IC a sua filiação) e se viu francamente isolado, tal política esteve presente desde o primeiro esforço teórico comunista de compreensão da realidade brasileira, de autoria de Octávio Brandão, ainda nos anos 1920. Esse ensaio considerava o tenentismo como um fator revolucionário que, aliado ao imperialismo norte-americano em prol da industrialização, combateria os resquícios feudais representados pelo imperialismo inglês.[12]

Desse modo a técnica narrativa, caracterizada pela densa mistura de registro, recordação e reflexão, prolonga o sentido da recusa ao aliancismo nos anos 1930 até o presente da escritura, quando a retomada da questão formaliza uma contraposição do narrador, já militante, à política reformista praticada pelo PC.

Não apenas os esforços teóricos locais moldaram a política da qual o narrador discorda: foi sob o influxo das deliberações da Internacional Comunista para os países coloniais, semicoloniais e dependentes formuladas pelo VI Congresso em 1928 que o PCB encampou a teoria stalinista da revolução por etapas. Segundo essa lógica, transformada em modelo rígido, os restos feudais dos países atrasados seriam extirpados por meio do advento da revolução democrático-burguesa, quando o desenvolvimento pleno do capitalismo abriria caminho, por sua vez, para a chegada do so-

cou veementemente o aliancismo em 1934, uma vez que, para ele, a burguesia industrial não representaria uma força independente, porque intimamente ligada ao "latifundismo semifeudal" por meio do capital financeiro dos bancos estrangeiros (*A caminho da revolução operária e camponesa*, Rio de Janeiro, Galvino Filho, 1934, pp. 23-4). Arquivo Edgar Leuenroth (AEL)/ Unicamp.

[12] No seu ensaio de 1926, após constatar que "todo o país está envenenado pelo agrarismo", Brandão sentenciava: "São dois mundos que se chocam: o feudalismo e o industrialismo. O industrialismo despedaçará o feudalismo. E o comunismo despedaçará o industrialismo burguês". Cf. Edgard Carone (org.), *O PCB: 1922 a 1943*, São Paulo, Difel, 1982, p. 261.

cialismo — daí a necessidade de união com as forças da burguesia progressista.[13]

No excerto das *Memórias*, o narrador militante, que não crê *sequer* em uma aliança provisória com os proprietários e até mesmo com os pequeno-burgueses em bloco, questiona, por meio da rememoração e de forma indireta, essa tática da Comintern para os países dependentes. Afinal, Moscou sonhava, na virada para os anos 1930, com um "Guomindang brasileiro", traduzido pelo Bloco Operário e Camponês (BOC), uma frente eleitoral que duraria três anos.[14] Ao reiterar a oposição estrutural entre os interesses do capital e do trabalho e a descrença quanto ao caráter progressista burguês ("os interesses da propriedade, grande ou pequena, a lançariam com certeza no campo do fascismo"), o militante situado no presente dialoga de modo arrevesado com a política aliancista, contra a qual a Oposição de Esquerda, uma fração antiestalinista do PCB, já havia se levantado.[15] Esse diálogo ganha força

---

[13] Conforme Caio Prado Jr., trata-se de um decalque generalista da teoria de Lênin para a Rússia czarista, entendida como uma formação social com diferentes modos de produção. A partir desse modelo, presumiu-se, sem nenhuma análise rigorosa, que países dependentes como o Brasil se encontravam em transição do feudalismo para o capitalismo, e para isso era preciso lutar (aqui a contribuição original) contra o imperialismo (em *A revolução brasileira*, São Paulo, Brasiliense, 2004, pp. 36-7).

[14] O paradigma da política suicida da III Internacional é a Revolução Chinesa de 1927, quando o apoio dos comunistas ao Guomindang de Jiang Jieshi se converteu em um golpe de Estado e no massacre de milhares de trabalhadores e militantes, patrocinado pelos capitalistas de Shangai. Essa traição histórica do stalinismo à causa revolucionária não escapou ao olhar de Brecht, que tratou didaticamente do assunto na peça *A decisão* (1930). Nela, um jovem camarada, que se recusa a negociar com o rico comerciante de arroz em troca de armamentos na luta contra os ingleses, é executado pelos comissários do Partido, em nome, evidentemente, da revolução mundial (em *Teatro completo*, vol. 3, Rio de Janeiro, Paz e Terra, 1988, pp. 233-66).

[15] O grupo de Mário Pedrosa e Lívio Xavier, que no início dos anos 1930 tentava reintegrar o PCB à sua condição de agente do processo revolucionário, concluía pioneiramente que a burguesia nacional, subordinada ao imperialismo, era "velha" e "reacionária" de nascença. Cf. "Esboço de uma

especialmente se se atentar para o fato de que tal estratégia foi ratificada no PCB dos anos 1940, com a vitória da corrente interna ligada a Prestes (o Comitê Central de Organização Provisória, CNOP), reiterada na Conferência da Mantiqueira, e mantida, na prática, mesmo quando o PCB simulava abandonar o reformismo, já às voltas com a repressão de Dutra e com o sectarismo do início dos anos 1950.[16]

É então sob a forma de dupla negação, a da política da ANL em 1936 e a conduzida pelo PCB dez anos mais tarde, quando a composição com a burguesia se torna razão de ser do Partido sob a liderança de Prestes, que se constrói a crítica contundente do narrador ao aliancismo e ao descarte da perspectiva revolucionária por parte dos comunistas. Nesse momento o "guerrilheiro teimoso" da Coluna defendia, durante a luta pela democratização de 1945, a "união pacífica pela democracia e pelo progresso".[17] No ano seguinte, Prestes afirmava explicitamente, de sua tribuna no Senado, "não lutar pelo socialismo", mas sim pelo rompimento dos "restos feudais" em nome do "desenvolvimento rápido e decisivo" do capitalismo no Brasil.[18]

---

análise da situação econômica e política do Brasil", em Fulvio Abramo e Dainis Karepovs (orgs.), *Na contracorrente da história: documentos da Liga Internacionalista Comunista, 1930-1933*, São Paulo, Brasiliense, 1987, p. 74). A inexistência de um debate democrático levou os autores do "Esboço" a criarem o Partido Operário Leninista (POL) e, em 1938, Pedrosa participaria da fundação da IV Internacional dirigida por Trótski.

[16] O Manifesto de janeiro de 1948 representou uma tentativa do PCB de voltar a privilegiar o proletariado e de abandonar a linha colaboracionista e reformista, mas ficou restrito, na prática, a uma função de agitação e propaganda que resultou em uma ação principista imediata e sectária, muito aquém de qualquer desenvolvimento programático, que seria reiterada em 1950 (cf. Antônio Carlos Mazzeo, *Sinfonia inacabada: a política dos comunistas no Brasil*, São Paulo, Boitempo, 1999, pp. 74-8).

[17] CCE do PCB, "O PCB na luta pela paz e pela democracia", Rio de Janeiro, Horizonte, 1945. Arquivo Edgar Leuenroth (AEL)/Unicamp, Fundo Luís Carlos Prestes, f. 05784.

[18] Luís Carlos Prestes, *Problemas atuais da democracia*, Rio de Janei-

O posicionamento do secretário-geral do Partido dimensiona o grau de excentricidade da reflexão do narrador das *Memórias*, para quem, decisivamente, não se poderia confundir o desenvolvimento das forças produtivas com o do capital.[19] Entender a associação com a burguesia como um "jogo perigoso", como ele o faz, põe em questão a perda da autonomia de classe na luta política, bem como a reação violenta dos dominadores contra as classes subalternas quando contrariados os seus interesses, violência que o narrador sentiu na própria pele enquanto prisioneiro. Esse viés crítico ganha ainda mais relevo se se levar em conta que o sujeito que confessa não alimentar qualquer ilusão em relação aos interesses supostamente revolucionários da nossa burguesia atuou como militante em uma época em que a política aliancista, embora francamente contrarrevolucionária, foi propagada e entendida como o seu contrário pela maioria dos combatentes nos PCs de todo o mundo.[20]

A técnica empregada pelo narrador, que lhe permite rechaçar a política de quando ainda era prisioneiro e lançar, implicitamen-

---

ro, Vitória, 1947, pp. 290-1 (Disponível em www.marxists.org/portugues/index.htm).

[19] Manuilsky, que se tornaria um dos principais dirigentes da Comintern, no V Congresso, em 1924, atentou para o perigo de uma colaboração com a pequena burguesia e o risco da perda do caráter autônomo de classe. Conforme Paulo Sérgio Pinheiro, "depois da Segunda Guerra Mundial, num contexto diferente, no Brasil, as diretrizes postas em prática pelo PCB iriam resultar na concretização dos perigos mencionados por essas advertências: as táticas dos comunistas na América Latina passavam pela subordinação dos interesses do proletariado ao projeto da burguesia nacional, em nome do nacionalismo e da luta contra o imperialismo" ("Fazer como na Rússia", *cit.*, p. 60).

[20] Cf. Pierre Broué, "Frente popular: imagem e realidades" (em *História da Internacional Comunista, 1919-1943: da atividade política à atividade policial e anexos*, tradução de Fernando Ferrone, São Paulo, Sundermann, 2007, p. 896). Broué relata ainda a resistência de vários PCs à tática das Frentes Populares, que serviu como pretexto para Stálin fuzilar o que ainda restava dos antigos bolcheviques, como foi o caso dos PCs húngaro e iogusłavo e do KPD alemão ("O massacre da serra elétrica", *cit.*, pp. 905-30).

Panfletos do PCB para as eleições de dezembro de 1945, com os candidatos Luís Carlos Prestes e Jorge Amado. Graciliano Ramos concorreria, sem ser eleito, a deputado federal por Alagoas.

te, uma plataforma de discussão interna ao Partido por meio de um ponto de vista sem aderência prossegue no capítulo em questão, quando ele discute a falta de organização da ANL e os lemas irrealistas que guiaram essa experiência. Segundo ele, a revolução "era olhada com medo ou indiferença" nas cidades e no campo pelas populações locais; daí por que, a seu ver, "muitos anos seriam precisos para despertar essas massas enganadas, sonolentas". Essa convicção descarta, de saída, a falsa apreciação da realidade nacional promovida tanto pela IC quanto pelo PCB, quando, nos anos 1930, a sociedade brasileira foi considerada madura para a tomada de poder pelos dominados.[21] Como já dissemos, trata-se de um erro de direção que culminou nos levantes de 1935 e na repressão varguista, mas que não foi reconhecido como tal pelo próprio Prestes.[22]

Para o narrador, a agitação promovida pela ANL estava muito longe de promover alguma conscientização, limitando-se a "inscrições inúteis" e palavras de ordem precipitadas. Aqui, mais uma vez, entra em cena a experiência pessoal com vistas à discussão política:

---

[21] Paulo Sérgio Pinheiro, contrário às teses conspiratórias que atribuem a Moscou um papel unívoco na condução política do PCB, nota que, de certa maneira, os "próprios militantes nacionais geram as diretrizes que depois irão receber, as quais dependiam em boa parte dos informes enviados pelos próprios militantes nacionais" ("Se não se demolir tudo em Moscou", cit., pp. 191-2).

[22] Em seu diário, Carlos Drummond de Andrade relata, com ironia e perplexidade, a relutância de Prestes quanto aos equívocos de 1935 ao entrevistar o líder na cadeia, dez anos depois, diante do que se indaga: "Prestes não admite erro de direção propriamente dito, mas a superestimação da força não será um erro grave de direção?". Em relação ao apoio do PCB a Vargas e o envolvimento dos comunistas com o queremismo, questiona o poeta: "Fico imaginando a dificuldade de uma atitude política de apoio a um governo assim contraditório. Mas não formulo a dúvida. Prestes não dá margem a interrupções" (em O observador no escritório, Rio de Janeiro, Record, 1985, pp. 32-8).

"A divisão da terra, por exemplo, seria um desastre na zona de criação do nordeste. Aí a terra vale pouco e praticamente não tem dono; a riqueza é constituída por açudes, casas, currais, gado. O espaço que um animal necessita para alimentar-se na vegetação rala de cardo e favela que veste a planície queimada é enorme. E a madeira indispensável para estabelecer limites escasseia: as raras cercas são de ordinário feitas de ramos secos ou de pedras soltas. Quase nenhuma lavoura: apenas touceiras de milho peco, um triste feijoal e aboboreiras amarelando na vazante dos rios periódicos. Se se oferecesse ao vaqueiro a divisão da terra, ele se alarmaria: o seu trabalho se tornaria impossível. E não podemos admitir, como se tem feito, o regime feudal nesses lugares: o que por lá existe é ainda o patriarcado bíblico."[23]

De fato, fazia parte das reivindicações da ANL a luta pela reforma agrária e pela divisão da terra como forma de aniquilar os "restos feudais" das regiões atrasadas do país, daí o lema "pão, terra e liberdade". Ocorre que essas mesmas bandeiras correspondiam às palavras de ordem de Prestes e do PCB no momento em que o narrador retomava a sua experiência de prisão. Em discurso de 1946, Prestes admitia a existência de "relações não capitalistas" no campo e como "semifeudal" o regime predominante nessas áreas, uma vez que a falta de moeda nas mãos dos camponeses seria a evidência de que em muitas regiões do país estaríamos, ainda, em um estágio anterior ao próprio capitalismo. Admitindo a imaturidade para a coletivização baseada no modelo soviético, o líder comunista reiterava a necessidade da distribuição de terra como estímulo à pequena propriedade, com amplo incentivo do Estado.[24]

---

[23] *MC*, V, pp. 62-3.

[24] Luís Carlos Prestes, "O problema da terra na Constituição de 1946",

Como a voz narrativa das *Memórias* é dúplice, o narrador que recusa a divisão da terra como palavra de ordem genérica da ANL é, também, o militante de 1946 que refuta uma das promessas do desenvolvimentismo encampadas pelo PCB e pelo secretário-geral do Partido (precisamente quando esta primeira parte das *Memórias* era redigida). Há, aqui, um processo semelhante ao empregado para questionar a aliança com a burguesia: conhecendo a sua região de origem, a improdutividade do solo sertanejo e a necessidade de amplas áreas de pastagens para a pecuária, o narrador rechaça a bandeira da ANL, mas também, indiretamente, a genérica divisão das terras proposta pelo líder comunista na Assembleia, uma vez que tal política provocaria, segundo ele, a ruína absoluta dos vaqueiros.

Assim é que o olhar provinciano do narrador, que poderia ser um entrave para a compreensão do problema agrário, se torna um trunfo, porque impede que o sujeito se desprenda da realidade concreta e aceite, sem reservas, o lema generalista sem atentar para as especificidades de sua região. Não por acaso, Prestes reconheceria, de forma autocrítica e tardia nos anos 1980, que o desconhecimento dessas diferenças regionais impossibilitava aos comunistas entender a reforma agrária com a complexidade que a questão, transformada em mera palavra de ordem, demandava em um país como o Brasil.[25]

Os argumentos do narrador também não se descolam da situação do trabalhador no campo, recusando um tratamento que atrele a situação específica deste com as questões gerais relativas à propriedade (de que valeria a posse da terra para o sertanejo?).

Rio de Janeiro, Horizonte, 1946. Arquivo Público do Estado do Rio de Janeiro (APERJ), Fundo Delegacia Política e Social (DPS), f. 233.

[25] "Recentemente estive no Rio Grande do Sul e um companheiro me disse que lá poderia haver quatro tipos de reforma agrária diferentes. São problemas ainda sem esclarecimentos. Fala-se muito em reforma agrária, mas qual é o modelo? Até hoje, nós mesmos, do PCB, ainda não entendemos como fazer isso" (entrevista a Dênis de Moraes e Francisco Vianna, em *Prestes: lutas e autocríticas*, Rio de Janeiro, Mauad, 1997, p. 272).

A. N. L. é uma frente unica de todos que trabalham no Brasil, sem distincções de credos politicos, philosophicos ou religiosos, irmanados na luta pela libertação do paiz das garras Imperialistas.

Pelas liberdades democraticas.
Pela nacionalização das emprezas imperialistas (Ligth, etc.).
Pelo cancelamento das dividas imperialistas.
Pela entrega dos latifundios ao povo laborioso que os cultiva.
Pela defeza da pequena e média propriedade e dos pequenos commerciantes, contra qualquer execução hypothecaria.
Pela extincção dos impostos sobre roupas e generos de alimentação!

ALLIANÇA NACIONAL
LIBERTADORA

NÃO RECONHECEMOS DIREITOS NEM OBRIGAÇÕES CONTRARIOS AOS DIREITOS DO POVO, AO PROGRESSO DO BRASIL!

Panfleto com os lemas da Aliança Nacional Libertadora.

Tal imprecisão, porém, foi incorporada pelo Partido e, quase uma década depois da publicação das *Memórias*, seria denunciada por Caio Prado Jr., para quem o problema humano e social no campo (ou seja, as condições dos trabalhadores rurais) sobrelevaria o impasse puramente econômico baseado no regime da grande propriedade.[26]

Ainda no excerto, a referência ao predomínio da pecuária no sertão nordestino, em detrimento da lavoura de subsistência, para o narrador se torna um problema, traduzido em imagens líricas como o "triste feijoal" e as "touceiras de milho peco". Como se sabe, esse quadro deita raízes, além dos fatores naturais, na produção voltada para o mercado externo (inclusive da carne produzida no sertão, destinada a abastecer os centros exportadores de matérias-primas), que caracterizou o sentido da colonização pautada pelo capital mercantil e adentrou, de forma intacta, a modernidade.[27]

A lucidez do narrador militante para a maneira pela qual a produção capitalista se manifesta nas áreas sertanejas é que o impede de aceitar a existência de feudalismo nesses lugares: para ele, o que havia, ali, era o "patriarcado bíblico". A alusão ao tempo mítico das Escrituras, que parece desistoricizar o problema, reitera a permanência sempiterna das velhas oligarquias no domínio das terras, uma realidade cristalizada pelo modo de acumulação do país: aparente sacralidade que reinsere o latifúndio na ordem temporal e lhe permite criticar os supostos resquícios feudais de

---

[26] O ensaio "Contribuição para a análise da questão agrária no Brasil" foi publicado na *Revista Brasiliense* em 1960 e incorporado ao volume *A questão agrária* (São Paulo, Brasiliense, 1979, p. 31). Nas páginas seguintes, afirma o autor: "É preciso ter sempre em conta que a pecuária, particularmente o tipo de pecuária praticada no Nordeste (como aliás no Brasil em geral) exige relativamente maiores áreas que a agricultura. A extensão dos estabelecimentos tem um sentido algo diferente quando eles se acham voltados respectivamente para a agricultura ou para a pecuária" (*op. cit.*, p. 38).

[27] Cf. Caio Prado Jr., "Pecuária", em *Formação do Brasil contemporâneo*, São Paulo, Brasiliense, 2008, pp. 184-95.

nossa economia.[28] A expressão "como se tem feito" (em "E não podemos admitir, como se tem feito") lança o narrador ao tempo presente e o posiciona no amplo debate que estava em curso nos setores de esquerda em que Graciliano militou (discussão estendida, pelo menos, até os anos 1960). Além dos programas do Partido que a referendavam peremptoriamente, a *tese feudal* seria defendida por notórios militantes, como Nelson Werneck Sodré; e combatida, com a mesma veemência, por intelectuais não alinhados com a direção (e marginalizados por ela), como Caio Prado Jr. Fora do esquadro da militância, a mesma teoria sofreria críticas severas pelo desenvolvimentista Celso Furtado.[29]

[28] Não escapou de Graciliano, também, uma análise mais realista do fenômeno do cangaço: enquanto, para o Partido e os seus militantes mais ortodoxos, o cangaceirismo seria o embrião das guerrilhas revolucionárias no campo, formado por indivíduos livres que representariam o "prólogo da revolução social" (ver o estudo clássico de Rui Facó, *Cangaceiros e fanáticos*, Rio de Janeiro, Bertrand, 1991, p. 45), para Graciliano o cangaceiro nem sempre ameaçaria a propriedade, uma vez que pode "tornar-se sustentáculo dela". O crescimento do fenômeno se explicaria pela pobreza de uma terra superpovoada, donde a conclusão de que o cangaço seria "um fato de natureza econômica, ampliado por motivos de ordem social" ("O fator econômico no cangaço", em *Viventes das Alagoas/Quadros e costumes do Nordeste*, Rio de Janeiro/São Paulo, Record/Livraria Martins, 1976, pp. 124-5). Em trabalho recente, Thiago Mio Salla e Ieda Liebenstayn reuniram diversas crônicas de Graciliano escritas entre os anos 1930-40 e centradas no tema do cangaço, que constituem, segundo os organizadores do volume, uma tentativa de apreender o fenômeno na sua complexidade, desmistificando o discurso do governo e da imprensa e questionando o lugar mesmo do intelectual que se ocupa da questão (Graciliano Ramos, *Cangaços*, Rio de Janeiro, Record, 2014).

[29] Caio Prado Jr., que na *Evolução política do Brasil* (1933) já refutara a tese do feudalismo, reafirma nos anos 1960 a impossibilidade de se aplicá-la ao caso brasileiro, país nascido na órbita do capitalismo, com formas capitalistas de relação de trabalho e produção voltada para o mercado externo (cf. *A revolução brasileira*, cit., pp. 39-42). Celso Furtado, nos anos 1950, definiria a unidade escravista como um caso extremo de especialização econômica; mesmo o pagamento *in natura* relativo ao trabalho produzido no campo (para Prestes uma prova da vigência do modo feudal), na verdade não deixaria de ter natureza monetária (cf. *Formação econômica do Brasil*, São

A tese que defendia a existência do feudalismo chegou a imantar as leituras críticas das obras de Graciliano feitas pelos periódicos do Partido durante a década de 1940, que entendiam o escritor como "o fixador de um senhor semifeudal típico, como o personagem principal de *S. Bernardo*", ou como o tradutor, em *Angústia*, da "situação sem saída de uma pequena burguesia urbana cercada e dominada pelo semifeudalismo".[30] Esse cenário dá a medida da disposição corajosa e da abertura para o debate político do narrador das *Memórias*.

A exposição programática feita no nono capítulo de "Viagens", que tem como mote a notícia da prisão de Prestes, se encerra com certa incredulidade quanto à orientação da ANL e também com um alerta:

> "Concebendo essas restrições, tentava convencer-me de que estava em erro. Desejava que me demonstrassem isto: havia talvez falha num ou noutro pormenor, mas na generalidade isto se compensava e desaparecia. Esperava enfim um triunfo casual. Viera a derrota — e agora queria persuadir-me de que findara um episódio e a luta ia continuar. Certamente haveria mais precaução no desempenho do segundo ato. E aquele revés tinha sido conveniente, pois não existia probabilidade de se aguentar no país uma revolução verdadeira. Se

---

Paulo, Companhia Editora Nacional, 1998, p. 50). No campo oposto do debate, para Nelson Werneck Sodré (anos 1950) a existência de capital mercantil não implicaria um modo de produção capitalista (cf. *Formação histórica do Brasil*, Rio de Janeiro, Graphia, 2002). Essa teoria foi encampada também por Alberto Passos Guimarães, ao discorrer sobre o "latifundismo feudo-colonial" que teria chegado, intacto, ao século XX, do qual a pecuária nordestina seria uma das manifestações (*Quatro séculos de latifúndio*, Rio de Janeiro, Paz e Terra, 1968, p. 226).

[30] Cf. "Escritores candidatos a deputados" (*Tribuna Popular*, Rio de Janeiro, novembro de 1945. Coleção Arquivo Histórico do Movimento Operário Brasileiro (CASMOB), CEDEM/UNESP) e "Graciliano: uma nova edição das suas obras" (*A Classe Operária*, Rio de Janeiro, 13/3/1947, *idem*).

ela vencesse internamente, os nossos patrões do exterior fariam a intervenção. Uma escaramuça, portanto. Os ensinamentos adquiridos seriam úteis mais tarde. De qualquer modo era necessário que nos preparássemos."[31]

As formulações condicionais mostram que o militante percebe os erros da direção em 1935: a precipitação golpista, a crença na maturidade política das massas, a falta de experiência do Partido. De modo algum, porém, deixa de reconhecer o valor da mobilização e da tentativa, ainda que derrotada, da tomada de poder. O esforço em acreditar que "a luta ia continuar", pronunciado pelo sujeito que vivencia justamente o arrefecimento dela e que esperava uma experiência cumulativa de vitórias e derrotas, ilumina a expectativa frustrada do narrador de 1946, quando a política de conciliação e colaboração com os governos Vargas e Dutra e com a burguesia dita progressista bloqueava as possibilidades revolucionárias e mesmo as conquistas imediatas.

Ao mencionar, em caso da vitória da revolução prematura, uma possível intervenção dos "patrões do exterior", o narrador registra também sua descrença quanto à existência de algum tipo de imperialismo que pudesse servir aos interesses das forças de esquerda, desvencilhando-se da crença no "bom imperialismo" norte-americano em oposição ao inglês. Essa concepção dual sobre os imperialismos, que remonta, dentro do PCB, à década de 1920, foi reiterada pelo Partido durante a aproximação de Vargas com os Estados Unidos e até a ilegalidade, quando da franca concessão do mercado brasileiro ao capital norte-americano viabilizada pelo presidente Dutra.

No alerta para a necessidade de preparação teórica, que evitaria as dolorosas, mas necessárias, objeções, há um lapso do narrador, que se inclui no Partido ("era necessário que nos preparássemos") ao se referir a uma época na qual, em tese, ainda não pertencia aos seus quadros, registrando nessa fusão a vivência, como militante, dos equívocos interpretativos e táticos do PC. Se o gol-

[31] *MC*, V, p. 63.

pismo de 1935 representava, para ele, uma luta menor ("uma escaramuça"), não menos problemático seria o arrefecimento dessa luta em nome do aliancismo ou do reformismo, que aparecem nessas lembranças como dado implícito. Ainda assim, o narrador se mostra decidido quanto ao caminho político que, na prisão, se propusera a seguir:

> "Incluindo-me nesse plural, intimamente me obrigava, embora me reconhecesse um soldado bem chinfrim, jogado à peleja em condições especiais. Realmente não me envolvera em nenhum barulho, limitara-me a conversas e escritas inofensivas, e imaginara ficar nisso. A convicção da própria insuficiência nos leva a essas abstenções; um mínimo de honestidade nos afasta de empresas que não podemos realizar direito. Mas as circunstâncias nos agarram, nos impõem deveres terríveis. Sem nenhuma preparação, ali me achava a embrenhar-me em dificuldades, prometendo mentalmente seguir o caminho que me parecia razoável."[32]

Descontada a duvidosa sinceridade quanto às "escritas inofensivas" — livros que o prisioneiro, já quase ao fim das *Memórias*, nas conversas com o advogado liberal Sobral Pinto, revela se tratarem de poderosas "dinamites" ("Casa de Correção", cap. 25) —, o narrador remete ao momento em que na cadeia se decidira intimamente pelo caminho do Partido, ainda que quase dez anos tenham separado a sua escolha da filiação efetiva.[33] Além da de-

---

[32] *Ibidem.*

[33] Como confirmação do peso decisivo da experiência carcerária de Graciliano para a adesão formal ao PCB e ratificando essa passagem das *Memórias*, um manuscrito não datado relata as hesitações que o acossaram e o convite de Prestes para o seu ingresso no Partido: "Quando, em 1936, fui viver no Pavilhão dos Primários, na Sala da Capela, na Colônia Correcional de Dois Rios e em outros lugares semelhantes, encontrei os excelentes companheiros que hoje trabalham no Partido Comunista. Sempre me senti perfeitamente ligado a eles, e se até agora me limitei a apoiá-los, sem tomar posição

cisão política, quando o prisioneiro resolve, ao menos na intimidade, deixar de ser apenas área de influência para atuar como militante, ele registra também uma sensação de deslocamento e de insuficiência em relação às tarefas partidárias às quais se lançaria, indicando, em um primeiro momento, certo acanhamento e a consciência das limitações do trabalho intelectual dentro das células.

Tendo em vista, porém, a duplicidade temporal das *Memórias*, para a qual contribui largamente a voz do militante instalado nos quadros do Partido, é possível considerar que o "dever terrível" a que o prisioneiro se imporia não remete apenas às tarefas práticas com as quais o escritor se viu envolvido, mas, como consequência do que foi exposto, às tentativas de dissipar a "fumaceira teórica" que caracterizou muitos momentos da política pecebista e que por ele foi discutida nas passagens anteriormente analisadas. De tal modo se configura dificultosa a "peleja" que o "soldado chinfrim", lutando com os poucos recursos de que dispõe (no caso, o intelectual ciente das limitações do seu trabalho e da parca teoria disponível), pode avaliar, com dificuldade confessa, mas também com lucidez, as posições programáticas e polêmicas do PCB.

Ao final do nono capítulo, já abandonada a discussão teórica, o narrador retoma o mote que suscitou a digressão e, lamentando o fato de que a força de Prestes estivesse paralisada, refere-se à prisão de diversos companheiros na escalada anticomunista de Vargas. Refere-se também ao Congresso que se submetia, sem resistência, a uma ditadura cada vez mais poderosa e ao fato de que, à agressão fascista "lá fora", corresponderiam, aqui, "medo-

---

de militante, foi por não saber se poderia de qualquer maneira ser útil, nesta agitação em que nos achamos, o trabalho de um sujeito que mal sabe contar histórias chochas. Um severo exame de consciência me aconselhava prudência, uma prudência que de fato me humilhava. Na verdade o que eu desejava é que algum antigo companheiro me viesse trazer um estímulo — e isto era difícil, pois ninguém adivinhava minhas intenções. Mas o certo é que foram adivinhadas. E os escrúpulos mencionados se varreram pelo menos por enquanto" (Arquivo IEB-USP, Fundo Graciliano Ramos, Série Manuscritos, Subsérie Discursos, Not. 12-3. Incluído em *Garranchos*, *cit.*, p. 261).

nhas injustiças e muita safadeza". O narrador percebe o fascismo como um fenômeno internacional e, ao indicar a concomitância de seu crescimento com a repressão interna, demonstra não ignorar os instrumentos políticos que asseguram a dominação burguesa dentro e fora do país. Essa percepção, formulada pelo mesmo sujeito que já associara a escalada fascista aos interesses da propriedade, reitera de modo implícito a ideia de que não há razões suficientes que justifiquem a aposta na burguesia nacional como força motriz da revolução brasileira: uma aposta que, para o PCB, não entrou em questão nem mesmo depois da contrarrevolução burguesa de 1964.

Daí por que a imagem de um Prestes paralisado, que encerra o capítulo, se sobrepõe à dinâmica imagem da personagem criada pelo narrador no início da sua argumentação (as "marchas e contramarchas fatigantes", a incapacidade de "retrocesso ou hesitação", a "fuga de divagações estéreis"). Tal sobreposição parece aludir não apenas ao encarceramento do líder, que durou até 1945, mas também ao aprisionamento político das forças de esquerda selado pela aliança dos comunistas com a burguesia e que, como vimos, o narrador no presente percebe. Essa percepção dá margem à dúbia maneira com que ele encerra a exposição:

> "Ainda não dispunha de meios para avaliar com segurança a inteligência de Prestes: dois ou três manifestos, repreensões amargas aos antigos companheiros, eram insuficientes. Admirava-lhe, porém, a firmeza, a coragem, a dignidade. E sentia que essa grande força estivesse paralisada.
> — Com os diabos!"[34]

Aos atributos pessoais do Cavaleiro da Esperança ressaltados e valorizados pelo narrador soma-se a confissão de certa insuficiência de avaliação política de sua parte, muito distante do retra-

---

[34] MC, V, p. 64.

to hagiográfico.[35] Se tal confissão é coerente com o ponto de vista do prisioneiro que de fato pouco o conhecia nos anos 1930, torna-se bastante sintomática quando recuperada e proferida pelo militante do Partido em um momento em que, precisamente, seu líder máximo era louvado e celebrado pela maioria dos comunistas.[36]

[35] Especialmente daquele construído pela brochura publicada às vésperas dos cinquenta anos de Prestes, na qual colaboraram Jorge Amado e Lourenço Moreira Lima, dentre outros. O texto de apresentação desse documento afirmava: "Compreendendo o papel que Luís Carlos Prestes desempenha em nossa geração, levando em conta essa alta expressão de dignidade humana, o poder de sua inteligência e de sua cultura, tão nobre exemplo de abnegação, incorruptibilidade e exemplo de atitudes, quando sobrepõe a tudo mais o que lhe parece, de seu ponto de vista, o interesse do povo, da pátria, da paz, da democracia, do progresso e da felicidade para todo o mundo, homens e mulheres que se orientam por diferentes concepções políticas e filosóficas desejam celebrar condignamente o Cinquentenário desse patrício ilustre". Cf. *Prestes: estudos e depoimentos*, Rio de Janeiro, nov. 1947. Arquivo Público do Estado do Rio de Janeiro (APERJ), Fundo Delegacia Política e Social (DPS), f. 227.

[36] Alfredo Bosi discute o perfil de Prestes traçado pelo narrador neste capítulo das *Memórias*, afirmando que o "olhar da testemunha" mal conseguiria divisar os contornos de uma figura que viveria na "condição mista de pessoa empírica e personagem de ficção", ratificando, pois, o "realismo plúmbeo" da obra ("A escrita do testemunho em *Memórias do cárcere*", *cit.*, p. 225). O narrador não está aderido à mitificação em torno do dirigente, mas parece *ver muito*, quando afirma que "as notícias orais começavam a envolver o guerrilheiro teimoso em prestígio e lenda", uma vez que o distanciamento confere uma ambivalência ao seu discurso que é, também, política — posição excêntrica igualmente encontrada em uma crônica de Graciliano em tributo a Prestes. No texto, o escritor atenta para a "parte humana" da figura do líder: sem conceder-lhe "auréola", retrata-o por meio de uma série de pares antitéticos (frieza e temperamento vulcânico, delicadeza e vigor, polidez e franqueza) para reiterar, ao final, que a sua força "o induz às façanhas mais temerárias", o que instaura, também aqui, uma ambiguidade. Esse posicionamento reticente parece partir não de quem, em meio à mitificação, procura focar a "complexidade do ser", mas do militante que, embora admire Prestes, não aposta com tanta convicção nos caminhos indicados pelo secretário-geral ("Prestes", *A Classe Operária*, Rio de Janeiro, 1/1/1949. CEDEM/UNESP, Coleção Arquivo Histórico do Movimento Operário Brasileiro (CASMOB). Incluída em *Garranchos*, *cit.*, pp. 300-4).

Este capítulo emblemático de "Viagens", que expõe uma discussão programática valiosa, remete a outra passagem significativa do "Pavilhão dos Primários" e que instaura, na obra, um aparente momento de contradição, tendo em vista o que foi apresentado na primeira parte do livro. Dividindo a cela 35 com o Capitão Mata, o prisioneiro vê o oficial dedicar-se à composição de um "canto guerreiro" que seria divulgado pela Rádio Libertadora, e em seguida é interpelado:

"— Continua, berrava o auditório.
— Um minuto, pedia o moço interrompendo-se, chegando à porta. Está em preparação. Concluído o trabalho, passou-me a folha:
— Veja se está bom.
Apontei um dos versos: "a burguesia, a burguesia"...
— Esse ataque não fica direito. Os burgueses progressistas são nossos amigos.
— O imperialismo então?
— Exatamente, concordei rindo. O imperialismo serve. E não ofende a métrica.
— Não, dá oito sílabas.
Trauteou:
O imperialismo, o imperialismo...
Voltou-se para a invisível plateia, jogou a produção e recebeu uma chuva de aplausos. Em seguida fomos dormir."[37]

Aparentemente, a cena mostra uma defesa da burguesia progressista que, como vimos, não condiz com a posição pouco ortodoxa atribuída ao prisioneiro e recuperada pelo narrador dez anos depois. Mas a resposta final ao Capitão Mata parece conter a chave interpretativa do episódio: a anuência do escritor encarcerado, que externa com riso a convicção do Partido, aponta para a certe-

[37] MC, PP, pp. 207-8.

Crônica de Graciliano Ramos para a edição especial do jornal *Classe Operária*, de 1º de janeiro de 1949, comemorativa do aniversário de Luís Carlos Prestes.

za algo irônica de que, ao repetir palavras de ordem, o Capitão não se veria rechaçado pelo auditório ao qual se dirigia, composto de presos políticos. Nesse sentido é que a ideia de "não ofender a métrica", combinada com a "chuva de aplausos" da plateia, parecem aludir, metaforicamente, à dificuldade de polemizar com as correntes majoritárias do PC, que de modo mecânico depositavam na revolução burguesa a condição necessária para se chegar ao socialismo.

Essa dificuldade realçada pela voz narrativa dúplice reflete a inviabilidade de um efetivo debate interno que não fosse considerado "traição", especialmente após as defecções antitrotskistas do final dos anos 1930 e quando, na década seguinte, a intelectualidade pecebista se viu sob a vigilância cerrada do dirigente Diógenes Arruda. E não deixa de ser uma forte justificativa da disposição do narrador, à beira da cova, de falar o que precisa ser contado, ainda que tardiamente.

Em suma, soa em falsete a concepção conformista sobre a burguesia que, na cena, por ser uma fala dirigida a outrem (Capitão Mata), não encontra respaldo nas ponderações privadas do narrador. Daí a conclusão de que, se a consideração final alude, à época da prisão, à frente proposta pela ANL e à política partidária que se estendeu até o momento da escritura, não necessariamente ela expressa as convicções do militante que conta a sua história. É como se o detento ainda pudesse ter algumas dúvidas que o narrador, ao realçar o riso irônico, faz questão de revogar; e como se a voz do Partido invadisse a contrapelo o discurso reproduzido pelo prisioneiro, a fim de evidenciar por meio do próprio movimento da composição um choque de posições.

O posicionamento não aderente do narrador, ainda que limitado à intimidade reflexiva, denuncia que o monolitismo da direção do Partido nos anos 1940 não correspondia à uniformidade de pensamento das bases, o que faz supor um dinamismo intelectual e uma percepção crítica expressivos por parte da militância.[38]

---

[38] Caio Prado Jr. constitui outro caso emblemático de não aderência à política da cúpula. O historiador integrou o Comitê de Ação, ala do PCB

Tal dinamismo, contudo, ficou confinado em virtude da progressiva quebra de comunicação entre as bases e os seus representantes: isolada da realidade, a direção chegava mesmo a se opor a elas e, especialmente após a liderança de Prestes, a ausência de interlocução se tornou crônica, favorecida pela alta centralização do seu comando.[39] Entretanto, o isolamento empírico a que foram condenados os intelectuais e os militantes com menor poder hierárquico se torna, de modo paradoxal, a condição que permite ao narrador das *Memórias* uma reflexão não mecanicista e mais atinada com a realidade, como se o topo do comando no Partido correspondesse, inversamente, a um descolamento crônico do nosso chão histórico e social.

O movimento de retração do narrador diante dos fatos relatados se revela, assim, um sintoma de isolamento e, ao mesmo tempo, um poderoso instrumento de desalienação: a discussão política levada a cabo por ele se funda efetivamente em uma *práxis*. Esta pode ser entendida como uma vivência que, no plano formal, aflora mediante o mergulho na própria experiência e a tentativa, como militante, de reproduzir o ponto de vista do prisioneiro. A

---

paulista que propunha a não aliança com Vargas e a luta ao lado dos trabalhadores por reivindicações imediatas, em oposição ao Comitê Nacional de Ação Provisória (CNOP) que, inteiramente alinhado à URSS, apoiava o ditador e propunha o apaziguamento de "todos os conflitos interclassistas". Conforme Caio registra em seu diário, tinha início, com a vitória da CNOP, "uma série de erros que colaborariam para que o Partido Comunista permanecesse alheio e à margem do processo político e social por que passava o Brasil". Tolhido e marginalizado, o intelectual acentua sua crítica em fins de 1945, quando a esperança de mudança na linha do Partido se desfaz, seguida da sua derrota nas eleições como candidato a deputado. A partir daí afirma não acreditar mais em Prestes, e assinala a incapacidade política dos dirigentes, um "grupo hermético", de "visão curta", e "inteiramente destacado da realidade, vivendo no mundo da lua" (cf. Paulo Teixeira Iummatti, *Diários políticos de Caio Prado Júnior: 1945*, São Paulo, Brasiliense, 1998, pp. 66 e 193).

[39] Cf. Ronald Chilcote, "Princípios organizatórios: democracia *versus* centralização", em *O PCB: conflito e integração*, Rio de Janeiro, Graal, 1982, p. 171.

experiência vivida e incorporada pela forma entra em choque com as premissas que determinaram a política do PCB desde a sua fundação, pouco afeito à realidade local e às particularidades do desenvolvimento capitalista na periferia, disjunção proveniente não apenas da insuficiência teórica de seus quadros diretivos, mas também da subordinação à lógica stalinista.

Nesse sentido, não parece casual o discurso de Graciliano na célula Theodore Dreiser por volta de 1946, no qual o militante defende (antes do apogeu do realismo socialista) a liberdade de criação dos escritores no Partido, e expõe a sua técnica literária:

"[...] é claro que não haveria conveniência em fabricar normas estéticas, conceber receitas para a obra de arte. Cada qual tem a sua técnica, o seu jeito de matar pulgas, como se diz em linguagem vulgar. A literatura revolucionária pode ser na aparência a mais conservadora. E isto é bom: não terão o direito de chamar-nos selvagens e sentir-se-ão ofendidos com as próprias armas. Afinal para expormos as misérias desta sociedade meio decomposta não precisamos de longo esforço nem talento extraordinário: abrimos os olhos e ouvidos, jogamos no papel honestamente os fatos."[40]

O discurso prenuncia a pesada camisa de força que envolveria os escritores militantes, como manifestação local do jdanovismo. Paralelamente, a recusa das técnicas avançadas do material, as quais poderiam conduzir a uma literatura com forma revolucionária, abre caminho à concepção das vanguardas como manifestações da "degeneração burguesa", como pregava o Partido. Para além dessa ambivalência, e em certa medida justificando a não adoção das técnicas avançadas, o discurso revela o compromisso

---

[40] "O Partido Comunista e a criação literária", *Tribuna Popular*, Rio de Janeiro, 22/5/1946. Arquivo Público do Estado do Rio de Janeiro (APERJ), Fundo Polícias Políticas, Pasta 11.473. Incluído em *Garranchos*, *cit.*, pp. 259-60.

político e moral do escritor para com a realidade histórico-social, sempre fundado na observação atenta do seu mundo. Da perspectiva de nossa historiografia literária, trata-se da incorporação de um ponto de vista agônico e ativo que caracterizou a literatura produzida a partir de 1930, quando a produção nacional passou pelo efetivo reconhecimento das zonas de atraso.[41]

Nas *Memórias*, a recuperação, pelo narrador militante, da vivência pregressa nas referidas zonas de atraso não permite que ele abandone o *senso do concreto*, no qual desponta o caráter inorgânico e reflexo da modernização na periferia.[42] Se não chega a formular uma teoria consistente a respeito dos dilemas programáticos do Partido (o que denota a insuficiência teórica como um problema crônico da esquerda pecebista), seu apego à realidade local e a necessidade de desvendá-la o impelem, de um modo original, a pensar por conta própria a nossa experiência histórica, sem sujeição aos modelos interpretativos consagrados, inclusive os de Marx.[43]

De modo que o raciocínio político consequente, exposto nessas passagens das *Memórias*, deriva da estratégia muito particular de pôr em questão, mediante a verificação pela experiência disponível, as verdades rígidas que guiaram a orientação do Partido Comunista do Brasil e que, a despeito do esforço de corren-

---

[41] Cf. Antonio Candido, "Literatura e subdesenvolvimento", em *A educação pela noite*, Rio de Janeiro, Ouro sobre Azul, 2006.

[42] Ao comentar os traços gerais da literatura de Graciliano, Antonio Candido reitera que "a experiência era para ele um atrativo irresistível" (*Ficção e confissão*, cit., p. 82). Não por acaso, essas mesmas características são realçadas na produção de Caio Prado Jr.: "Creio que Caio se interessava sobretudo pelos fatos diretamente observados. Ele era dos que não se satisfazem com a informação, por isso buscava a experiência vivida" (entrevista sobre Caio Prado Jr., em *Evolução política do Brasil e outros estudos*, São Paulo, Companhia das Letras, 2012, p. 279).

[43] Trata-se, neste caso, de um esforço individual, fundamentalmente empírico e arejado que, mais tarde, já no âmbito da especialização acadêmica, se tornaria o trunfo de um grupo de estudiosos ("Um seminário de Marx", em *Sequências brasileiras*, cit., p. 96).

tes minoritárias, permaneceram praticamente intactas por pelo menos sessenta anos. Assim, na obra, a desmistificação das construções ideológicas do stalinismo, por meio da atenção ao dado, desprovincianiza o olhar do narrador no que ele tem de mais característico ou aparentemente restritivo: a necessidade de expor as misérias da "sociedade meio decomposta" na qual este sujeito se formou.[44]

Ao discutir as inverdades das diretrizes pecebistas com base na sua experiência de prisão, o narrador por ela cingido dialoga de forma indireta com as coordenadas da III Internacional e a sua estratégia supostamente revolucionária para os PCs de todo o mundo: uma consciência crítica manifestada no seio da militância. Ainda que essa consciência se configure como uma reflexão íntima e quase póstuma, ela se mostra capaz de vislumbrar, na política dos supostos continuadores do bolchevismo, os gestos e as táticas que fizeram desses mesmos homens os seus mais eficientes coveiros.

Apóstolos e apóstatas

Se o programa partidário de aliança com a burguesia pode ser questionado pelo narrador, o resgate da sua experiência com os líderes operários na prisão envolve uma dimensão prática das diferenças de classe que lhe permite expor de forma autocrítica a dificuldade de aproximação do intelectual pequeno-burguês com os trabalhadores, bem como as dissensões criadas entre eles a par-

---

[44] Para se reter a força da "desprovincianização" do olhar periférico, lembre-se de que, ao comentar a literatura de Machado de Assis, Roberto Schwarz chega à conclusão de que "a desmistificação da ideologia burguesa exigiu, no Brasil um ponto de vista bem menos audacioso, já que o sistema das aparências burguesas não se havia implantado de modo consistente. O caso do liberalismo é sugestivo: na Europa era preciso ser Marx para lhe descobrir a parcialidade social. No Brasil bastava ver o escravo na rua" ("Mesa-redonda", em J. C. Garbuglio *et al.*, *Machado de Assis: antologia e estudos*, São Paulo, Ática, 1982, p. 317).

tir de determinadas diretrizes do PC. O caso mais significativo é o contato com o estivador Desidério, no Pavilhão dos Primários, o que torna essa a personagem mais instigante e provocativa da segunda parte das *Memórias*, pelo nítido conflito que se estabelece entre ela e o escritor aprisionado.

O líder dos trabalhadores navais chega acompanhado dos muitos detentos que se alojavam no navio *Pedro I*, o que contribui para a superlotação das celas. Tanto o escritor quanto o estivador são designados diretores do Coletivo (um comitê interno de representação), e então aquele pode perceber o "ódio seguro aos burgueses, graúdos e miúdos" que Desidério externava: "todos nós que usávamos gravata, fôssemos embora uns pobres-diabos, éramos para ele inimigos" (cap. 8). As ideias sugeridas pelo escritor mal são ouvidas e logo rechaçadas como "besteiras" pelo operário, o que dá margem a uma revolta surda:

> "Naquele dia a ira velha, recalcada nos subterrâneos do espírito, veio à luz e sacudiu-me: desejei torcer o pescoço do insolente. Na surpresa, recusei o testemunho dos olhos e dos ouvidos. Ter-me-iam dito a palavra rude? Estaria a censurar-me o bugalho torto e imóvel, a desviar-se de mim, zombeteiro, superiormente fixo na parede, num ponto acima de minha cabeça? O rombo sujeito, carregador de sacos, não seria tão grosseiro com uma pessoa habituada a manejar livros. Devo ter pensado nas conveniências amáveis e tolas, nas perfídias gentis comuns na livraria e no jornal."[45]

O escritor encarcerado, que ainda nutria a ilusão burguesa da importância de sua função e reproduzia a lógica que dissociava o trabalho manual do intelectual (uma separação nítida em um país onde o primeiro se destinava aos escravos e aos estratos inferiores), se vê afrontado pela franqueza do operário, na qual, entretanto, custava a crer. Tal franqueza contrastava com as bajula-

[45] MC, PP, pp. 233-4.

ções dos ambientes nos quais o escritor transitava, o que permite ao narrador indicar a cordialidade também contida na sociabilidade do meio intelectual, mostrando como a relação com o sujeito rude abalou as convicções mais íntimas do homem culto.

A menção à "ira velha" recalcada nos "subterrâneos do espírito", bem como a caracterização agressiva de Desidério, indicam que o literato poderia se tornar tão ou mais bruto do que o colega de cadeia. De todo modo, o escritor-prisioneiro sumariamente chamado de "burocrata" tem quase todas as suas propostas recusadas e por isso renuncia à discussão, não encontrando nenhum apoio nos demais colegas, emudecidos ante a assertividade do estivador. Esse episódio, relatado por ele como a sua "deplorável estreia" política na prisão, se tornou significativo na medida em que foi capaz de deflagrar a crise de consciência do sujeito habituado à superioridade social:

> "Sempre me excedera em afirmações categóricas, mais ou menos vãs; achava agora uma base para elas. Evidentemente as pessoas não difeririam por se arrumarem numa ou noutra classe; a posição é que lhes dava aparência de inferioridade ou superioridade. Evidentemente. Mas evidentemente por quê? A observação me dizia o contrário. Homem das brenhas, afeito a ver caboclos sujos, famintos, humildes, quase bichos, era arrastado involuntariamente a supor uma diversidade essencial entre eles e os patrões. O fato material se opunha à ideia — e isto me descontentava. Uma exceção rara, aqui e ali, quebrava a monotonia desgraçada: o enxadeiro largava o eito, arranjava empréstimo, economizava indecente, curtia fome, embrenhava-se em furtos legais, chegava a proprietário e adquiria o pensamento e os modos do explorador; a miserável trouxa humana, batida a facão e a vergalho de boi, resistente ao governo, à seca, ao vilipêndio, resolvia tomar vergonha, amarrar cartucheira à cinta, sair roubando, incendiando, matando como besta-fera. Essas discrepâncias facilmente

se diluíam no marasmo: era como se os dois ladrões, o aceito e o réprobo, houvessem trazido ao mundo a condição inelutável: pequenas saliências no povo imóvel, taciturno, resignado."[46]

O narrador reitera o seu apego à experiência como tela de juízo para as situações vividas dentro e fora do cárcere: a diferença que parecia essencial entre trabalhadores e patrões, em um universo em que, apenas como exceção, o trabalhador poderia se tornar proprietário por meios ilícitos (o ladrão aceito, cujo símbolo ficcional é Paulo Honório), ou, em um gesto de revolta, atacar diretamente a propriedade (o ladrão condenado), se revela, na prática, socialmente produzida. O fato de Desidério não ocupar o lugar submisso dentro da cadeia, sem se subjugar à divisão do poder em função das classes tal como acontecia fora dela, permite ao narrador atentar para a realidade semiestática e naturalizada dos explorados que, em geral, resignavam-se com o lugar que lhes cabia na ordem social.

O movimento reflexivo, por meio da exposição das contradições morais do intelectual confrontado pelo operário, denuncia, porém, o quanto a ideologia que sedimentava esse universo aparentemente imutável ainda estava internalizada nele, quando no cárcere o detento se percebe no mesmo plano daquele a quem se acostumara a considerar inferior:

"Naquele instante a aspereza do estivador me confirmava o juízo. Lá fora sem dificuldade me reconheceria num degrau acima dele; sentado na cama estreita, rabiscando a lápis um pedaço de papel, cochichando normas, reduzia-me, despojava-me das vantagens acidentais e externas. De nada me serviam molambos de conhecimentos apanhados nos livros, talvez até isso me impossibilitasse reparar na coisa próxima, visível e palpável. A voz acre me ofendera os ouvidos, arrancara-me excla-

[46] MC, PP, pp. 234-5.

mações de espanto, abafadas nas preocupações do Coletivo: ninguém ali estava disposto a lisonjear-me. Aceitei o revés como quem bebe um remédio amargo. Afinal a minha opinião se confirmava."[47]

Daí a tensão entre a clivagem assimilada pelo sujeito e a relação horizontal que se estabelece entre ele e o estivador: se em um primeiro momento a vivência de um tratamento sem distinção provoca a ira do prisioneiro, o distanciamento temporal lhe permite confessar o quanto a prática social naturaliza as diferenças, a despeito das convicções de igualdade do militante. Desidério, portanto, se tornou responsável por ensinar que os poderes não deveriam ser atribuídos à posição social, uma verdade sobre a qual o encarcerado se detivera apenas teoricamente, mas que o narrador soube incorporar ao seu olhar a partir da experiência de cadeia. A importância desse aprendizado, que consiste na reflexão sobre a reprodução da ideologia (da qual o narrador faz *mea culpa* à semelhança das autocríticas do Partido), foi tamanha que Graciliano mencionou, em um comentário sobre a candidatura dos comunistas nas eleições de 1945, a lição que aprendera: "às vezes, nas arengas dos cubículos, um estivador, dos que não arrumam direito as premissas e a conclusão, desmantelava facilmente várias sabedorias de compêndio".[48]

O próprio fato de que o narrador nem sequer ponha em causa o conteúdo das propostas feitas por ele no Coletivo, reconhecendo a fraqueza de seus argumentos sem, contudo, explicitá-los, mostra o quanto essa relação se tornou fundamental para a formação crítica do militante: o intelectual demovido de senso prático é confrontado pelo estivador que, a despeito da pouca instrução, faz a discussão do Coletivo avançar. Ao pragmatismo que visava à organização de formas de resistência e luta no Pavilhão se

---

[47] *Idem*, p. 235.

[48] Discurso, 17/11/1945. Fundo Graciliano Ramos, Série Manuscritos, Subsérie Discursos, Not. 12.12, IEB-USP. Incluído em *Garranchos, cit.*, p. 246.

contrapõe o perfil reflexivo do intelectual, aprisionado às próprias teorias e na prisão alheio, como ele mesmo confessa, à "coisa próxima, visível e palpável".

A imagem emblemática do escritor-prisioneiro sentado na "cama estreita" e "cochichando normas", despojando-se das "vantagens acidentais e externas", dá a medida da distância que separava o detento e a sua vida de repartição da *práxis* política. A reação tanto do escritor preso quanto de Desidério apontam para uma desqualificação mútua entre os diferentes grupos no interior do Pavilhão, onde, apinhados nas celas, operários e pequeno burgueses não se entendiam e falavam "línguas diferentes". A dificuldade dos trabalhadores em compreender a palestra de Rodolfo Ghioldi, um dos líderes máximos do PC argentino (cap. 3), é um exemplo expressivo dessa incomunicabilidade. Se os operários não são mobilizados pelas conferências e nutrem ódio pelos pequeno-burgueses intelectualizados, estes por sua vez permanecem distantes dos trabalhadores e incapazes de uma relação não tutelar.

O pragmatismo de Desidério, nas *Memórias*, volta à tona logo adiante com significados ainda mais amplos, quando "trinta ou quarenta nomes" são convocados para deixar o presídio. Rodolfo Ghioldi e Roberto Sisson, certos de que os convocados seriam libertos, fazem discursos, aludindo à conveniência da união política entre operários e burgueses. Nesse cenário surgem duas respostas divergentes e inesperadas, ambas provenientes de quadros operários. A primeira de José Praxedes, conhecido como Mamede, militante vindo de Natal:

> "[Mamede] Tinha-se enganado, vivera a imaginar desacordos essenciais entre as classes, e agora notava que elas podiam se combinar. Todos os atritos esmoreciam, necessidades urgentes de conciliação vibravam na fala untuosa. Era idílico e profético. Os cabelos, agitados por excessivos ímpetos, rijas ventanias interiores, vinham adiante, iam atrás, naquela terrível mansidão quase furiosa. O trabalhador rude convertia-se em missionário. A paz reinaria sobre a terra, um novo reino de

Deus nos envolveria, e os lobos, perdido o instinto, abraçariam as ovelhas."[49]

O narrador registra o endosso do militante de Natal à perspectiva otimista dos dirigentes do Partido quanto à libertação e à necessidade da política de alianças. A escolha do léxico explicita uma crítica ferrenha do narrador ao discurso do colega, pois se refere a Mamede como "missionário", e a sua fala "untuosa", sobre a conciliação de classes inimigas, em "profecia". As imagens bíblicas (o "reino de Deus", a "conversão") construídas pela voz ambígua do memorialista expõem, por meio de metáforas propositadamente antimaterialistas, o quanto a política pecebista cultivada pelos dirigentes ainda dentro do presídio se distanciava da perspectiva revolucionária e da própria realidade.

Em nome da aparente necessidade de conciliação entre as classes, o discurso reproduzido por Mamede convida a um "idílio" de fábula com o qual o narrador não compactua, mas que se tornaria a pedra de toque do PC. Esse mesmo narrador já questionara, em "Viagens", o aliancismo programático, recusando a composição em bloco com a burguesia grande e pequena: para ele, os burgueses poderiam até negociar com os dominados, mas jamais lutariam contra os próprios interesses.

Daí o peso da segunda e mais ríspida das intervenções, feita por Desidério: com um "risinho sarcástico e azedo", ele rechaça a possibilidade de libertação, certo de que irá para a Colônia (o que de fato acontece), externa o cansaço de "carregar farinha para burguês comer" e imprime à discussão um senso de concretude que se distanciava das formulações dos colegas:

"A réplica brutal à harmonia fervorosa de Mamede produziu um silêncio de constrangimento. Depois de tal clareza, as tentativas de acomodação eram inúteis. Desidério nos julgava parasitas, os nossos trabalhos de-

---

[49] MC, PP, p. 309.

morados e complexos não tinham para ele nenhuma significação. Arrepiei-me ante aquela antipatia agressiva, a desviar possíveis entendimentos, a excluir habilidades proveitosas. Jogava-nos a todos o labéu. Exploradores e inimigos."[50]

A fala de Desidério representa um contraponto radical ao idílio de Mamede, uma vez que para o líder dos trabalhadores navais o movimento proletário deveria ser conduzido pelo proletariado. Ao mesmo tempo, essa intervenção recoloca a diferença de classes em termos de ressentimento, pois Desidério descarta sumariamente qualquer tipo de aproximação com os intelectuais da prisão, a quem considera exploradores. A reflexão distanciada do narrador, contudo, permite a ele repensar o lugar dos setores médios da sociedade na luta política:

"Na verdade a maioria não era burguesa. Pertencíamos a essa camada fronteiriça, incongruente e vacilante, a inclinar-se para um lado, para outro, sem raízes. Isso determinava opiniões inconsistentes e movediças, fervores súbitos, entusiasmos exagerados, e logo afrouxamentos, dúvidas, bocejos. Naquele momento a revolução monopolizava os espíritos, e alguns a desejavam com fervor religioso. Mais tarde iriam surgir numerosas apostasias, e é possível que homens como Desidério tenham influído nelas."[51]

Há, no excerto, a confissão do narrador quanto à volubilidade e a inconsistência política da pequena burguesia, uma "camada fronteiriça" que, sem pertencer às classes dominantes nem deter os meios de produção, não produz, diretamente, mais-valia, definindo-se, enfim, mais pela própria negação do que por um cará-

---

[50] *Idem*, p. 310.
[51] *Ibidem*.

ter afirmativo de classe.[52] Porém o rótulo de "inimigos", atribuído aos intelectuais indiscriminadamente pelo operário, permite ao narrador contrariar a generalização e alertar para a composição heterogênea do seu grupo, havendo, por isso mesmo, a possibilidade real de se empregarem os setores mais empobrecidos da intelectualidade na luta política em favor dos próprios trabalhadores. Esse ponto de vista antigeneralista realçado pelo narrador militante se mostra bastante afinado com o que havia sido defendido, em fins dos anos 1930, pelo Comitê Regional do PCB de São Paulo, historicamente não alinhado ao Secretariado Nacional.[53]

Porém, o narrador também se mostra ciente de que a "vacilação" dos que constituem um grupo social e economicamente diversificado, reunindo indivíduos reacionários e progressistas de origens distintas, é o que dá margem à dura convicção do estivador, que de alguma maneira ele busca entender.[54] Desse modo, o

---

[52] De acordo com H. M. Enzensberger, a "pequena burguesia" e a sua consciência de classe só realizam de forma *ex-negativa*: "ação solidária e coletiva não entra em questão para ela; jamais terá a autoconsciência de uma classe. Esse mecanismo de rejeição leva subjetivamente a fazer com que ela não seja respeitada socialmente; objetivamente, impede a formação de organizações de classe univocamente determinadas, politicamente abrangentes" ("A irresistibilidade da pequena burguesia: um capricho sociológico", em *Com raiva e paciência: ensaios sobre literatura, política e colonialismo*, Rio de Janeiro, Paz e Terra, 1985, p. 90).

[53] O CR-SP alertava para o fato de que os intelectuais poderiam ser perigosos não por serem intelectuais, mas por serem oportunistas, tanto quanto alguns operários e artesãos ("A luta interna do Partido Comunista do Brasil: seu significado". Informe ao CR de SP, dez. 1937. Arquivo Edgar Leuenroth (AEL)/Unicamp, Fundo Hermínio Sacchetta, Série PCB, Subsérie Discussões e Informes de Reuniões, Not. 45, p. 29.

[54] A ciência de Graciliano quanto à heterogeneidade da pequena burguesia é também abordada na crônica intitulada "Classe média", em que o cronista comenta um romance de Jáder Carvalho, no qual um funcionário público se muda para a capital e se "transporta em espírito" para o campo do proletariado: "Talvez o sr. Jáder Carvalho tenha pretendido convencer-nos de que todos os elementos, embora ruins, servem quando são bem utilizados pela revolução. Efetivamente vemos isso em alguns romances soviéticos, mas

texto dramatiza a dificuldade do intelectual em ser visto, também, como um companheiro de luta pelo operário: o seu passado oligárquico, traduzido no acesso à cultura que o trabalhador braçal não teve, se torna a causa de compreensíveis ressentimentos de classe. Esses, no entanto, impedem considerar as habilidades do escritor como proveitosas à causa revolucionária, dando ensejo à revolta do narrador militante.[55]

Há também a confissão de que alguns dos pequeno-burgueses nutriam, à semelhança de Mamede, um "fervor religioso" pela revolução, e que a ortodoxia não era exclusiva de operários afeitos às palavras de ordem. Para o narrador, no entanto, a origem de classe não determinava a opção política dentro da luta de classes, e por isso a rememoração expõe o quanto posições como a de Desidério podem ter fomentado involuntariamente um tipo de conduta que implicou muitas deserções no PCB. Trata-se de mais um momento, no texto, em que é possível identificar a voz do sujeito no presente. A alusão às "apostasias", que invoca mais uma vez em termo religioso uma realidade histórica da qual o narrador se mostra ciente, remete às defecções do final dos anos 1930 (quan-

não ficamos bem certos de que um sujeito como o dr. Manuel, começando tão mal, pudesse acabar bem. Não porque ele seja mau: simplesmente porque é uma criatura indecisa, fraca demais. [...] Isto não quer dizer que eu não acho bem feito o pequeno-burguês do sr. Jáder de Carvalho. Acho: é conquistador, dissimulado, egoísta, pérfido, covarde e sobretudo incoerente" (em *Linhas tortas, cit.*, pp. 167-8).

[55] Nesse caso, é interessante notar a relação que se estabelece com o Drummond de "O operário no mar": no poema a distância social e o desejo de superá-la se traduzem na consciência dilacerada do eu lírico, enquanto que nas *Memórias* parece haver uma certeza do narrador quanto à realidade comum aos espoliados que o operário não reconhece, e que explica a crítica à falta de abertura do estivador para "possíveis entendimentos". A diferença entre os textos e a ira que transparece em Graciliano talvez se deva à sua postura francamente militante — o que não exclui, tanto no poema quanto na narrativa, a desmistificação do discurso partidário em relação à figura do trabalhador. Para uma análise do poema e um estudo desse impasse em Drummond, ver Vagner Camilo, "A cartografia lírico-social de *Sentimento do mundo*", *Revista USP*, São Paulo, nº 53, mar.-maio 2002, pp. 64-75.

do muitos militantes aderiram ao trotskismo) e às da década seguinte, quando o anti-intelectualismo de Prestes e Arruda pautou o combate ao "aventureirismo pequeno-burguês", apontado pelos dirigentes como o empecilho que supostamente impossibilitava uma ligação mais efetiva com as massas.[56]

O movimento do narrador é ambivalente porque, se por um lado ele entende as razões da aversão de Desidério aos pequeno-burgueses, ciente de que, como formula Walter Benjamin em outro contexto, "a proletarização do intelectual quase nunca faz dele um proletário",[57] por outro critica a rigidez de uma postura assimilada pelos dirigentes que no futuro da política partidária dividiria, em vez de unir, os setores empobrecidos, compostos também eles por parte da intelectualidade desclassificada.[58] Por essa razão, o comportamento do estivador figura certa tipicidade do que no desenvolvimento da *práxis* do PC ficaria conhecido como *obreirismo*, processo que se caracterizou pela promoção de operários pouco afeitos à teoria marxista a postos de comando em detrimento dos intelectuais militantes: uma precaução da IC contra os ris-

---

[56] Cf. John W. F. Dulles, *O comunismo no Brasil, 1935-1945*, Rio de Janeiro, Nova Fronteira, 1985, p. 277.

[57] Cf. Walter Benjamin, "O autor como produtor", em *Obras escolhidas*, vol. I, tradução de Sérgio Paulo Rouanet, São Paulo, Brasiliense, 1994, p. 135.

[58] A discussão matizada e refletida do narrador das *Memórias* se diferencia, assim, da uniforme e ferrenha crítica aos intelectuais que Jorge Amado leva a cabo no romance *Os subterrâneos da liberdade* (1954), livro considerado uma manifestação emblemática do realismo socialista e da militância ortodoxa. Na obra, tanto o arquiteto simpatizante Marcos de Souza quanto o escritor militante Cícero d'Almeida são retratados como elitistas e perigosos (cf. "Agonia da noite", *cit.*, São Paulo, Livraria Martins Editora, 1963, p. 56). No terceiro volume da trilogia, o camarada João explica a Marcos de Souza que Cícero, militante de base, nunca ascenderia à direção regional porque os intelectuais levavam para o Partido a "ideologia pequeno-burguesa" (cf. "A luz no túnel", *cit.*, p. 104). Para um estudo comparativo entre a obra de Jorge Amado e a de Graciliano, ver o trabalho de Fabiana Buitor Carelli, *Porões da memória: ficção e história em Jorge Amado e Graciliano Ramos*, Tese de Doutorado, São Paulo, FFLCH-USP, 1997.

cos das interpretações não dogmáticas, vencendo zonas de resistência à stalinização.[59]

Cabe ressaltar que Graciliano, no plano biográfico, manifestou em discurso na célula Theodore Dreiser a crítica a essa tendência, que se tornou um modo de vida para muitos militantes, sem que a conduta os aproximasse, efetivamente, do povo.[60] Constatando que o problema da não profissionalização do escritor remontaria à época em que a literatura constituía "mero passatempo para as horas vagas", ele denuncia, na *práxis* do PC, um sectarismo "ilegal", porém "usual":

> "Por volta de 1935 o pequeno-burguês simpatizante queria depressa eliminar as suas tendências, necessidades, linguagem, até os seus hábitos mentais: rosnava palavrões, deixava de lavar-se, raspar a barba e escovar os dentes, abandonava a gravata, por vezes afundava num amoralismo idiota e dava impressão de deitar remendos em roupa nova. Esse esnobismo frequentemente descambava em admiração palerma ao trabalho simples e desprezo ostensivo ao trabalho complexo. Necessário combater simulações estúpidas ainda resistentes."[61]

Como se vê, no discurso que remete a 1935 e termina nas "simulações estúpidas *ainda* resistentes", o militante percebe o obreirismo como um *ethos* do Partido, independentemente da maior ou menor aceitação de intelectuais em suas fileiras e de sua política

---

[59] Cf. Pierre Broué, "A stalinização da Internacional", em *op. cit.*, pp. 587-615.

[60] Cf. José Antônio Segatto, "Evolução e mudanças (1928-1935)", em *Breve história do PCB*, São Paulo, Livraria Editora Ciências Humanas, 1981, p. 36.

[61] Graciliano Ramos, Discurso [1946]. Arquivo IEB-USP, Fundo Graciliano Ramos, Série Manuscritos, Subsérie Discursos, Not. 12.20. Incluído em *Garranchos*, cit., p. 281.

mais, ou menos, sectária. Por esse motivo, o escritor propõe na célula uma atividade que estimule e promova a produção literária dos camaradas, que a seu ver permitiria aos intelectuais "fazerem melhor o trabalho de massas", em lugar da "teoria afastada da prática" na qual eles comumente se perdiam[62] — uma proposta que foi desconsiderada pelos dirigentes.

Nas *Memórias*, o olhar do narrador a partir do presente desvela, por meio das relações com Desidério, a intolerância interna e irrestrita do Partido para com a pequena burguesia, justamente quando, em meados dos anos 1940, estava em curso a redefinição do papel do intelectual brasileiro, que passou a se caracterizar pela necessidade de atuação política e social dos "homens de ideias" (ao menos até o fim do Estado Novo, quando esse ímpeto arrefeceu). Por essa época, as exigências históricas de luta contra o nazifascismo e a ditadura de Vargas transformavam a torre de marfim, pouco cara a Graciliano, em nada menos do que uma "evasão criminosa". Daí parecer ainda mais regressivo, na reconstituição memorialística, o indiscriminado ataque do PC aos pequeno-burgueses.[63]

---

[62] Discurso [1946]. Arquivo IEB-USP, Fundo Graciliano Ramos, Série Manuscritos, Subsérie Discursos, Not. 12.19. Incluído em *Garranchos, cit.*, pp. 285-92). Jorge Amado, em tom mais conciliatório, também declarou, em 1946, que com o PC na legalidade já se poderia "utilizar cada quadro na sua especialidade, desaparecendo o homem de sete instrumentos característico de partidos ilegais" ("Escritores, artistas e o Partido", *A Classe Operária*, Rio de Janeiro, 16/3/1946, CEDEM/ASMOB).

[63] A expressão "evasão criminosa" foi cunhada pelo crítico pernambucano Osório Borba, delegado regional da Associação Brasileira de Escritores (ABDE). O Congresso de 1945, cujas resoluções Graciliano subscreveu, tratava de aliar à luta pela democracia medidas que pudessem garantir uma regulamentação e autonomização do trabalho intelectual, inclusive para que os "homens de pensamento" pudessem externar mais livremente as suas convicções políticas como consequência de uma menor dependência para com o Estado (cf. Felipe Victor Lima, *O Primeiro Congresso Brasileiro de Escritores: movimento intelectual contra o Estado Novo (1945)*, Dissertação de Mestrado, FFLCH-USP, 2010, pp. 10-46).

Panfleto do PCB seguido de poema que ironiza a relação entre operários e intelectuais: "Eu sou homem de bem/ cursei muito a academia/ discutir com operário/ perco de tudo a valia".
Na imagem, o "doutor" e o seu criado.

No processo de rememoração, a conduta de Desidério faz ressoar tendências que se tornaram vigentes no âmbito da política partidária, quando os dirigentes proclamaram diretrizes anti-intelectualistas em nome de uma suposta valorização do operário sem que se ampliasse, de fato, o poder dos trabalhadores. Por esse motivo, embora o prisioneiro, à época, tenha se rebelado contra a fala do estivador, a reflexão sobre ela permite estabelecer um contraponto necessário às falsas esperanças e às diretrizes conformistas:

> "Debruçado ao passadiço, achei-o grosseiro e injusto. Aos votos amáveis de Sisson respondera com quatro pedras na mão, como se nos responsabilizasse por sua desdita. Pensei depois com frequência naquele rompante, esforcei-me por explicá-lo. Quem sabe o estivador não tinha alguma razão? Opusera um dique ao otimismo torrencial de Mamede. Contivera as explosivas manifestações da coqueluche vermelha. Tarimbeiro antigo, desdenhava os recrutas."[64]

A aparente agressão, filtrada pelo olhar do militante que tem a seu favor o distanciamento temporal, percebe o senso de concretude da fala de Desidério e sua experiência de luta, em oposição à pouca vivência política dos militantes recém-chegados, identificados como "recrutas". Dessa maneira, não deixa de haver certo reconhecimento do olhar mais realista daquele, em especial porque a afinidade a princípio insuspeita entre o narrador e Desidério, mas descoberta ao longo do tempo, implicaria a recusa de ambos às diretrizes partidárias aliancistas que confirmaram o falso idílio de classes rechaçado dura e previamente pelo estivador.

A compreensão *a posteriori* quanto às reservas do operário, as reações do intelectual empenhado às voltas com as suas ambivalências de classe e a doutrina partidária que alijava os "homens de ideias" mostram como a experiência de prisão se tornou fundamental para a formação crítica do militante, além de estabele-

---

[64] MC, PP, p. 310.

cer um fio de continuidade entre as temporalidades da narrativa. No âmbito da matéria narrada, o radicalismo do "carregador de sacos" reforça a sensação de isolamento do prisioneiro em relação aos grupos do Pavilhão, que, somada à proximidade com personagens suspeitas de trotskismo, vão configurar no espaço carcerário um comportamento bastante excêntrico de sua parte: uma excentricidade realçada e desdobrada, no tempo da rememoração, pelo narrador filiado ao PC.

A GUERRA SEMÂNTICA

Nas *Memórias*, o "Pavilhão dos Primários" representa um lugar de contato efetivo do prisioneiro com os discursos cristalizados da militância, e constitui um núcleo de problemas sobre os quais o narrador se debruça a fim de pôr em questão aspectos da política partidária, uma vez que esse espaço de reclusão, no centro do Rio de Janeiro, se caracterizava nos anos 1930 como prisão política. Logo ao chegar ao Pavilhão, o detento, premido por necessidades de higiene, é acolhido em um dos cubículos por Sérgio (Rafael Krempad), russo perseguido pelo nazismo que se tornara professor no Brasil (cap. 1) e fora preso por portar documentos que atestavam a militância trotskista. Sérgio ensina matemática aos colegas de cadeia e os apresenta ao detento, tornando-se uma espécie de anfitrião para o escritor encarcerado.

A princípio, a erudição do estrangeiro chama a atenção, e a aula sobre a teoria da relatividade chega mesmo a intimidá-lo ("anulei-me, experimentando pouco mais ou menos o vexame dos analfabetos diante do papel escrito", cap. 1). Aos poucos, porém, a sua desconfiança quanto ao novo colega se desfaz, quando o Capitão Mata deixa o presídio e o russo pede para ocupar, também, o cubículo 35. É quando Sérgio lhe conta a sua história de vida e deixa transparecer para além da "brancura doentia de nata" uma "serenidade completa", capaz até mesmo de julgar com imparcialidade os algozes que o haviam torturado. O narrador então realça a familiaridade que se esboçava entre ele e o russo, ao contrário da figura sempre "meio distante" de Mata. Com o passar do tempo, o prisioneiro vai-se ambientando no Pavilhão, onde a desconfiança de haver espiões da polícia entre os detentos era continuamente disseminada; o tenente Lauro Fontoura tecia "comentários imprudentes" e comprometedores sobre vários companheiros (cap. 9). Só então o prisioneiro percebe por que Sérgio, Adolfo Barbosa e alguns outros se fechavam em reserva, fugiam às discussões rumorosas e desertavam a Praça Vermelha à hora dos discursos:

> "Consideravam-nos trotskistas, ofensa máxima imputável a qualquer de nós. Sem se examinar ideia ou procedimento conferia-se o labéu a torto e a direito, apoiado em motivos frívolos ou sem nenhum apoio. Difamavam-se os caracteres arredios, infensos ao barulho, às cantigas, às aulas interrompidas, recomeçadas, ao jogo de xadrez; as índoles solitárias, propensas à leitura, à divagação, inspiravam desconfiança. As palavras tomavam sentidos novos; vagas, imprecisas, tinham enorme extensão; aplicadas sem discernimento, produziam equívocos."[65]

Ao recuperar a experiência na prisão, o narrador, que se inclui explicitamente no relato, enfatiza a relação entre o comportamento mais arredio e introspectivo de alguns e o estigma de trotskista que se lançava a essas personalidades não gregárias, o que as levava, em contrapartida, a se afastarem ainda mais dos espaços comuns. Assim, a narrativa discute, por meio da reflexão distanciada ("consideravam-nos"), a pecha de "trotskista" que pesou sobre ele e os seus colegas, como se o passar dos anos lhe permitisse um entendimento mais amplo do que consistia uma grave acusação política. Se a decodificação do trotskismo como "ofensa máxima" poderia, a princípio, sinalizar uma adesão do narrador ao programa stalinista, o esclarecimento de que a infâmia servia

[65] *Idem*, p. 238.

para distinguir e segregar detentos por razões comportamentais, nunca por convicções políticas, expõe criticamente o quanto havia de irrefletido, equivocado e preconcebido na conduta dos militantes. Não por acaso, o narrador revela que tal "xingamento" recaía sobre personalidades não habituadas a reflexões pragmáticas — indivíduos que não se encaixavam no perfil da militância ativa e afeita às palavras de ordem.[66]

Assim é que uma espécie de *guerra semântica* se estabelece no Pavilhão, quando a reprodução do jargão partidário por muitos detentos compõe grupos de interesse, assimilando uns e excluindo outros. Essa realidade, denunciada com veemência pelo narrador, é reiterada na cena em que o prisioneiro, que se "embrenhava no internacionalismo" em uma conversa com Sérgio, se vê interrompido por um dos detentos que sequer é nomeado:

"— Você é trotskista? Inquiriu alguém.
— Eu? Que lembrança! Afirmei que sou internacionalista. Por isso me embrulharam. Quem falou em trotskismo? Internacionalismo foi o que eu disse.
— É a mesma coisa.
— Está bem.
Esses desacordos me deixavam perplexo. Imputavam-me convicções diferentes das minhas, e nem me res-

---

[66] A suspeita de que a interiorização e o comportamento mais recluso não quadravam ao paradigma de militância no PC fica registrada n'*Os subterrâneos da liberdade*. No romance de Jorge Amado, tanto a ingênua Manuela quanto Marcos de Souza se politizam a partir da amizade com a operária Mariana e passam a ter "confiança no futuro" porque percebem que ela não era "uma simples pessoa", mas "o próprio Partido", um ser que, por meio das suas *ações*, traz "a luz no túnel" e "mostra as saídas". Por sua vez Mariana, afastada do namorado que partiu em missão clandestina, entende que ele foi "cumprir uma tarefa" e que "esse é o cotidiano dos comunistas, e nesse amor ela deve encontrar um incentivo ainda maior para o trabalho partidário" ("Os ásperos tempos", *cit.*, p. 205). Esses excertos mostram que, como explica o camarada Ruivo em outra passagem do livro, para "ser comunista" (ou seja, o perfil típico do militante ortodoxo) é preciso agir e pensar, o tempo todo, "na terceira pessoa" (*op. cit.*, p. 147).

tava meio de explicar-me na algaravia papagueada ali: quanto mais tentasse desembaraçar-me, dar às coisas nomes exatos, mais me complicaria. Quase todos se julgavam revolucionários, embora cantassem o Hino Nacional e alguns descambassem num patriotismo feroz. Ouvindo-os, lembrava-me de José Inácio, o beato que desejava fuzilar ateus."[67]

O excerto exibe o embate entre duas perspectivas: a do desconhecido que associa imediatamente o internacionalismo ao trotskismo, e a do prisioneiro familiarizado com uma cultura política de esquerda que, no afã de precisar o sentido das palavras, não entende os termos como equivalentes e por isso não aceita a deturpação de sentido. A aparente resignação manifestada diante do colega é menos aderência do que a percepção da esterilidade do debate, e daí a perplexidade confessa do narrador, para quem a tentativa de "dar às coisas nomes exatos" implicaria maiores desavenças e o repúdio dos demais, que assimilavam consensualmente o discurso cristalizado. Também aqui a associação dos patriotas a certo "fervor religioso", comparando-os ao beato que fora preso, realça, pela vinculação à violência sectária que elimina tudo que não seja igual, a crítica ao nacionalismo de parte da militância. Essa perspectiva não quadrava aos propósitos revolucionários, embora houvesse se tornado uma palavra de ordem.

Por isso, a indignação do prisioneiro provém não somente da deturpação do conceito de internacionalismo, agora considerado traição à política stalinista e tornada nos quadros do PC a pior das difamações, mas também do patriotismo feroz dos combatentes: como seria possível pertencer ao movimento comunista internacional e, simultaneamente, permanecer agarrado a um estreito nacionalismo? É significativo que faça parte da estratégia do narrador o resgate de uma época em que ele, a despeito do contato com as teorias de esquerda, não militava, o que realça ainda mais a percepção do esvaziamento, pela *práxis* partidária, de conceitos-cha-

[67] *MC*, PP, pp. 238-9.

ve do marxismo, como se o prisioneiro ainda estivesse à deriva do olhar do PC. De algum modo, a insistência na exatidão das palavras expõe a necessidade de resistir à manipulação política mais ampla que redefinia até mesmo a linguagem da militância: um quadro que permite ao narrador depreender os signos ideológicos como reflexos e fragmentos materiais da própria realidade, arenas nas quais se desenvolve a luta de classes.[68]

Como tais convicções são elaboradas entre os anos 1940 e 1950, a reflexão ganha corpo e traduz a forte divergência de um sujeito quanto às distorções teóricas, quando toda e qualquer dissensão ou crítica era sumariamente definida como trotskista e, portanto, contrarrevolucionária. O combate sem trégua à "canalha trotskista", promovido pela cúpula da IC desde 1923, efetivou-se com o fim de estabelecer direções inteiramente alinhadas ao comando de Stálin. A expulsão de Trótski, que diagnosticou o conservadorismo do aparato, e o combate à Oposição de Esquerda correspondiam à hegemonia do pensamento catequizado do "socialismo em um só país".[69] No Brasil, a fração antiestalinista liderada por Mário Pedrosa rompeu com o PCB em 1933; analogamente ao contexto soviético, empreendeu-se uma perseguição implacável às seções regionais não alinhadas com a direção, o que resultou na grande defecção de 1937 conhecida como "o cisma de Sacchetta".[70]

---

[68] Cf. Mikhail Bakhtin, *Marxismo e filosofia da linguagem*, cit., p. 47.

[69] Cf. León Trótski, *Stálin, o grande organizador de derrotas: a III Internacional depois de Lênin*, São Paulo, Sundermann, 2010, pp. 89-144.

[70] O Comitê Regional de São Paulo, pelo fato de não ter sido atingido grandemente pela repressão pós-levante, pôde manter um canal de comunicação com a sociedade e não se aferroar às fórmulas do Comitê Central. Hermínio Sacchetta, presidente do CR, recusou-se a seguir o receituário etapista e a apoiar a burguesia "progressista", denunciando também a falta de democracia interna no Partido. Sacchetta, Hílio Manna e Heitor Ferreira Lima foram expulsos em 1937, acusados de serem "contrarrevolucionários trotskistas". Sacchetta aderiu no ano seguinte à IV Internacional e fundou o Partido Socialista Revolucionário em 1939 (cf. Dainis Karepovs, *Luta subterrânea: o PCB em 1937-1938*, São Paulo, Hucitec, 2003). Para um acompanhamento

Ora, a força do narrador militante das *Memórias* (que, como vimos em "Viagens", não adere, de todo, às posições programáticas do PCB) consiste, neste caso, na percepção do emprego da *calúnia ideológica como arma política* e na exposição corajosa de sua divergência em relação a essa tática. Tal postura sinaliza a consciência de que a guerra declarada aos "inimigos" enfraquecia enormemente o campo da esquerda, ao minar qualquer possibilidade de debate. E também de que a recusa ao internacionalismo sob pretexto de combate ao trotskismo manifestava uma política em última instância contrarrevolucionária, que passava inclusive pela *corrupção linguística* de que foram alvos os círculos marxistas a partir da hegemonia de Stálin.

Nas *Memórias*, o contato do prisioneiro com "elementos trotskistas" ou assim considerados não se limita, porém, à figura de Sérgio. Após uma desavença com o médico Sebastião Hora (cap. 26), com quem dividia a cela, ele se vê obrigado a deixar o espaço e se refugia no último dos cubículos, o de número 50, em companhia de outro médico, Valério Konder, do simpatizante Américo Dias Leite e de Adolfo Barbosa (um abastado comerciante que colaborou com a insurreição), este também considerado trotskista no Pavilhão.

De modo expressivo, não são as supostas convicções políticas de Adolfo que passam a incomodá-lo, mas a diferença de classe entre eles: o prisioneiro percebe que o relativo "luxo" da cela 50 provinha possivelmente de "gorjetas liberalizadas para amortecer a vigilância" (cap. 27). As propinas, porém, não o impedem de atentar com admiração para os estudos teóricos a que o companheiro se dedicava. Mas depois de um tempo a "delicadeza obsequiosa" do "homem rico" o deixa deslocado, pois parecia explicitar a sua "inferioridade social" em relação aos mais aquinhoados. Daí a conclusão dolorosa de que era "repelido em cima e embaixo: aqui os modos afáveis e protetores de Adolfo; ali a bru-

---

da trajetória da Oposição de Esquerda no Brasil, ver José Castilho Marques Neto, *Solidão revolucionária: Mário Pedrosa e as origens do trotskismo no Brasil*, Rio de Janeiro, Paz e Terra, 1993.

Brochura do Comitê Central do PCB, de janeiro de 1938, acusando o grupo de Hermínio Sacchetta, que acabara de ser expulso do partido, de ser "revolucionário por fora e trotskista por dentro".

talidade rija do estivador Desidério", o que reinsere a difícil situação do intelectual pequeno-burguês repudiado tanto pela classe dos exploradores quanto pela dos explorados.[71]

O reconhecimento de assimetrias de classe em relação a Barbosa não passa, contudo, pela discussão política (padrão manifestado também no seu envolvimento com Sérgio), e não impede o refúgio até certo ponto voluntário na companhia de ambos, como também as longas conversas que os animam. O fato de o narrador já militar nos quadros do PC torna ainda mais contundente a sua confissão de que se relacionava com trotskistas, uma vez que os princípios estatutários que tratavam "Dos direitos e deveres dos membros do Partido" afirmavam, no artigo nono, que "o primeiro dever de todo membro é enquadrar todos os atos de sua vida pública e privada dentro dos princípios". Já o de número 13 determinava que nenhum membro poderia manter "relações pessoais, familiares ou políticas" com "trotskistas ou com outros inimigos reconhecidos do Partido, da classe operária ou do povo".[72]

Essas determinações, que deveriam balizar a conduta dos militantes, entram em choque com a postura do narrador, que realça justamente as relações pessoais mantidas com os "elementos trotskistas" da prisão. Por meio delas, ele demonstra a não sub-

---

[71] Essa percepção particularizada se aproxima das divagações drummondianas sobre a classe média, o que aponta para um dilema comum vivenciado, de modo distinto, pelos dois "escritores funcionários": "Na luta entre o possuidor e o despossuído, que marca o nosso tempo, torna-se curioso observar que nem sempre é este que mais sofre às mãos daquele: é muitas vezes o que está no meio, acusado por uns de se vender ao ouro dos plutocratas, por outros de se deixar intimidar ante a cólera dos proletários" (Carlos Drummond de Andrade, "Essa nossa classe média...", em *Passeios na ilha: divagações sobre a vida literária e outras matérias*, Rio de Janeiro, José Olympio, 1975, p. 53). Também no caso de Drummond, trata-se de uma definição que certamente leva em conta a sua própria trajetória social, até certo ponto similar à de Graciliano.

[72] "Estatutos do Partido Comunista do Brasil" (1945). Catálogo Folhetos, Fundo Delegacia Política e Social (DPS), f. 129; "Estatutos do Partido Comunista do Brasil". Arquivo Público do Estado do Rio de Janeiro (APERJ), Fundo Polícias Políticas (PP), Catálogo Folhetos, f. 146.

missão integral da sua vida privada aos princípios partidários, confessando um modo de agir avesso ao que se impunha aos comunistas e suas áreas de influência.

A rejeição ao comportamento sectário leva o narrador a certo distanciamento quanto ao discurso pecebista, mas não o impele, porém, a se afinar com a figura do líder da Oposição. Assim é que, na quarta parte das *Memórias* ("Casa de Correção"), quando "raros indivíduos" na Sala da Capela lhe prendem o interesse e a sua aproximação com o médico dissidente Febus Gikovate se torna motivo de repúdio por parte dos outros detentos (cap. 8), ele pode discorrer abertamente sobre Trótski:

> "A palestra do judeu proporcionou-me censura; notei em redor frieza e hostilidade, enfim percebi que me consideravam trotskista. Esse juízo era idiota e não lhe prestei nenhuma atenção. A vaidade imensa de Trótski me enjoava; o terceiro volume da autobiografia dele me deixara impressão lastimosa. Pimponice, egocentrismo, desonestidade. Mas isso não era razão para inimizar-me com pessoas que enxergavam qualidades boas no político malandro. A opinião delas, nesse ponto, não me interessava. Nunca tentei coagir-me, transigir. Desviava-me da personagem desagradável, impertinente, buscava matéria que não me irritasse."[73]

De forma mais assertiva, o narrador reitera a estultice de ser tomado, mais uma vez, por "trotskista", o que não o impedia, enquanto prisioneiro, de se aproximar de companheiros tido como tais. Na aversão confessa, não deixa de ser expressivo o seu ângulo de análise, que avalia o líder não por meio da teoria desenvolvida pela Oposição de Esquerda, mas, à semelhança do retrato dos trotskistas da prisão, por critérios quase pessoais. Assim é que a recusa à discussão teórica, reiterada pelo militante nos anos 1940,

---

[73] *MC*, CR, p. 590.

revela menos sobre o trotskismo e mais sobre os equívocos da política stalinista e a fragilidade teórica dos próprios comunistas, um ponto de vista pouco confortável que o narrador, por se encontrar "à beira da cova", pode manifestar.

A delicada situação do militante ganha respaldo se considerarmos que algo desse desconforto também aparece em *Viagem* (1954), relato escrito por Graciliano nos seus últimos meses de vida sobre a excursão que fizera à União Soviética em 1952, como presidente da ABDE (quando a entidade já estava aparelhada pelo Partido). No capítulo em que conta o passeio pelas ruas da Geórgia, há uma alusão às atrocidades stalinistas, sobre as quais o discurso do narrador se revela ambíguo:

> "Meses depois [da viagem], no meu país, homens sagazes e verbosos censurar-me-iam a ignorância a respeito da União Soviética. Tinham-me os guias exibido coisas necessárias à propaganda, e eu, ingênuo, acreditara nelas. Indispensável aceitar verdades ocultas muito abaixo das aparências brilhantes. E, sem nunca terem ido à URSS, explicar-me-iam, generosos, horrores medonhos, trabalho forçado, enxovias horríveis, fuzilamentos diários. [...] A lembrança dessa morosa estupidez, renovada com insistência lá fora, irritava-me durante o passeio. Iria impacientar-me ouvindo isso."[74]

A crítica à propaganda antissoviética dos anos de Guerra Fria vem acompanhada da confissão de que os rumores sobre a *farsa stalinista* passaram a importuná-lo, o que é muito relevante do ponto de vista da militância: a "impaciência" que acomete o diarista decorre do repúdio ou da dúvida suscitada pelos boatos? Assim é que, para parte da crítica referente a essa obra, Graciliano faz em *Viagem* uma espécie de "ginástica psíquica para robustecer sua última fé ameaçada pela sua amarga inteligência"; de modo

---

[74] *Op. cit.*, Rio de Janeiro, Record, 1980, p. 174.

que "nunca se sabe ao certo se está criticando ou elogiando" o que viu na União Soviética.[75]

Nas *Memórias*, não há uma confissão explícita nesse sentido. Porém, a menção à palestra ministrada por Gikovate, o "judeu excelente" que se "esforçava por não deformar um pensamento" (e que à época da prisão já estava afastado do PC),[76] estabelece um contraponto à deturpação do *corpus* teórico pelos prisioneiros mais ortodoxos. Trata-se de um posicionamento discordante e ácido, que recusa o policialismo interno fomentado desde os anos 1920 pela direção nacional.[77]

Portanto, o retrato dos trotskistas na obra de Graciliano, muito longe de ridicularizá-los, apresenta-os como personagens que pertencem ao espectro político da esquerda, detentores de uma erudição superior à do próprio prisioneiro, o que permite ao narrador expor suas diferenças em relação ao PC, que os considerava tanto colaboradores da polícia como "revolucionários de porta de livraria".[78] Não deixa de ser irônico o fato de que, na pri-

---

[75] Cf. Henrique Pongetti, "Dois livros", *O Globo*, Rio de Janeiro, 19/11/1954; J. C. Oliveira Torres, *O Diário*, Belo Horizonte, 11/12/1954. Arquivo IEB-USP, Fundo Graciliano Ramos, Série Matérias Extraídas de Periódicos, Subsérie Fortuna Crítica.

[76] Febus Gikovate, que deixou o PCB em 1934 denunciando a manipulação stalinista, integrou a Oposição de Esquerda e militou com Antonio Candido e Paulo Emílio Sales Gomes na União Democrática Socialista. No perfil que esboça do professor de Medicina, Candido reitera que Graciliano, conforme demonstra em *Memórias do cárcere*, "respeitava e admirava esse brilhante dissidente" ("Discreto magistério", em *Recortes*, Rio de Janeiro, Ouro sobre Azul, 2004, p. 201).

[77] Essa recusa também pautou, em 1937, a política do CR-SP, o qual denunciava o erro de fazer da luta contra o trotskismo o combate à autocrítica dentro do Partido. Para os pecebistas de São Paulo, eram contrarrevolucionários os métodos que "importassem em policialismo", e antimarxista o uso da "calúnia contra quaisquer adversários" (Arquivo Edgar Leuenroth (AEL)/Unicamp, Fundo Hermínio Sacchetta, Série PCB, Subsérie Discussões e Informes de Reuniões, Not. 568/9).

[78] Cf. *Os subterrâneos da liberdade*, "Os ásperos tempos" (*op. cit.*, p.

são, o comportamento "cissionista" do qual os trotskistas eram acusados seja adotado pelos militantes ou simpatizantes comunistas: uma inversão que o narrador, apegado à realidade concreta, não se exime de registrar.

Como a representação das personagens trotskistas, nas *Memórias*, se relaciona aos estudos aos quais eles se dedicavam na cadeia, tais figurações podem ser entendidas ainda como uma crítica ao desprezo pela teoria cultivado pelos dirigentes comunistas, o que converge para a delicada situação do intelectual pequeno-burguês e militante às voltas com a sua complexa inserção na vida partidária.

Dessa forma o narrador pode expor, por meio da exibição da própria conduta em relação aos supostos traidores, a tensão constitutiva de um olhar não aderido a uma política cada vez mais conformista e destrutiva, quando o PC lutava contra a própria esquerda e, ao mesmo tempo, compunha à direita com as formações burguesas.

A BATALHA CAMPAL

O detento considerado trotskista, isolado da maioria dos companheiros tanto no Pavilhão quanto na Casa de Correção, tampouco encontrou guarida junto aos militares encarcerados, que

---

205). Ressalte-se que o romance foi escrito por Jorge Amado *em função* do combate ao grupo liderado por Sacchetta. No livro, o jornalista aparece sob o nome do trotskista "Abelardo Saquila", um intelectual pessimista e distante das massas que, por discordar da linha política do PC, cria um novo Partido e colabora com a polícia contra o "verdadeiro PC" (*op. cit.*, pp. 207-8). Sacchetta, à época do lançamento, respondeu a Jorge Amado, afirmando em artigo que o "semianalfabeto ilustre" nutria de "subliteratura fraudulenta as pobres vítimas do 'aparelho' partidário" ("Jorge Amado e os porões da decência", *Tribuna da Imprensa*, Rio de Janeiro, 18/9/1954. Arquivo IEB-USP, Fundo Graciliano Ramos, Série Matérias Extraídas de Periódicos, Subsérie Fortuna Crítica).

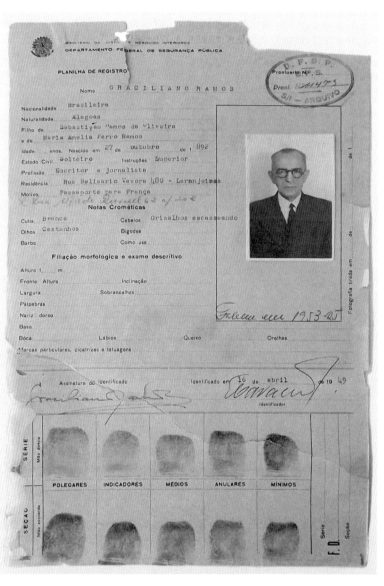

Prontuário de Graciliano Ramos feito pelo Departamento de Segurança Pública, em 1949, para obtenção do passaporte com o qual o escritor viajaria à União Soviética.

personificam, no livro, o furor nacionalista que o narrador tanto repudia. Algo do mal-estar entre o preso civil e os homens da caserna aparece, na segunda parte da obra, na relação cerimoniosa com Capitão Mata, que, bem relacionado com os chefes do presídio, logo abandona o Pavilhão. Esse comportamento do oficial dá margem a um ardiloso comentário do narrador ("julgo que teve uma cidadezinha do sul por menagem", cap. 4).

O mal-estar também desponta nas observações sobre os militares detidos, os quais, estranhamente, não se julgavam demitidos ("o espírito de casta permanecia", cap. 20). Mas é na "Casa de Correção" que as divergências avultam de modo efetivo: já na chegada o detento se surpreende com "os lugares-comuns e o patriotismo" dos hinos revolucionários ("Colônia", cap. 35); e, quando afirma a um desconhecido não ter opinião sobre Prestes, os jovens militares detidos passam a evitá-lo e a caluniá-lo: "Um companheiro veio contar-me que alguém afirmara ter-me ouvido, em zanga indiscreta, dizer de Prestes cobras e lagartos" (cap. 18). Em virtude da resposta reticente a um "oficialzinho cheio de susto" que lhe questionara sobre sua "crença" em uma vitória próxima da revolução, o prisioneiro é tachado de "reacionário", o que lhe permite concluir que os militares "eram rigorosos com as pessoas indiferentes às canções patrióticas".

Assim é que, na "Casa de Correção", no momento em que os detentos decidem sobre uma greve de fome capitaneada pelos oficiais revoltosos (cap. 23), fica estabelecida uma divisão muito nítida entre "operários analfabetos e suspeitosos", os "intelectuais que desprezavam indivíduos alheios aos ofícios complexos" e os "amigos da ginástica, ruidosos, espalhafatosos", sobre quem o narrador tece as mais contundentes críticas:

> "Esses não se detinham em raciocínios lentos, na regra: às vezes mandavam à fava as premissas, iam direto a conclusão apressadas, inconsequentes. As recusas expostas em voz alta [em relação à participação na greve] encobriam as diferenças de temperamento e educação; e mais fortes, mais decisivas, havia as discórdias,

meses antes apenas entrevistas, depois claras, indisfarçáveis."[79]

Após ter assinalado com espanto e ironia a manutenção de certas prerrogativas da corporação, o narrador denuncia a falta de preparação política dos oficiais de esquerda com os quais teve contato. Seja porque o ímpeto pela revolução se diluía em um nacionalismo ufanista e conservador, seja porque a conduta dos "jovens de ação" se pautava por uma componente imediatista pouco afeita à reflexão e à ação política consequente, a narrativa mostra a dificuldade do militante em vislumbrar na figura dos oficiais, e por extensão em parte do Exército, a presença de uma das forças "populares, democráticas e progressistas" que promoveriam a revolução brasileira, como pretendia o Partido.[80]

O desencanto do narrador, que avalia retrospectivamente a sua experiência com os militares da Casa de Correção, sinaliza no presente da escritura para os resultados nefastos da guinada patriótica das Frentes Populares, quando a aliança dos PCs com as burguesias nacionais terminou por varrer uma geração de veteranos em nome de uma juventude de oficiais que, à semelhança dos trabalhadores pouco qualificados, endossavam as políticas de cúpula.[81] No caso do PCB, isso se traduziu, a partir dos anos 1930, na assimilação da herança tenentista que implicou o grande aporte de ex-tenentes sem tradição de militância os quais, atraídos pela figura de Prestes, contribuíram para transformar o Partido Comunista, como o próprio dirigente reconheceria (muito) mais tarde,

---

[79] *MC*, CR, p. 655.

[80] Na análise de Anita Prestes, o PCB preferiu a caserna aos trabalhadores, uma vez que a crença nos "nacionalistas revolucionários" levou-o a delegar aos militares o papel que caberia às massas organizadas (em *Luiz Carlos Prestes e a Aliança Nacional Libertadora*, São Paulo, Brasiliense, 2008, p. 143).

[81] Cf. Pierre Broué, "Em torno do VII Congresso da Comintern", em *op. cit.*, p. 854.

em um Partido Nacional-Libertador.[82] Esse caminho foi ratificado pela Conferência da Mantiqueira, de 1943, que conferiu grande realce a uma "vanguarda armada" que "deliberadamente fazia questão de não se comprometer com nenhuma concepção de revolução".[83]

Nas *Memórias*, as reservas do prisioneiro quanto aos jovens oficiais despidos de estofo teórico se adensam nos capítulos finais, quando o narrador relata o acirramento das dissensões na Sala da Capela, o forte desânimo que atinge a todos e as brigas que se tornavam rotineiras (cap. 27). Uma delas, que de início envolve dois oficiais, se transforma logo em uma "onda raivosa", pois passa a contar com a adesão de muitos e provoca o ostensivo afastamento do prisioneiro, que, sentado em um banco, tenta ler um livro:

"Ergui-me, sentei-me um pouco distante, reabri o volume; o desconchavo alcançou-me, bateu-me nas pernas; levantei-me de novo, afastei-me alguns metros, esforcei-me por adivinhar a página. Desviando-me da leitura, percebi que grande número de militares aderira à briga. Aquilo para eles era esporte, jogo necessário à saúde. Baques, desaforos; o combate se generalizava, deslocava os móveis, alargara-se até o meio da sala. Não me achando em segurança, fui acomodar-me ao fundo, perto do altar. As camas estavam desfeitas; formavam-se partidos, a animar, a desanimar os lutadores; e pessoas cautelosas se resguardavam junto às janelas. A fúria coletiva decresceu, morreu, e os contendores desgrudaram-se. Restabeleceu-se a ordem, arrumaram-se as peças nos tabuleiros de xadrez, as cartas espalharam-se no

---

[82] Cf. Luís Carlos Prestes, entrevista a Dênis de Moraes e Francisco Viana, *op. cit.*, p. 262.

[83] Cf. Pedro Roberto Ferreira, em *O conceito de revolução na esquerda brasileira (1920-1946)*, Londrina, Editora da Universidade Estadual de Londrina, 1999, p. 244.

crapaud e na paciência, os discos da vitrola buscaram desfazer-nos a má impressão.

— Você tem sangue de barata, homem, veio dizer-me José Brasil.

— Por quê?

— Ora por quê! Num barulho como este, fica sentado, lendo, nem levanta a cabeça. Que diabo! Você não tem nervos.

— Pois sim! Vou lá meter-me em questão de soldados? Vocês se entendem. Arranham-se, trocam murros, quinze minutos depois estão amigos. E voltam-se contra os paisanos. Sou neutro. Arranjem-se.

O capitão arregalou o olho vivo, com espanto. Em seguida soltou uma gargalhada:

— Ótimo. É isso mesmo. Foi a opinião mais sensata que já ouvi a nosso respeito."[84]

Na cena, o avanço da briga e o esforço do detento em não se envolver nela, mesmo quando a luta chega a seus pés prejudicando suas tentativas de leitura, mostra certa insensibilidade para com as contendas tornadas rotineiras no espaço carcerário. Ao mesmo tempo, expressa uma retribuição bastante capciosa ao desdém da "vanguarda armada" para com os demais presos, uma vez que os oficiais faziam questão de se manterem apartados, embora esperassem adesões maciças às suas iniciativas. A reprimenda e o riso surpreso de José Brasil confirmam a ideologia da caserna que o prisioneiro percebe e deixa à mostra o olhar excludente de parte dos setores armados sobre os civis, inclusive sobre os que pertenciam ao mesmo espectro político.

Portanto, o capítulo que encerra a última parte da obra mostra o anticlímax de uma briga rixosa, quando o espaço carcerário, comportando uma coletividade forjada pelo Estado, acirra os ânimos e provoca contendas despropositadas e cada vez mais frequentes pelas quais o prisioneiro não se interessa, mas que não lhe dão

---

[84] *MC*, CR, pp. 673-4.

tranquilidade. Esse anticlímax contrasta com o início das *Memórias*, quando o detento nutria expectativas quanto à cadeia, que a seu ver poderia se tornar o refúgio ideal para a produção literária, um lugar livre das contingências do cotidiano. Aos poucos, porém, a realidade das celas demoveria tanto o seu fôlego para a escrita quanto o interesse pelas figuras em torno. O contraste entre a ideação da autonomia do fazer literário e a realidade da prisão, que turva esse propósito, denuncia por si só a presunção confessa do escritor pequeno-burguês, segundo a qual a energia produtiva não deveria ser despendida com questões relativas à sobrevivência. Tal concepção se revela um logro também dentro do cárcere, e essa impossibilidade fica representada pela imagem final do livro, quando o intelectual aprisionado e às voltas com a leitura tenta, em vão, se afastar das contendas.

É sintomático ainda que o narrador, neste último capítulo redigido, não se retraia reflexivamente a fim de compreender o episódio relatado, como se a situação rememorada dispensasse qualquer tipo de desdobramento. Essa imagem, reduplicada no momento do relato, encerra a obra de forma abrupta e se prolonga no tempo como uma realidade suspensa, como a denunciar a permanência do impasse caracterizado pela cizânia. Do ponto de vista do militante, a luta que envolve os militares revolucionários e cegos pela defesa da Pátria, em contraponto com o desdém do prisioneiro diante da briga (que, no entanto, é incomodado por ela), pode sugerir os riscos corporativos e os princípios nacionalistas que a direção do PC assumiria e com os quais a militância se viu envolvida ao tempo da escritura das *Memórias*, sem que necessariamente essa militância se identificasse com tais princípios.

Não parece despropositado lembrar que, com o passar dos anos e sob esse nacionalismo, o PCB encamparia plataformas que entrariam em conflito com o seu suposto internacionalismo proletário (mas não com o stalinismo), uma política que o faria oscilar, indefinidamente, "entre a bandeira vermelha e a verde e amarela".[85] Nesse sentido, as figurações dos militares na obra, bem co-

---

[85] Leôncio Martins Rodrigues, em *op. cit.*, p. 443.

mo a dos trotskistas e a dos operários raivosos, constituem sinais por meio das quais o narrador pode tecer a crítica à condução da política partidária, o que realça ainda mais a sua excentricidade quanto às diretrizes majoritárias e explicitam a potência do foco narrativo do livro.[86]

Na "Explicação Final" que acompanhou a primeira edição das *Memórias* (e as subsequentes), Ricardo Ramos esclarece que restava a Graciliano escrever apenas mais um capítulo, no qual registraria, já fora da cadeia, as suas "primeiras sensações da liberdade".[87] A julgar por essa informação, e principalmente pelo cenário desolador que o narrador expõe nesta última parte (quando a segregação e os atritos entre oficiais, presos comuns e intelectuais são reiterados de forma sistemática), é possível afirmar que as *Memórias* se encerram com o difícil diagnóstico de *bloqueio* daquelas vias revolucionárias percebidas pelo detento no cárcere, travamento retomado e condicionado pelo olhar do militante situado no início dos anos 1950, quando Graciliano escreve a "Casa de Correção".

Do ponto de vista político-partidário, é expressivo que o narrador realce ao longo das suas memórias a vivência com operários não reprodutores de palavras de ordem, com intelectuais autossegregados e repelidos por militantes sectários, com malandros instrumentalizados pelos opressores e, na última parte do livro, com oficiais flagrados em posturas voluntaristas e antipopulares. Pro-

---

[86] Paulo Mercadante revela que, "por volta de 1952, Graciliano considerava que tinha posto muita esperança na renovação dos quadros. Quando preenchera a ficha do Partidão, dera-lhe aquele gosto a certeza de um caminho sem obstáculos ideológicos primários e mesquinhos. Lembrava que durante a viagem à Tijuca tentava comparações entre os moços irados e impacientes da Casa de Correção e aqueles serenos que conduziam um jornal (*Tribuna Popular*) de forma competente. Sem ressaltar a direção, liberta dos quadros anarcossindicalistas de outrora, dos dirigentes que não mais enfrentavam atmosfera de intrigas e picuinhas pessoais. Os últimos tempos revelaram o equívoco: *nada mudara substancialmente*" (em *Graciliano Ramos: o manifesto do trágico*, Rio de Janeiro, Topbooks, 1994, pp. 142-3, grifos meus).

[87] *MC*, CR, p. 678.

jetado para o tempo da enunciação, esse diagnóstico sombrio e não laudatório evidencia uma tensão derivada da fiel observância da realidade em nítido contraponto com os temerários caminhos trilhados pela direção do Partido.

Nesse sentido é que o resgate da própria história, nas *Memórias*, configura uma particular (e problemática, como veremos a seguir) intervenção do narrador no debate político, em nome do compromisso sempre reiterado do escritor para com o "partido do proletariado e do povo". Ainda que o epíteto, mesmo para militantes que, como Graciliano, não abandonaram um PC cada vez mais afastado de um e outro na virada para os anos 1950, tenha se tornado interna e dramaticamente uma flagrante ilusão.

5.
A dimensão privada da história pública

> "Como rasteja devagar
> O tempo, caracol horrendo!
> E eu, sem poder mover os membros,
> Não saio mais deste lugar."
>
> Heinrich Heine

Ao longo dos anos que se seguiram à publicação das *Memórias*, a crítica esporadicamente chamou atenção para a dificuldade contida na experiência de leitura do livro. De fato, a necessidade do leitor de desfazer a pátina do tempo aderida ao texto exige certo conhecimento da matéria histórica a que o narrador dá figuração: as forças políticas em jogo à época da prisão e no momento da escritura, informações sobre as personagens envolvidas no levante ou encarceradas em consequência dele, a ciência quanto às condições do intelectual na Era de Vargas e a sua dependência em relação ao Estado.

Tal dificuldade, porém, não deriva somente da matéria abordada, que reclama um trabalho paciente de escavação das referências, mas também do tratamento dispensado pelo narrador aos assuntos, a maneira como conta a sua experiência, a qual imprime à leitura um sentimento até mesmo de incômodo que foi explicado pela crítica sob diversos ângulos.

Ainda em 1954, Osmar Pimentel afirmava que o interesse do leitor não se mantinha uniforme nas quatro partes do livro, devido à "monotonia" das situações e episódio narrados, a qual o escritor atenuava "com o zelo de um amanuense da velha guarda".[1]

---
[1] "Nem iogue, nem comissário", *O Tempo*, São Paulo, jul. 1954. Ar-

Também Antonio Candido alertou para a pouca fluência de vários momentos da obra, atribuindo a Graciliano, neste livro, certa "falta de discernimento para manipular episódios e cenas".[2] Houve ainda quem julgasse decisivo o fato de o escritor não ter procedido a uma severa revisão do material, o que deu margem, inclusive, a uma ampla discussão em relação à fidedignidade da versão publicada e de uma possível censura do Partido Comunista.[3] Em crítica mais recente, John Gledson entende que a experiência em certa medida desagradável da leitura continuada das *Memórias* explica por que a narrativa nunca chegou a ser propriamente popular. Essa característica se deve, segundo o crítico, ao conteúdo das atrozes experiências relatadas, mas também ao "estilo lacônico, formal, circunspecto e repetitivo" que Graciliano adota para contá-las.[4]

No entanto, na crítica estabelecida, parece não ter havido grande destaque para o fato de que o fluxo narrativo é sistematicamente entrecortado pelas digressões do sujeito, que se retrai e se interioriza a fim de compreender grande parte dos episódios vivenciados (processo a que chamamos de crispação). Isso implica uma oscilação da prosa entre o relato de fatos e as questões pes-

---

quivo IEB-USP, Fundo Graciliano Ramos, Série Matérias Extraídas de Periódicos, Subsérie Fortuna Crítica.

[2] Cf. "Os bichos do subterrâneo", em *Tese e antítese*, *cit.*, p. 124.

[3] A polêmica foi lançada por Wilson Martins, que confrontou na edição *fac-símile* o texto manuscrito e o publicado, notou algumas diferenças de linguagem e concluiu que houve censura do PC ("As memórias de Graciliano Ramos", *O Estado de S. Paulo*, 6/12/1953. Arquivo IEB-USP, Fundo Graciliano Ramos, Série Matérias Extraídas de Periódicos, Subsérie Fortuna Crítica). Ricardo Ramos interveio imediatamente na discussão e mostrou que Graciliano escrevia várias versões do mesmo texto, e a versão datiloscrita foi a publicada ("Não foram deturpadas as *Memórias* de Graciliano Ramos", *Última Hora*, Rio de Janeiro, 7/12/1953, *idem*). Clara Ramos voltou à questão em 1979 e no seu livro *Cadeia*, de 1992, nos quais critica a versão das *Memórias* publicada pela família.

[4] "Brasil: cultura e identidade", *cit.*, p. 376.

A revista *Fundamentos*, ligada ao PCB, que circulou entre 1948 e 1955, noticia a publicação das *Memórias do cárcere*, de Graciliano Ramos, em outubro de 1953.

soais e políticas que cercam o narrador do primeiro ao último dos presídios.

Assim, além dos temas que reaparecem no curso das quatro partes do livro, o movimento de retração do narrador é ele mesmo reiterado com insistência e configura a peculiaridade da obra de Graciliano, na medida em que impede que o texto se torne uma espécie de "saga" do intelectual encarcerado, muito comum a outros relatos de prisioneiros, especialmente militantes.[5] Em lugar de exibir apenas uma trajetória factual, o narrador das *Memórias* dá figuração às crises de consciência a partir do que vivenciou e que ressurgem como questões decisivas para o sujeito situado no presente. Em lugar da simples exposição das relações sociais entrevistas no cárcere, ele nos oferece a interiorização e a vivência subjetiva dessas mesmas relações, sem perder a visada crítica sobre as questões mais amplas da luta política, das discussões nos quadros partidários, das questões da sociabilidade, entre tantas outras.

Esse arranjo formal com feição própria, que funde a crônica dos tempos de cadeia à reflexão contundente do militante comunista, imprime à narrativa um ritmo truncado, que explica, de certo modo, as reservas de parte da crítica e dos leitores às *Memórias*, na medida em que dá a justa impressão de que a história contada avança com dificuldade. Se no início de "Viagens" o detento tenta compor uma espécie de diário e acompanhar a lógica dos dias, logo sua presunção se desfaz ante a rotina do encarceramento, e a prevalência do relato dos fatos, nem sempre relevantes, se combina aos efeitos que os contatos interpessoais produzem na subjetividade. Por isso o ritmo expressa o esforço do narrador-

---

[5] A título de contraponto com Graciliano, vejam-se os depoimentos dos seus contemporâneos, nos quais predomina o padrão narrativo do relato: Gregório Bezerra (*Memórias*, São Paulo, Boitempo, 2011); Leôncio Basbaum (*Uma vida em seis tempos: memórias*, São Paulo, Alfa Ômega, 1978); e Agildo Barata (*Vida de um revolucionário*, São Paulo, Alfa Ômega, 1976). Já sobre a militância nos anos de ditadura civil-militar e a manutenção desse mesmo padrão, ver Mário Lago (*Reminiscências do sol quadrado*, São Paulo, Cosac Naify, 2001).

-prisioneiro de compor essa experiência e de não se deixar destruir, e o que poderia ser entendido apenas como defeito se revela, então, uma necessidade expressiva do próprio conteúdo. Como se trata, porém, de um elemento da composição, o ritmo das *Memórias* pode corresponder ainda à lógica de uma formação social específica, conforme tentaremos demonstrar.

Embora Graciliano tenha se referido ao livro em um primeiro momento como "o romance sobre a prisão" (de acordo com o que relata o escritor, em carta de 1937, à esposa Heloísa),[6] as *Memórias do cárcere* não fazem parte da literatura de imaginação em sentido próprio. Antonio Candido chama também a atenção para o fato de que, não sendo um inventor de grandes personagens, Graciliano seria antes um criador de situações por meio das quais se manifestam os seres e a sua posição diante da vida, bem como a sua visão de mundo. Daí a passagem quase natural da ficção ao depoimento representado pelos livros que escreveu a partir de 1945, como *Infância* e *Memórias do cárcere*, uma vez que, para o crítico, Graciliano parecia entender as personagens como "intermediários insatisfatórios" ao que desejava exprimir e, aos poucos, foi migrando para a confissão. Nas suas últimas obras, teria havido o afloramento de uma tendência latente nas narrativas anteriores, que já viam na experiência pessoal a condição fundamental para a escrita.[7]

O movimento em direção ao texto confessional, desse modo, não representou um abandono, mas a preservação e mesmo a superação das técnicas do autor, que encontrou no memorialismo o veículo adequado para abordar a si mesmo como problema. Esse quadro ajuda a dimensionar a complexidade das *Memórias*: se por um lado não estamos diante de uma intriga propriamente ficcional, na qual o enredo é concebido sob medida para a matéria a ser revelada, por outro o livro não abandona por inteiro os procedimentos literários em sua acepção especializada (como o tratamen-

---

[6] Cf. Graciliano Ramos, 1/3/1937, em *Cartas*, cit., pp. 176-8.
[7] Cf. *Ficção e confissão*, cit., pp. 91-2.

to dispensado ao tempo e a estilização das personagens), uma vez que se trata de uma das obras derradeiras de um romancista experimentado, para quem o gênero híbrido pôde atender melhor às suas necessidades expressivas.

Como resultado, temos uma narrativa a meio caminho da imaginação romanesca e da forma quase desconvencionalizada do diário (como aquele que o prisioneiro tentara escrever nos primeiros capítulos), em especial se considerarmos os muitos anos que separam a experiência de prisão do processo, propriamente dito, de recriá-la literariamente. Tais condições explicam por que o texto das *Memórias* contém tanto o mundo narrado quanto as marcas do narrador militante: este o prisma que, desde o capítulo de abertura, é apresentado como a condição de existência do livro.[8]

Portanto, como depoimento de um escritor e ex-prisioneiro que toma distância de si e se vê como parte da cena política, a obra elabora os dados da experiência vivida. Consequentemente, o ponto de vista estético se fixa no resultado literário e se liberta das intenções do autor, abrindo espaço para a apreensão, voluntária ou não, de uma dinâmica histórica por meio de um texto que não se confina ao âmbito da ficção ou do simples registro.

Conforme os capítulos anteriores deste livro evidenciaram, à incapacidade de ação do detento (a imobilidade imposta pelo cárcere e a postura reticente em aderir às manifestações coletivas ou identificar-se com os grupos da cadeia), correspondem os movimentos reflexivos do narrador, que entrecortam os núcleos narrativos. Essa interiorização, somada à decalagem temporal da escritura, lhe permite entender pelo filtro da própria experiência um período crucial da história do país.

---

[8] O apoio teórico para essa discussão se encontra, obviamente, na análise de Roberto Schwarz para o livro de Helena Morley, e nas relações discutidas pelo crítico entre *Minha vida de menina* e *Dom Casmurro* ("Outra Capitu", em *Duas meninas*, cit., pp. 45-144). Como complemento, o ensaio "O Atheneu", do mesmo autor (em *A sereia e o desconfiado*, São Paulo, Paz e Terra, 1981, pp. 25-30).

No plano da forma, a reclusão do narrador à esfera reflexiva paralisa insistentemente o relato e desdobra, no nervo da sua estrutura, a imagem do escritor inerte, como uma espécie de cárcere dentro do cárcere. Se na cadeia a necessidade de autopreservação impelia o detento a se encerrar em reserva, a composição centrada no narrador aferroado a si e imerso na própria interioridade incorpora à fatura certo imobilismo e sinaliza, estruturalmente, impasses vivenciados pelo militante comunista e por parte da intelectualidade de esquerda.

Historicamente, a filiação de Graciliano ao PCB se fez acompanhar da polarização ideológica do pós-guerra. Entre 1946 e 1951, período que compreende a escritura do livro, o Partido aumentou a coerção sobre os seus intelectuais, e a ilegalidade levou a organização a uma prática sectária e isolacionista. Desse modo, a agremiação que atraíra tantos homens de pensamento em 1945 e que havia contribuído para trazer, em um primeiro momento, os intelectuais à esfera da militância logo sofreu uma redução drástica em seus quadros, em parte devido à repressão de Dutra, em parte como resultado das próprias diretrizes. Aos escritores não aderidos à direção, como Graciliano, restaram funções burocráticas, como a presidência de uma ABDE totalmente aparelhada (cargo exercido em 1951) e tarefas mecânicas que em nada contribuíam para uma vinculação mais orgânica com o operariado.[9]

---

[9] No segundo Congresso de Escritores (1947), os comunistas se anteciparam à comissão política da entidade e votaram uma moção de repúdio à ilegalidade do PC. Recusando o "domínio pleno" da ABDE pelo Partido, a chapa formada por Carlos Drummond de Andrade, Afonso Arinos e Antonio Candido renunciou em bloco. Esse racha se consumou nas eleições para a direção da entidade em 1949, quando as facções em disputa partiram para a luta física, e o PCB assumiu definitivamente o controle da Associação. Como consequência, metade dos escritores filiados se desligou da ABDE, acarretando perda da representatividade e açulando a luta contra o Partido também nos meios intelectuais (cf. Dênis de Moraes, *O imaginário vigiado: a imprensa comunista e o realismo socialista no Brasil (1947-53)*, cit., pp. 139-41). Ricardo Ramos revela que Graciliano foi contrário a essa política de isolamento da ABDE: "Nunca imaginara tamanha burrice" (cf. *Retrato frag-

Como as *Memórias* configuram um tipo bastante peculiar de intervenção do narrador, o recuo interno de análise é instrumento para a necessária reflexão autônoma. O resultado literário desse ângulo intimista se choca com a expectativa do Partido em relação ao depoimento assertivo do militante valoroso, mas é por meio desse enquadramento que o narrador obtém uma visão em perspectiva das políticas em jogo. Portanto, a interiorização reflexiva é o procedimento narrativo que dá forma ao anseio de autonomia, e revela a necessidade de uma compreensão mais distanciada da guerra ideológica do período e mais próxima da experiência pessoal.

Uma incursão em alguns textos de escritores contemporâneos a Graciliano revela que, pouco antes do início da redação das *Memórias*, Mário de Andrade (que nunca militou no PC, mas que atuou de maneira consistente nas políticas públicas para a cultura até os anos 1940), às vésperas da morte, expunha a Drummond um conceito muito particular da "torre de marfim": um lugar simbólico e pessoal, de onde o escritor combateria as iniquidades sociais à distância, por meio do apuro técnico do fazer literário e sem concessões ao partidarismo do tempo. Tratava-se de um posicionamento para o qual colaborou a sua experiência no serviço público, e que não deixava de ser político ao seu modo.[10] O poeta, por sua vez, após a meteórica passagem pelo Partido (quando participou, como diretor, da *Tribuna Popular*), substituía o empenho participante de *A rosa do povo* pela "guinada classicizante" de *Claro enigma*, não sem antes se apropriar em suas crônicas da imagem figurada da "ilha" como um ponto de mirada privilegiado, que possibilitaria uma "retirada estratégica" em relação à ceguei-

---

mentado, *cit.*, p. 145). Ao tomar posse da presidência, em 1951, o escritor reafirma o "imenso prejuízo" que causou à entidade "aquela desgraçada pendenga" ("Discurso na ABDE" [15/5/1951], em *Garranchos*, *cit.*, pp. 315-9).

[10] Carta de 11/2/1945, em *A lição do amigo: cartas de Mário de Andrade a Carlos Drummond de Andrade*, Rio de Janeiro, José Olympio, 1982, pp. 241-4.

ra dogmática em curso e um olhar mais apurado para o real.[11] Dessa nova postura de Drummond resultaria o hermetismo de *Claro enigma*, que pode ser considerado uma forma crítica de participação diante da impossibilidade objetiva de devolver a arte à *práxis* social, por razões que incluíam a ortodoxia partidária, a qual, no entanto, o poeta já avaliava de fora.[12]

O trajeto político de Graciliano é claramente distinto: filiado em 1945, no apogeu de luta contra o nazifascismo, permaneceu no Partido até o final da vida e sempre fez questão, como vimos no primeiro capítulo, de explicitar a sua militância. Ainda assim, embora o texto das *Memórias* seja produzido a partir de um ponto de vista interno ao PC, ele dá voz a um narrador retraído e reflexivo, que avalia o passado de cadeia pela tela de juízo de sua história pessoal e que tenta reconstruir o olhar do prisioneiro. Nesse sentido, a voz narrativa que reduplica a experiência carcerária e reafirma no plano da forma a interiorização do sujeito constitui, também, uma forma heterodoxa de participação no debate político, elaborada por um intelectual militante apartado dos centros de decisão.

Se o movimento reflexivo garante a força analítica deste sujeito que rememora, o ritmo da prosa sedimenta certa imobilidade e uma atividade praticamente reduzida à vida mental. Ao que parece, a retração do narrador diante de cada núcleo episódico e a narrativa truncada que decorre dessa forma internalizam os limites da própria intelectualidade pequeno-burguesa: uma fração de classe na mesma medida capaz de agudas e realistas avaliações, mas impossibilitada, historicamente, de transformar esse poderoso golpe de vista em prática política efetiva.

---

[11] A comparação entre Mário e Drummond, bem como o estudo da passagem de *A rosa do povo* a *Claro enigma* e as motivações históricas da guinada drummondiana se encontram em Vagner Camilo, *Drummond: da Rosa do Povo à Rosa das Trevas*, São Paulo, Ateliê, 2001.

[12] Cf. Ivone Daré Rabello e Edu Teruki Otsuka, "História e esquecimento", *Suplemento Literário de Minas Gerais*, nº 82, Belo Horizonte, abr. 2002, pp. 28-9.

Ao analisar o ciclo de formação do intelectual moderno, Paulo Arantes revela como a fragilidade da revolução burguesa nos países de desenvolvimento capitalista retardatário tolheu as expectativas sociais e políticas dos homens de ideias, impelindo-os à clausura e favorecendo a autoconsciência da intelectualidade como "corpo social à parte", processo definido pelo filósofo como "consagração negativa" do intelectual pequeno-burguês. Desses homens de letras desclassificados, sem amarras sociais muito sólidas, emergiu um ressentimento socialmente produtivo que lhes permitiu penetrar em pontos de vista contraditórios e construir interpretações divergentes de uma mesma experiência. Daí que, em um cenário de atraso, seria próprio do homem culto e laminado tanto pelas classes dirigentes quanto espoliadas uma disposição à crítica radical (tal como a que se verifica nas *Memórias*) que não pode, no entanto, ser exercida pragmaticamente. Por outra, à ausência de influxo prático corresponderia a especulação extremada de uma inteligência desvinculada da ação.[13]

No cenário brasileiro de passagem dos anos 1940 para os 1950, a ortodoxia partidária tolhia não apenas a expressão do pensamento radical, mas qualquer tentativa de desconfiná-lo da bitola stalinista e transformar a especulação consequente em ação política. Na biografia de Graciliano, é emblemático o episódio de fechamento da célula Theodore Dreiser (que obrigou os intelectuais do Partido a se dispersarem pelos comitês distritais), logo depois que o escritor apresentou, na célula, um plano de ação para os militantes. A alegação de Diógenes Arruda, de que haveria ali um comando paralelo à cúpula partidária, ilustra bem os entraves à ação social dos homens de ideias.[14] Contra esses obstáculos interpostos à militância intelectualizada protestava o escritor, que não he-

---

[13] Paulo Arantes, "Paradoxo do intelectual"; "Quem pensa abstratamente?"; "Os homens supérfluos", em *Ressentimento da dialética: dialética e experiência intelectual em Hegel: antigos estudos sobre o ABC da miséria alemã*, Rio de Janeiro, Paz e Terra, 1996, pp. 21-176.

[14] Cf. Dênis de Moraes, em *O Velho Graça*, cit., p. 219.

sitou em qualificar de "peso morto" o organismo de base no qual militava.[15]

Como se nota, Graciliano vivenciou o drama da prática política confiscada aos intelectuais tanto pela realidade do país (o fosso que distinguia os homens cultos dos iletrados e a cooptação de suas habilidades pelo Estado) quanto pelo dogmatismo do PC: um dilema vivido, de modo distinto ou externo ao Partido, por Mário de Andrade e Drummond. Nesse sentido, a figuração de um narrador crispado e reflexivo, nas *Memórias*, aponta para o radicalismo represado de um intelectual inconformado com o subaproveitamento de suas habilidades nos intramuros do PC, e que confessa, como fica claro com a matéria por ele apresentada, o "inconfessável".[16]

Talvez por se constituir a partir de um ponto de vista interno à militância, a contundência desse radicalismo não deixa de expor também, de modo autocrítico, a sua fragilidade. Como formulou Antonio Candido, faz parte da atitude literária de Graciliano a análise impiedosa em relação à própria classe.[17] O retraimento reflexivo do narrador das *Memórias* volta-se então não apenas contra as ideologias em curso, mas também contra o próprio escritor e os seus contemporâneos, denunciando a esterilidade da discussão política promovida pelo intelectual pequeno-burguês quando esta, embora aguda, se encontra enclausurada e sem lastro objetivo para se converter em *práxis* e ação social efetiva.

---

[15] Discurso [1946]. Arquivo IEB-USP, Fundo Graciliano Ramos, Série Manuscritos, Subsérie Discursos, Not. 12-19. Incluído em *Garranchos, cit.*, pp. 285-92.

[16] Adriana Florent afirma que o engajamento oficial de Graciliano no PC "não despertaria no escritor nenhum gosto pela ação ou pelo poder político" (em *Graciliano Ramos em seu tempo: o meio literário na Era Vargas*, São Paulo, Terceiro Nome, 2011, p. 229). Para uma análise dos discursos de Graciliano proferidos no interior da célula, ver o item "Roupa suja se lava em casa", à página 163 do livro supracitado.

[17] "Poesia, documento e história", em *op. cit.*, p. 43.

Portanto, o narrador encasulado e o ritmo pouco fluido das *Memórias* estilizam o princípio pré-formado de *imobilidade prática dos intelectuais de esquerda do período*, como a indicar (e aqui o salto propiciado pela obra de Graciliano) a falência de uma discussão afiada e anti-ideológica, porém confinada ao gabinete e de algum modo distante do fluxo da luta de classes. Essa crítica pode ser estendida, em certo sentido e com resultados diversos, também a Mário de Andrade e Drummond, e se torna indício de uma dinâmica histórica.[18]

A postura de confinamento quase compulsório, explicada tanto pelas injunções do PC e do Estado patriarcal quanto por certa "aristocracia de espírito" da pequena burguesia cultivada que o narrador das *Memórias* faz questão de denunciar, caracterizou parte da intelectualidade progressista, quando a modernização do país estava em pleno curso e a revolução almejada se mostrava cada vez mais distante. De modo que a narrativa acaba por compor a contundente e contraditória figura de *movimentação crítica das ideias* e *paralisia da ação prática dos intelectuais do período*.

Enquanto Graciliano redige as suas memórias, a situação de confinamento se adensaria e traria consequências para a nossa produção literária, uma vez que a geração de 1945, como assinala Antonio Candido, iria se despir de qualquer compromisso participante e se voltaria para as minúcias do ato literário e do código linguístico, parecendo revelar que a interpretação do país tal como proposta pela geração de 1930 perdia espaço. Trata-se de um momento de "perplexidade" que o crítico compreendeu como uma reação das letras nacionais à crescente divisão do trabalho intelectual.[19]

---

[18] O que não significa falta de consciência dessa realidade por parte de ambos, como se verifica na avaliação implacável que Mário faz de sua geração em "O movimento modernista" (em *Aspectos da literatura brasileira*, Belo Horizonte, Itatiaia, 2002, pp. 253-80) e que Drummond expõe claramente no seu diário (*O observador no escritório*, cit., 1985).

[19] "Literatura e cultura de 1900 a 1945", em *Literatura e sociedade*, São Paulo, Companhia Editora Nacional, p. 149.

Igualmente sintomático desse momento é o fato de que a escritura das *Memórias* corresponde também a um período de transformação da política institucional: enquanto o PCB se isolava na ortodoxia stalinista, assinalava-se a partir de 1945 o surgimento de posições novas e bastante ecléticas dentro da militância de esquerda.[20] Se tais posições já não viam no modelo soviético o ponto de referência para a política partidária, não escapavam, porém, da perspectiva reformista e, de forma similar ao PC, não passavam da teoria à ação efetiva.[21]

De tal maneira que, nas *Memórias*, a situação ambivalente do escritor pequeno-burguês, que ganha em lucidez o que perde em ação (uma ação, por sua vez, "travada" por condições objetivas e comuns não apenas aos comunistas) sintetiza-se na paradoxal proposta de debate do narrador "à beira da cova". As fortes linhas de correção da luta política inscritas nas páginas do livro são expostas quando o tipo de militância e mesmo de literatura que o narrador representa se encontram em franca dissolução.

Dessa forma, a denúncia da aporia contida na intervenção aguda de um intelectual de certo modo encarcerado no momento da escritura, revelando a força crítica e a paralisia do homem pú-

---

[20] Em vista dessas mudanças no cenário político, Paulo Emílio Sales Gomes afirmava em 1945 que, nos meios intelectuais de esquerda, o momento era de "grande confusão", e não deixa de se referir, em seu depoimento, a uma esquerda "hesitante" e "desorientada" (em Mário Neme, *Plataforma da nova geração*, Globo, Porto Alegre, 1945).

[21] Mário Pedrosa, distante da radicalidade trotskista dos anos 1930, propunha "transformações lentas e graduais" para se chegar ao socialismo, em um misto de reformismo e revolução cujo modelo passava a ser a Inglaterra trabalhista (cf. Isabel Maria Loureiro, *Vanguarda socialista (1945-1948): um episódio de ecletismo na história do marxismo brasileiro*, Dissertação de Mestrado, FFLCH-USP, 1984). O Partido Socialista Brasileiro, no qual militou Antonio Candido, repudiava igualmente as injunções soviéticas e visava à luta dentro dos quadros da democracia burguesa, mas teve pouca representatividade para além do meio intelectual. Ver, a respeito, Antonio Candido, "Repúdio à doutrina do capitalismo de Estado", em Vinicius Dantas (org.), *Textos de intervenção*, São Paulo, Duas Cidades/Editora 34, 2002, pp. 360-4.

blico, seja a maior contribuição do testemunho de Graciliano. A obra, pelo vigor com que formaliza esse *drama histórico*, se revela ainda atual, quando a tecnificação da sociedade contemporânea avança e o número de especialistas aumenta exponencialmente. Um processo do qual este livro, por ironia, não deixa de tomar parte.

Apêndice

As personagens das *Memórias*[1]

ADOLFO BARBOSA (Adolpho Barbosa Bastos): Comerciante carioca, dito *Carvalho*, colocou-se à disposição do Partido nos preparativos para o levante de 1935.

AGILDO BARATA (Agildo da Gama Barata Ribeiro): Capitão comunista, difusor da Aliança Nacional Libertadora no Rio Grande do Sul, esteve preso por indisciplina no 3º Regimento de Infantaria, no Rio de Janeiro. Responsável pelo recrutamento do pessoal militar para o levante e considerado um dos líderes da insurreição, dominou o quartel na Praia Vermelha, na noite de 27 de novembro de 1935.

ALCEDO BAPTISTA CAVALCANTI: Major e professor adjunto do curso de Engenharia e Transmissões da Escola do Estado-Maior das Forças Armadas, acusado de manter contato com Luís Carlos Prestes na articulação a fim de promover um trabalho em São Paulo, junto aos oficiais, em prol da revolução.

ANTONIO MACIEL BONFIM: Secretário-geral do Partido Comunista; dito *Adalberto, Miranda, Adalberto de Andrade Fernandes, Queirós*. Baiano de origem camponesa e professor, tornou-se secretário-geral do PCB em 1934. Ele teria colaborado com a polícia após o assassinato, pela direção do Partido, de sua companheira, Elvira Cupello Calônio (*Elza*, também conhecida como *Garota*), paulista de vinte anos executada em fevereiro de 1936 por suspeita de espionagem. Foi desligado do PCB em 1940.

[1] Informações extraídas do relatório de Eurico Bellens Porto (*A insurreição de 27 de novembro*, Rio de Janeiro, Imprensa Nacional, 1936) e da bibliografia específica sobre o PCB.

Apporelly (Aparício Fernando de Brinkerhoff Torelly): Jornalista e escritor gaúcho, mudou-se em 1925 para a cidade do Rio de Janeiro, onde se tornou colunista do jornal *A Manhã*. Também criou o pasquim paródico *A Manha* (1926) e a personagem Barão de Itararé. Um dos fundadores da Aliança Nacional Libertadora no Rio de Janeiro, publicou uma série de reportagens sobre a Revolta da Chibata, gerando a ira da Marinha e sendo acusado de subversivo.

Aristóteles Moura: Líder bancário e sindicalista no Rio de Janeiro; autor do estudo *Capitais estrangeiros no Brasil*, uma análise econômica e crítica contundente ao imperialismo norte-americano, publicada em 1959.

Auguste Elise Ewert: Dita *Sabo, Annie Bancourt, Machla Berger, Edith Blaiser, Ethel Chilles, Kath Gussfelsd, Machla Lenczycki, Elise Saborowski*. Judia-alemã, esposa de Artur Ernst Ewert (Harry Berger). Ambos foram enviados ao Brasil pela Comintern para liderar a insurreição. Elise foi violentada por dezenas de policiais a mando de Filinto Müller e deportada para um campo de concentração em Lichtenburg, na Alemanha, onde morreu tuberculosa em 1940.

Augusto Paes Barreto: Tenente designado pelo general Eurico Gaspar Dutra para reforçar a guarda do Quartel-General, aliciou elementos para a insurreição de 27 de novembro no Rio de Janeiro.

Bagé (José Francisco de Campos): Militante baiano e membro do Comitê Central do PCB em 1935. Preso, foi acusado pelos comunistas de fornecer informações à polícia de Filinto Müller.

Capitão Lobo (José de Figueiredo Lobo): Oficial encarregado de vigiar os suspeitos detidos após o levante do Recife, integrou o Serviço de Inteligência do Exército.

Capitão Mata (Francisco Alves da Mata): Capitão do Exército em Alagoas, exerceu o cargo de prefeito de Viçosa em 1932.

Carlos Vander Linden: Estudante e líder dos praças em Natal, responsável pela prisão do prefeito da cidade no levante de 25 de novembro e a instituição do "Governo Popular Revolucionário" na cidade.

CASTRO REBELO (Edgar Castro Rebelo) e LEÔNIDAS DE REZENDE: Professores universitários no Rio de Janeiro: o primeiro, catedrático de Direito Comercial e professor interino de Introdução à Ciência do Direito, além de membro do Conselho Nacional do Trabalho; o segundo, catedrático de Economia Política e responsável, em 1927, pelo primeiro diário comunista do Brasil, o jornal *A Nação*, que durou sete meses e tinha por finalidade promover a agitação nos meios operários. Rebelo e Rezende tornaram-se dos primeiros alvos da polícia de Filinto Müller, sob acusação de propagarem ideias marxistas.

DESIDÉRIO (José Desidério da Silva): Membro do Partido Comunista no Rio de Janeiro, dito *Estivador*, era o responsável por desencadear greves na Light, na Estrada de Ferro e dentre os marítimos, secundando a revolta dos quartéis em 27 de novembro de 1935.

EDGARD SUSSEKIND DE MENDONÇA: Professor universitário de História, acusado de ministrar aulas sobre o marxismo a operários da União Trabalhista (RJ).

ENEIDA DE MORAES (Eneida Costa de Moraes): Jornalista e escritora paraense, dita *Nat*, militante do Partido Comunista no Rio de Janeiro, dirigente da União Feminina do Brasil (uma das frentes congêneres da ANL), juntamente com MARIA WERNECK.

FEBUS GIKOVATE: Médico polonês, militou no Partido Comunista entre 1932 e 1934; dissidente trotskista, participou da Aliança Nacional Libertadora no Rio de Janeiro e aderiu à União Democrática Socialista nos anos 1940.

FRANCISCO CHERMONT: Advogado, foi detido juntamente com o pai, o senador paraense Abel de Abreu Chermont, que denunciou no Congresso Nacional as arbitrariedades de Getúlio Vargas e a repressão anticomunista promovida pelo governo.

GASTÃO PRATTI (Gastão Pratti de Aguiar): Engenheiro responsável pelo desencadeamento de greves na Companhia Cantareira, servia de apoio aos líderes revoltosos no Rio de Janeiro, designado por Luís Carlos Prestes.

HERCOLINO CASCARDO: Tenente do Rio de Janeiro, liderou um motim naval ainda em 1924. Tornou-se Presidente Nacional da Aliança Nacional Libertadora, comandou greves em Santa Catarina e, embora não tenha participado dos levantes, foi detido e afastado da Marinha. Mais tarde faria parte do PSB e seria reintegrado às Forças Armadas.

Hermes Lima: Advogado e professor universitário no Rio de Janeiro. Catedrático de Introdução à Ciência do Direito, foi acusado de ministrar aulas com diretivas marxistas a operários pertencentes à União Trabalhista (UT). Nos anos 1960 tornar-se-ia ministro do Supremo Tribunal Federal (STF).

Ivan Ramos Ribeiro: Tenente considerado pela polícia como um dos "cabeças" da insurreição da Escola de Aviação Militar (RJ) em 27 de novembro.

José Leite Brasil: Capitão do Exército, atuou na sublevação do 3º Regimento de Infantaria (RJ); foi acusado de formar a Junta de Comando do 3º Regimento Revoltado e concitar os praças a lutarem pela "revolução" liderada por Luís Carlos Prestes.

José Medina: Responsável pela greve dos marítimos, fazia parte do Comitê Central do PCB e também foi apontado pela polícia como um dos líderes da insurreição. Tornou-se secretário-geral interino do Partido em 1943, na Conferência da Mantiqueira, diante da impossibilidade de Prestes, encarcerado, assumir o cargo.

José Praxedes de Andrade: Sapateiro potiguar, dito *Mamede*, liderou a tomada do 21º Batalhão de Caçadores de Natal, em 1935. Secretário político da insurreição, fazia parte do Comitê Regional do PCB no Rio Grande do Norte.

Lauro Fontoura: Tenente aliancista, atuava no Centro de Preparação de Oficiais da Reserva (CPOR) do Rio de Janeiro, divulgando as propostas do movimento insurrecional.

Lourenço Moreira Lima: Advogado pernambucano, secretário e um dos líderes da Coluna Prestes entre 1924 e 1925; funcionário do Ministério do Trabalho em 1935.

Mário Paiva (Mário Ribeiro de Paiva): Guarda-civil em Natal quando do levante do 21º Batalhão de Caçadores.

Nise Magalhães da Silveira: Psiquiatra alagoana, mudou-se para o Rio de Janeiro no fim da década de 1920 e militou na

Aliança Nacional Libertadora, tendo pertencido à União Feminina Brasileira.

OLGA BENARIO PRESTES (Olga Gutmann Benario): Dita *Frieda Wolf Bhrendt*, *Olga Berger*, *Maria Bergner*, *Olga Bergner*, *Eva Kruger*, *Maria Meirelles*, *Olga Meirelles*, *Maria Prestes*, *Maria Bergner Prestes*, *Olga Sinek*, *Maria Bergner Vilar*, *Olga Vilar*, *Yvonne Vilar*. Judia-alemã e militante comunista enviada ao Brasil pela Comintern para auxiliar no levante de 1935, tornou-se esposa de Luís Carlos Prestes. Capturada junto com o marido, ficou presa com uma dezena de mulheres no Pavilhão dos Primários, no centro do Rio de Janeiro. Grávida, foi deportada para a Alemanha por Getúlio Vargas e entregue à Gestapo. Enviada ao campo de concentração de Lichtenburg com Elisa Berger, foi deslocada posteriormente para o campo de extermínio de Bernburg e executada em 1942.

PAULO PINTO (Paulo Pinto Bezerra): Sargento da Polícia Militar em Natal quando da eclosão do levante.

ROBERTO SISSON (Roberto Faller Sisson): Oficial naval de família abastada, um dos organizadores da Aliança Nacional Libertadora, percorreu os estados do Norte a fim de difundir as palavras de ordem do movimento. Um dos principais colaboradores da insurreição no Rio de Janeiro e empenhado na articulação entre os tenentes e o PCB.

RODOLFO GHIOLDI: Secretário-geral e um dos fundadores do Partido Comunista Argentino (PCA); dito *Índio*. Um dos principais coordenadores da insurreição de novembro de 1935 no Rio de Janeiro e membro do Comitê Executivo da III Internacional Comunista.

SEBASTIÃO HORA (Sebastião Vaz Pereira da Hora): Médico, professor da Faculdade de Medicina de Alagoas e presidente da Aliança Nacional Libertadora do mesmo estado.

SÉRGIO (Raphael Krempad): Russo criado na Alemanha e próximo do trotskismo; preso no Rio de Janeiro.

VALENTINA (Valentina Leite Barbosa Bastos): Dita *Helena*, esposa de Adolfo Barbosa, colocou-se à disposição do Partido na colaboração com o levante.

Walter Pompeu: Bacharel em Direito, jornalista e historiador. Militar e membro destacado do tenentismo e da Aliança Nacional Libertadora, foi acusado de propagar ideias subversivas no Rio de Janeiro, Ceará e Rio Grande do Sul.

Anexo

Carta de Graciliano Ramos a Getúlio Vargas[1]

Rio de Janeiro, 29 de agosto de 1938

Exmo. Sr. Dr. Getúlio Vargas,
Peço permissão a V. Ex.a para entretê-lo com alguns fatos de pequena importância, referentes a um indivíduo. Desculpe-me V. Ex.a importuná-lo com eles: são insignificantes, mas a verdade é que deviam ter sido narrados há quase dois anos. Resumo-os em poucas linhas.

Em princípio de 1936 eu ocupava um cargo na administração de Alagoas. Creio que não servi direito: por circunstâncias alheias à minha vontade, fui remetido para o Rio de maneira bastante desagradável. Percorri vários lugares estranhos e conheci de perto vagabundos, malandros, operários, soldados, jornalistas, médicos, engenheiros e professores de universidade. Só não conheci o delegado de polícia, porque se esqueceram de interrogar-me. Depois de onze meses abriram-me as grades, em silêncio, e nunca

---

[1] Carta a Getúlio Vargas, Rio de Janeiro, 29/8/1938. Cópia gentilmente disponibilizada ao autor pela Profa. Dra. Yêdda Dias Lima, então responsável pelo Fundo Graciliano Ramos, IEB-USP, em 2008. Outra cópia da carta faz parte do Acervo do Museu Casa de Graciliano Ramos, Pasta Documentos Pessoais, e foi parcialmente publicada sob o título "De Graciliano para Getúlio" na *Folha de S. Paulo*, 12/9/2010, p. A10. Na matéria, Wander Melo Miranda afirma que a carta, possivelmente nunca enviada, consiste em uma espécie de "desabafo íntimo" do escritor. Dênis de Moraes incluiria alguns trechos da missiva na reedição da sua biografia sobre Graciliano (*O Velho Graça*, São Paulo, Boitempo, 2012, pp. 172-3).

mais me incomodaram. Donde concluo que a minha presença aqui não constitui perigo.

Mas eu vivia em Maceió, era lá que trabalhava, embora o meu trabalho tenha sido julgado subversivo. Quando me trouxeram para o Rio, imaginei muitas coisas: que me conservassem detido e arranjassem um processo, que me devolvessem ao lugar donde me tiraram, que me dessem um meio de viver em outra parte. Está claro que a comissão incumbida de malhar o extremismo não era obrigada a oferecer-me colocação; retirou-me, porém, o ofício que eu tinha, e até hoje ignoro porque se deu semelhante desastre.

Adotei, em falta de melhor, uma profissão horrível: esta de escrever, difícil para um sujeito que em 1930 era prefeito na roça. Se não me houvesse resignado a ela, provavelmente não estaria agora redigindo estas impertinências, que um negócio de livraria me sugeriu a semana passada. O meu editor referiu-me com entusiasmo a publicação de cinquenta milheiros dos discursos de V. Ex.a — e isto me trouxe a ideia esquisita, de que V. Ex.a havia descido um pouco. Apesar de vivermos enormemente afastados, dentro de alguns dias nos encontraremos numa vitrine, representados por discursos políticos e por três ou quatro romances. Essa vizinhança me induz a apoquentá-lo, coisa que não teria sido possível antes de 1930.

V. Ex.a é um escritor. Mas, embora lance os seus livros com uma tiragem que nos faz inveja, não vai ganhar muito e sabe que neste país a literatura não rende. Andaria tudo bem se tivéssemos exportação, pois o mercado interno é lastimável. Ultimamente uma companhia americana resolveu traduzir para o espanhol alguns romances brasileiros. Com certeza apareceram dificuldades: as obras escolhidas encalharam. E é provável que circulem na América do Sul os livros da Academia. V. Ex.a conhece os livros da Academia? Realmente o Sr. Conde Afonso Celso entregou a alma a Deus, mas podemos estar certos de que o substituto dele não será melhor. Enfim, não possuímos literatura, o que temos é diletantismo, um diletantismo produtor de coisas ordinariamente fracas.

Mas estou descambando em generalidades, e no começo desta carta pedi licença para tratar dum caso pessoal. Como disse a

V. Ex.a, a comissão repressora dum dos extremismos, do primeiro, achou inconveniente que eu permanecesse em Alagoas, trouxe-me para o Rio e concedeu-me hospedagem durante onze meses. Sem motivo, suprimiu-se a hospedagem, o que me causou transtorno considerável. Agora é necessário que eu trabalhe, não apenas em livros, mas em coisas menos aéreas. Ou que o Estado me remeta ao ponto donde me afastou, porque enfim não tive intenção de mudar-me nem de ser literato.

Como declarei a V. Ex.a, ignoro as razões por que me tornei indesejável na minha terra. Acho, porém, que lá cometi um erro: encontrei vinte mil crianças nas escolas e em três anos coloquei nelas cinquenta mil, o que produziu celeuma. Os professores ficaram descontentes, creio eu. E o pior é que se matricularam nos grupos da capital muitos negrinhos. Não sei bem se pratiquei outras iniquidades. É possível. Afinal o prejuízo foi pequeno, e lá naturalmente acharam meio de restabelecer a ordem. Sinto muito senhor Presidente, haver-lhe roubado alguns minutos. Mas a culpa é de V. Ex.a, que vai editar o seu livro numa casa onde trabalham sujeitos completamente desconhecidos. Pelo êxito dele, que julgo certo, aqui lhe trago minhas felicitações.

Caso V. Ex.a queira ocupar-se com o assunto desta carta, peço que se entenda com o meu amigo Mauro de Freitas, uma das poucas pessoas decentes que aqui tenho conhecido.

Apresento-lhe os meus respeitos, senhor Presidente, e confesso-me admirador de V. Ex.a.

Agradecimentos

Este texto foi originalmente apresentado como tese de doutoramento na área de Teoria Literária e Literatura Comparada da Universidade de São Paulo. Para a publicação em livro, modificações e adaptações foram realizadas.

Agradeço à minha orientadora, Profa. Ivone Daré Rabello, pelo aprendizado, amizade e presença determinante em minha formação ao longo de muitos anos. Aos Profs. Telê Ancona Lopez, Yêdda Dias Lima e Antonio Dimas, que me ensinaram muito da pesquisa documental. Ainda no início do trabalho, pude conversar longamente sobre Graciliano com o Prof. Antonio Candido; a ele, minha profunda gratidão e respeito. Aos Profs. John Gledson, Vagner Camilo, Francisco Alambert e Hermegildo Bastos, agradeço pela produtiva arguição durante a defesa da tese. Aos Profs. Iná Camargo Costa e Edu Teruki Otsuka, pelas contribuições importantes e pelo diálogo franco. Ao Prof. Anderson Gonçalves, pelo incentivo, conversas profícuas e camaradagem. A Lira Neto, biógrafo de Vargas, que auxiliou-me com dados preciosos e também com seu entusiasmo. Aos colegas professores da área de literatura brasileira (Departamento de Letras Clássicas e Vernáculas) da Universidade de São Paulo. A Luiza Ramos Amado, Fernanda Ramos Amado e Albano Martins Ribeiro, em nome da generosidade e em memória de nosso grande escritor. A Patrícia Ferreira, companheira de sempre, que contribuiu com a pesquisa iconográfica, e Heitor Cesar Oliveira (PCB-RJ). Aos Profs. Myrian Sepulveda dos Santos, José Antônio Segatto, Hiran Roedel e a Vladimir Sacchetta pela cessão das imagens. Um agradecimento especial a Oli Demutti Moura, que disponibilizou o seu acervo pessoal. Ao editor

Cide Piquet, pela empolgação após a leitura dos originais e a amizade terna que ali se iniciava. Ao editor Alberto Martins e toda a equipe da Editora 34, sempre solícita e dedicada. A todos os amigos, em especial aos afetos de longa data: Fabrício Corsaletti e Alexandre Barbosa de Souza, e aos meus alunos de ontem e hoje. Ao Instituto de Estudos Brasileiros da Universidade de São Paulo (IEB-USP), Arquivo Público do Estado do Rio de Janeiro (APERJ), Centro de Documentação e Memória da UNESP (CEDEM) e ao Arquivo Edgar Leuenroth (AEL-Unicamp), que possibilitaram o acesso às fontes primárias. À CAPES, que me concedeu auxílio financeiro durante os anos de pesquisa, e à FAPESP, pelo auxílio à publicação. À minha mãe, Anamaria Ferreira Alves, à minha irmã, Ana Cristina Alves, e aos meus sobrinhos Giovanna e Giuliano Genari. Ao Alexandre Sizilio.

Referências bibliográficas

OBRAS DE GRACILIANO RAMOS

Caetés [1933]. Rio de Janeiro/São Paulo: Record, 2006.
S. Bernardo [1934]. Rio de Janeiro/São Paulo: Record, 2004.
Angústia [1936]. Rio de Janeiro/São Paulo: Record, 2003.
Vidas secas [1938]. Rio de Janeiro/São Paulo: Record, 2003.
Infância [1945]. Rio de Janeiro/São Paulo: Record, 2003.
Insônia [1947]. São Paulo: Martins, 1976.
Memórias do cárcere [1953]. São Paulo/Rio de Janeiro: Record, 2008.
Viagem [1954]. Rio de Janeiro/São Paulo: Record, 1981.
Alexandre e outros heróis [1962]. Rio de Janeiro/São Paulo: Record, 1990.
Linhas tortas [1962]. Rio de Janeiro/São Paulo: Record, 2005.
Viventes das Alagoas [1962]. Rio de Janeiro/São Paulo: Record, 2002.
Cartas (org. James Amado). Rio de Janeiro/São Paulo: Record, 1980.
Garranchos (org. Thiago Mio Salla). Rio de Janeiro: Record, 2012.
Conversas (org. Thiago Mio Salla e Ieda Lebensztayn). Rio de Janeiro/São Paulo: Record, 2014.
Cangaços (org. Thiago Mio Salla e Ieda Lebensztayn). Rio de Janeiro: Record, 2014.

ESTUDOS SOBRE GRACILIANO RAMOS
E *MEMÓRIAS DO CÁRCERE*

BASTOS, Hermenegildo. *Memórias do cárcere: literatura e testemunho*. Brasília: Editora da Universidade de Brasília, 1998.
BENTO, Conceição Aparecido. *A fissura e a verruma: corpo e escrita em Memórias do cárcere*. São Paulo: Humanitas, 2010.

BOSI, Alfredo. "A escrita de testemunho em *Memórias do cárcere*". In: *Literatura e resistência*. São Paulo: Companhia das Letras, 2002.

BRAYNER, Sônia (org.). *Graciliano Ramos (fortuna crítica)*. Rio de Janeiro: Civilização Brasileira, 1978.

BRUNACCI, Maria Izabel. *Graciliano Ramos: um escritor personagem*. Belo Horizonte: Autêntica, 2008.

CANDIDO, Antonio. *Ficção e confissão: ensaios sobre Graciliano Ramos*. Rio de Janeiro: Ouro sobre Azul, 2006.

CARPEAUX, Otto Maria. "Visão de Graciliano Ramos". In: *Origens e fins*. Rio de Janeiro: Casa do Estudante do Brasil, 1943.

CARVALHO, Lúcia Helena de. *A ponta do novelo: uma interpretação de Angústia, de Graciliano Ramos*. São Paulo: Ática, 1983.

FACIOLI, Valentim. "Dettera: ilusão e verdade — sobre a (im)propriedade em alguns narradores de Graciliano Ramos". *Revista do Instituto de Estudos Brasileiros*, São Paulo, nº 35, 1993.

FELDMANN, Helmut. *Graciliano Ramos: reflexos de sua personalidade na obra*. Fortaleza: Imprensa Universitária do Ceará, 1967.

FLORENT, Adriana Coelho. *Graciliano Ramos em seu tempo: o meio literário na Era Vargas*. São Paulo: Terceira Margem, 2011.

GARBUGLIO, José Carlos et al. *Graciliano Ramos: antologia e estudos*. São Paulo: Ática, 1987.

GORENDER, Jacob. "Graciliano Ramos: lembranças tangenciais". *Estudos Avançados*, IEA-USP, São Paulo, Edusp, v. 9, nº 23, jan.-abr. 1995.

GUIMARÃES, José Ubireval. *Graciliano e a fala das memórias*. Maceió: Ediculte, 1987.

LAFETÁ, João Luiz Machado. "O porão do *Manaus*". In: Flávio Aguiar et al. *Gêneros de fronteira: cruzamentos entre o histórico e o literário*. São Paulo: Xamã, 1997.

LIMA, Valdemar de Souza. *Graciliano Ramos em Palmeira dos Índios*. Rio de Janeiro: Civilização Brasileira, 1980.

LINS, Álvaro. "Valores e misérias das vidas secas". In: *Os mortos de sobrecasaca*. Rio de Janeiro: Civilização Brasileira, 1963.

MERCADANTE, Paulo. *Graciliano Ramos: o manifesto do trágico*. Rio de Janeiro: Topbooks, 1994.

MIRANDA, Wander Melo. *Corpos escritos: Graciliano Ramos e Silviano Santiago*. São Paulo: Edusp, 1992.

MORAES, Dênis de. *O Velho Graça: uma biografia de Graciliano Ramos*. Rio de Janeiro: José Olympio, 1996.

PEREIRA, Lúcia Miguel. "Memórias do cárcere". *A União*, 1/1/1954.

PUCCINELLI, Lamberto. *Graciliano Ramos: relações entre ficção e realidade*. São Paulo/Brasília: Quíron/INL, 1975.

RAMOS, Clara. *Cadeia*. Rio de Janeiro: José Olympio, 1992.

_____. *Mestre Graciliano: confirmação humana de uma obra*. Rio de Janeiro: Civilização Brasileira, 1979.

RAMOS, Ricardo. *Retrato fragmentado*. São Paulo: Siciliano, 1992.

REIS, Zenir Campos. "*Memórias do cárcere*: compreender, resistir". *Folha de S. Paulo*, 29/7/1984.

SANTANA, Moacir Medeiros de. *Graciliano Ramos: achegas biobibliográficas*. Maceió: SENEC, 1973.

SCHNAIDERMAN, Boris. "Duas vozes diferentes em *Memórias do cárcere*?". *Estudos Avançados*, IEA-USP, São Paulo, Edusp, ano 9, n° 23, jan.-abr. 1995.

SODRÉ, Nelson Werneck. "Memórias do cárcere", jan. 1954. Prefácio à RAMOS, Graciliano. *Memórias do cárcere*. São Paulo: Livraria Martins Editora, 1960.

Estudos sobre literatura brasileira

CAMILO, Vagner. "A cartografia lírico-social de *Sentimento do mundo*". *Revista USP*, São Paulo, n° 53, mar.-maio 2002, pp. 64-75.

_____. *Drummond: da Rosa do Povo à Rosa das Trevas*. São Paulo: Ateliê, 2001.

CANDIDO, Antonio. *A educação pela noite*. Rio de Janeiro: Ouro sobre Azul, 2006.

_____. *Brigada ligeira*. Rio de Janeiro: Ouro sobre Azul, 2004.

_____. *Literatura e sociedade*. São Paulo: Companhia Editora Nacional, 1967.

_____. *O discurso e a cidade*. Rio de Janeiro: Ouro sobre Azul, 2004.

_____. "Prefácio inútil". In: ANDRADE, Oswald de. *Um homem sem profissão*. São Paulo: Globo, 2002, p. 12.

_____. *Recortes*. Rio de Janeiro: Ouro sobre Azul, 2004.

_____. *Textos de intervenção*. Vinícius Dantas (org.). São Paulo: Duas Cidades/Editora 34, 2002.

CANDIDO, Antonio *et al*. *A personagem de ficção*. São Paulo: Perspectiva, 2002.

CARELLI, Fabiana Buitor. *Porões da memória: ficção e história em Jorge Amado e Graciliano Ramos*. Tese de Doutorado, FFLCH-USP, 1997.

COSTA, Iná Camargo. "Mário de Andrade e o Primeiro de Maio de 35". *Trans/form/ação — Revista de Filosofia*, São Paulo, v. 18, 1995.

FRAGELLI, Pedro Coelho. *As formas da traição: literatura e sociedade no Memorial de Aires*. Dissertação de Mestrado, FFLCH-USP, 2005.

GARBUGLIO, José Carlos et al. *Machado de Assis: antologia e estudos*. São Paulo: Ática, 1982.

GLEDSON, John. *Por um novo Machado de Assis*. São Paulo: Companhia das Letras, 2006.

IVO, Lêdo. *Teoria e celebração*. São Paulo: Duas Cidades, 1976.

LAFETÁ, João Luiz Machado. *A dimensão da noite e outros ensaios*. São Paulo: Duas Cidades/Editora 34, 2004.

OTSUKA, Edu Teruki. *Era no tempo do rei: a dimensão sombria da malandragem e a atualidade das* Memórias de um sargento de milícias. Tese de Doutorado, FFLCH-USP, 2005.

PASTA JR., José Antonio. "Le point de vue de la mort". In: PENJON, Jacqueline (org.). *Voies du paysage: représentations du monde lusophone*, Cahier nº 14. Paris: Presses Sorbonne Nouvelle, 2007.

RABELLO, Ivone Daré; OTSUKA, Edu Teruki. "História e esquecimento". *Suplemento Literário de Minas Gerais*, nº 82, Belo Horizonte, abr. 2002.

_____. "Le *trikster* et le *malandro*: la dimension hitorique de la représentation des motifs archaïques dans l'ouevre de Guimarães Rosa". In: *João Guimarães Rosa: mémoire et imaginaire du sertão-monde*. Rennes: Presses Universitaires de Rennes, 2012.

SCHWARZ, Roberto. *A sereia e o desconfiado*. São Paulo: Paz e Terra, 1981.

_____. *Ao vencedor as batatas: forma literária e processo social nos inícios do romance brasileiro*. São Paulo: Duas Cidades/Editora 34, 2003.

_____. *Duas meninas*. São Paulo: Companhia das Letras, 2006.

_____. *Martinha* versus *Lucrécia: ensaios e entrevistas*. São Paulo: Companhia das Letras, 2012.

_____. *O pai de família e outros estudos*. Rio de Janeiro: Paz e Terra, 1978.

_____. *Os pobres na literatura brasileira*. São Paulo: Brasiliense, 1983.

_____. *Que horas são?* São Paulo: Companhia das Letras, 2002.

_____. *Sequências brasileiras*. São Paulo: Companhia das Letras, 1999.

_____. *Um mestre na periferia do capitalismo: Machado de Assis*. São Paulo: Duas Cidades, 1990.

História do Brasil, ciência política e sociologia

AARÃO REIS FILHO, Daniel *et al*. *História do marxismo no Brasil*. Rio de Janeiro: Paz e Terra, 1991, v. 1, 3, 4 e 5.

AGAMBEN, Giorgio. *Homo sacer: o poder soberano e a vida nua I*. Tradução de Henrique Burigo. Belo Horizonte: Editora UFMG, 2010.

_____. *O que resta de Auschwitz*. Tradução de Selvino J. Assmann. São Paulo: Boitempo, 2008.

ALENCASTRO, Luiz Felipe de. "O fardo dos bacharéis". *Novos Estudos*, Cebrap, nº 19, São Paulo, dez. 1987, pp. 68-72.

_____. "O pecado original da sociedade e da ordem jurídica brasileira". *Novos Estudos*, Cebrap, nº 87, São Paulo, jul. 2010, pp. 5-11.

ANDRADE, Almir de. *Força, cultura e liberdade: origens históricas e tendências atuais da evolução política do Brasil*. Rio de Janeiro: José Olympio, 1940.

BASBAUM, Leôncio. *A caminho da revolução operária e camponesa*. Rio de Janeiro: Galvino Filho, 1934.

BERCITO, Sonia de Deus Rodrigues. *O Brasil na década de 1940: autoritarismo e democracia*. São Paulo: Ática, 1999.

BRANDÃO, Gildo Marçal. *A esquerda positiva: as duas almas do Partido Comunista*. São Paulo: Hucitec, 1997.

BROUÉ, Pierre. *História da Internacional Comunista 1919-1943: A ascensão e a queda* (v. I); *Da atividade política à atividade policial e anexos* (v. II). Tradução de Fernando Ferrone. São Paulo: Sundermann, 2007.

BUONICORE, Augusto. *Marxismo, história e revolução brasileira: encontros e desencontros*. São Paulo: Anita Garibaldi, 2009.

CABRAL, Sérgio. "Getúlio Vargas e a música popular brasileira". In: *Ensaios de opinião*. Rio de Janeiro: Inúbia, 1975.

CANCELLI, Elizabeth. *O mundo da violência: a polícia da Era Vargas*. Brasília: Editora da Universidade de Brasília, 1994.

CARNEIRO, Edison. *Estudos afro-brasileiros*. Rio de Janeiro: Ariel, 1935.

CARNEIRO, Maria Luiza Tucci. *Livros proibidos, ideias malditas*. São Paulo: Ateliê, 2002.

_____. *O antissemitismo na Era Vargas (1930-1945)*. São Paulo: Brasiliense, 1995.

CARONE, Edgar. *O Estado Novo*. São Paulo/Rio de Janeiro: Difel, 1977.

⎯⎯⎯⎯⎯⎯. *O PCB: 1922 a 1943*. São Paulo/Rio de Janeiro: Difel, 1982.

⎯⎯⎯⎯⎯⎯. *O PCB: 1943 a 1964*. São Paulo/ Rio de Janeiro: Difel, 1982.

CHILCOTE, Ronald. *Partido Comunista Brasileiro: conflito e integração*. Tradução de Celso Paciornik. Rio de Janeiro: Graal, 1982.

CORTEZ, Lauro Gonzaga. *A revolta comunista de 1935 em Natal*. Natal: Cooperativa Cultural do Rio Grande do Norte, 2005.

COSTA, Homero de Oliveira. *A insurreição de 1935: o caso de Natal*. Dissertação de Mestrado, Unicamp, IFCH, 1991.

CUNHA, Fabiana Lopes da. *Da marginalidade ao estrelato: o samba na construção da nacionalidade (1917-1945)*. Dissertação de Mestrado, FFLCH-USP, 2000.

DULLES, John W. F. *Anarquistas e comunistas no Brasil*. Tradução de César Parreiras Hortas. Rio de Janeiro: Nova Fronteira, 1977.

⎯⎯⎯⎯⎯⎯. *O comunismo no Brasil: repressão em meio ao cataclismo mundial*. Tradução de Raul de Sá Barbosa. Rio de Janeiro: Nova Fronteira, 1985.

FACÓ, Rui. *Cangaceiros e fanáticos*. Rio de Janeiro: Bertrand, 1991.

FAUSTO, Boris. *A revolução de 1930: historiografia e história*. São Paulo: Companhia das Letras, 1997.

FERNANDES, Florestan. *A integração do negro na sociedade de classes (o legado da "raça branca")*. São Paulo: Globo, 2008.

⎯⎯⎯⎯⎯⎯. *A revolução burguesa no Brasil*. São Paulo: Globo, 2005.

⎯⎯⎯⎯⎯⎯. *O significado do protesto negro*. São Paulo: Cortez, 1989.

FERREIRA, Jorge Luís. *Prisioneiros do mito: cultura e imaginário político dos comunistas no Brasil (1930-1956)*. Rio de Janeiro: Editora UFF, 2002.

FERREIRA, Pedro Roberto. *O conceito de revolução na esquerda brasileira (1920-1946)*. Londrina: Editora UEL, 1999.

FREYRE, Gilberto. *Sobrados e mucambos*. São Paulo: Global, 2008.

FURTADO, Celso. *Formação econômica do Brasil*. São Paulo: Companhia Editora Nacional, 1998.

GARCIA, Nelson Jahr. *Estado Novo: ideologia e propaganda (a legitimação do Estado autoritário perante as classes subalternas)*. São Paulo: Loyola, 1982.

GOMES, Ângela de Castro. *Estado Novo: ideologia e poder*. Rio de Janeiro: Zahar, 1982.

GORENDER, Jacob. *Combate nas trevas. A esquerda brasileira: das ilusões perdidas à luta armada*. São Paulo: Ática, 1987.

GUIMARÃES, Alberto Passos. *Quatro séculos de latifúndio*. Rio de Janeiro: Paz e Terra, 1968.

GUIMARÃES, Valéria Lima. *O PCB cai no samba: os comunistas e a cultura popular (1945-1950)*. Rio de Janeiro: Arquivo Público do Estado do Rio de Janeiro, 2009.

HOLANDA, Sérgio Buarque. "Corpo e alma do Brasil" (entrevista). *Novos Estudos*, Cebrap, n° 69, jul. 2004, pp. 3-14.

_____. *Raízes do Brasil*. São Paulo: Companhia das Letras, 2003.

IANNI, Octavio. *O colapso do populismo no Brasil*. Rio de Janeiro: Civilização Brasileira, 1975.

_____. *O negro e o socialismo*. São Paulo: Editora Fundação Perseu Abramo, 2005.

IUMATTI, Paulo Teixeira. *Diários políticos de Caio Prado Júnior: 1945*. São Paulo: Brasiliense, 1998.

KAREPOVS, Dainis. *Luta subterrânea: o PCB em 1937-1938*. São Paulo: Hucitec/Editora UNESP, 2003.

KAREPOVS, Dainis; ABRAMO, Fulvio (orgs.). *Na contracorrente da história: documentos da Liga Internacionalista Comunista, 1930-1933*. São Paulo: Brasiliense, 1987.

KONDER, Leandro. *A derrota da dialética: a recepção das ideias de Marx no Brasil até o começo dos anos 30*. São Paulo: Expressão Popular, 2009.

_____. *Introdução ao fascismo*. São Paulo: Expressão Popular, 2009.

LEVINE, Robert. "O poder dos Estados: análise regional". In: *História geral da civilização brasileira — O Brasil republicano*, v. 1, t. III. São Paulo: Difel, 1975, pp. 122-51.

_____. *Pai dos pobres? O Brasil e a Era Vargas*. Tradução de Anna Olga de Barros Barreto. São Paulo: Companhia das Letras, 2001.

LIMA, Felipe Victor. *O Primeiro Congresso Brasileiro de Escritores: movimento intelectual contra o Estado Novo (1945)*. Dissertação de Mestrado, FFLCH-USP, 2010.

LOUREIRO, Isabel Maria. *A Revolução Alemã (1918-1923)*. São Paulo: Editora UNESP, 2005.

_____. *Vanguarda Socialista (1945-1948): um episódio de ecletismo na história do marxismo brasileiro*. Dissertação de Mestrado. São Paulo, FFLCH-USP, 1984.

MARCONDES FILHO, Alexandre. *Trabalhadores do Brasil!* Rio de Janeiro: Revista Judiciária, 1943.

MAZZEO, Antonio Carlos. *Sinfonia inacabada: a política dos comunistas no Brasil.* São Paulo: Boitempo, 1999.

MICELI, Sergio. *Intelectuais e classe dirigente no Brasil (1920-1945).* São Paulo: Difel, 1979.

MORAES, Dênis de; VIANNA, Francisco. *O imaginário vigiado: a imprensa comunista e o realismo socialista no Brasil (1947-53).* Rio de Janeiro: José Olympio, 1994.

_____. *Prestes: lutas e autocríticas.* Rio de Janeiro: Mauad, 1997.

MORAIS, Fernando. *Olga.* São Paulo: Companhia das Letras, 2008.

MOTTA, Rodrigo Patto Sá. *Em guarda contra o perigo vermelho: o anticomunismo no Brasil (1917-1964).* São Paulo: Perspectiva, 2002, pp. 179-230.

NASCIMENTO, Abdias do. *O Quilombismo: documentos de uma militância panafricanista.* Petrópolis: Vozes, 1980.

NEME, Mário. *Plataforma da nova geração.* Porto Alegre: Globo, 1945.

NETO, José Castilho Marques. *Solidão revolucionária: Mário Pedrosa e as origens do trotskismo no Brasil.* São Paulo: Paz e Terra, 1993.

OLIVEIRA, Francisco de. *Crítica à razão dualista/O ornitorrinco.* São Paulo: Boitempo, 2003.

OLIVEIRA, Lúcia Lippi *et al. Estado Novo: ideologia e poder.* Rio de Janeiro: Zahar, 1982.

OWEN, Ruben George. *Cultura e violência no Brasil.* Rio de Janeiro: Petrópolis, 1983.

PARANHOS, Adalberto. *O roubo da fala: origens da ideologia do trabalhismo no Brasil.* São Paulo: Boitempo, 2007.

PÉCAUT, Daniel. *Os intelectuais e a política no Brasil: entre o povo e a nação.* São Paulo: Ática, 1990.

PENA, Maria Valéria Junho. *Mulheres e trabalhadoras: presença feminina na constituição do sistema fabril.* Rio de Janeiro: Paz e Terra, 1981.

PEREIRA, Astrojildo. *Formação do PCB.* Lisboa: Prelo Editorial, 1976.

PESAVENTO, Sandra Jatahy. *Leituras cruzadas: diálogos da história com a literatura.* Porto Alegre: Editora UFRGS, 2000.

PINHEIRO, Paulo Sérgio. *Estratégias da ilusão: a revolução mundial e o Brasil, 1922-1935.* São Paulo: Companhia das Letras, 1991.

PORTO, Eurico Bellens. *A insurreição de 27 de novembro.* Rio de Janeiro: Imprensa Nacional, 1936.

PRADO JR., Caio. *A questão agrária*. São Paulo: Brasiliense, 1979.

_____. *A revolução brasileira*. São Paulo: Brasiliense, 2000.

_____. *Evolução política do Brasil e outros estudos*. São Paulo: Companhia das Letras, 2012.

_____. *Formação do Brasil contemporâneo*. São Paulo: Brasiliense, 2008.

PRESTES, Anita L. *A Coluna Prestes*. São Paulo: Paz e Terra, 1997.

_____. *Luiz Carlos Prestes e a Aliança Nacional Libertadora*. São Paulo: Brasiliense, 2008.

_____. *Os comunistas brasileiros (1945-1956/58): Luiz Carlos Prestes e a política do PCB*. São Paulo: Brasiliense, 2010.

REIS, Dinarco. *A luta de classes no Brasil e o PCB*. São Paulo: Novos Rumos, 1974.

RODRIGUES, Leôncio Martins. "O PCB: os dirigentes e a organização". In: *História geral da civilização brasileira*, v. 3, t. III. São Paulo: Difel, 1981.

RODRIGUES, Sérgio. *Elza, a garota*. Rio de Janeiro: Nova Fronteira, 2009.

ROEDEL, Hiran *et al*. *PCB: 80 anos de luta*. Rio de Janeiro: Fundação Dinarco Reis, 2002.

SANTOS, Myrian Sepúlveda dos. *Os porões da República: a barbárie nas prisões da Ilha Grande (1894-1945)*. Rio de Janeiro: Garamond, 2009.

SEGATTO, José Antônio. *Breve história do PCB*. São Paulo: Livraria Editora Ciências Humanas, 1981.

SEGATTO, José Antônio *et al*. *PCB: memória fotográfica (1922-1982)*. São Paulo: Brasiliense, 1982.

SEVCENKO, Nicolau. *Literatura como missão: tensões sociais e criação cultural na Primeira República*. São Paulo: Companhia das Letras, 2003.

SKIDMORE, Thomas. *Brasil: de Getúlio a Castelo*. São Paulo: Paz e Terra, 2007.

_____. *Preto no branco: raça e nacionalidade no pensamento brasileiro*. Rio de Janeiro: Paz e Terra, 1989.

SOARES, A. C. Otoni (org.). *Os 50 anos da primeira intentona comunista*. São Paulo: A. C. O. Soares, 1985.

SODRÉ, Nelson Werneck. *A Coluna Prestes*. Rio de Janeiro: Civilização Brasileira, 1980.

_____. *Contribuição à história do PCB*. São Paulo: Global, 1984.

_____. *Formação histórica do Brasil*. Rio de Janeiro: Graphia, 2002.

TAVARES, Betzaida Mata Machado. *Mulheres comunistas: representações e práticas femininas no PCB, 1945-1979*. Dissertação de Mestrado, UFMG, 2003.

TRÓTSKI, Leon. *Stálin, o grande organizador de derrotas: a III Internacional depois de Lênin*. São Paulo: Sundermann, 2010.

VIANNA, Marly (org.). *Pão, terra e liberdade: memória do movimento comunista de 1935*. Rio de Janeiro/São Carlos: Arquivo Nacional/Universidade Federal de São Carlos, 1995.

_____. *Revolucionários de 1935: sonho e realidade*. São Paulo: Expressão Popular, 2007.

VIEIRA DE JESUS, Diego Santos. "O camarada de um amor sem nome: medo e desejo na União Soviética". *Revista de História Comparada*, Rio de Janeiro, v. 4, nº 1, 2010.

VINHAS, Moisés. *O Partidão: a luta por um partido de massas, 1922-1974*. São Paulo: Hucitec, 1982.

WEFFORT, Francisco C. "Origens do sindicalismo populista no Brasil (a conjuntura do após-guerra)". *Estudos Cebrap*, nº 4, São Paulo, 1973.

WERNECK DA SILVA, José Luiz (org.). *O feixe e o prisma*. Rio de Janeiro: Jorge Zahar, 1991.

ZETKIN, Clara *et al*. *A mulher e a luta pelo socialismo*. São Paulo: José Luís e Rosa Sundermann, 2012.

Bibliografia geral

ADORNO, Theodor. *Teoria estética*. Lisboa: Edições 70, 1988.

ANDRADE, Homero Freitas de. "O realismo socialista e suas (in)definições". *Literatura e Sociedade*, nº 13, 2010, Departamento de Teoria Literária e Literatura Comparada, FFLCH-USP, pp. 152-65.

ARANTES, Paulo Eduardo. *Extinção*. São Paulo: Boitempo, 2007.

_____. *Ressentimento da dialética: dialética e experiência intelectual em Hegel. Antigos estudos sobre o ABC da miséria alemã*. São Paulo: Paz e Terra, 1996.

_____. *Zero à esquerda*. São Paulo: Conrad, 2004.

BAKHTIN, Mikhail. *Marxismo e filosofia da linguagem*. São Paulo: Hucitec, 2006.

_____. *Questões de literatura e de estética: a teoria do romance*. São Paulo: Hucitec/Annablume, 2002.

BENJAMIN, Walter. *Documentos de cultura, documentos de barbárie (textos escolhidos)*. Tradução de Willi Bolle. São Paulo: Cultrix, 1986.

_____. *Obras escolhidas*, v. I. Tradução de Sérgio Paulo Rouanet. São Paulo: Brasiliense, 1994.

ENGELS, Friedrich. *A origem da família, da propriedade privada e do Estado*. Lisboa: Presença, 1974.

ENZENSBERGER, Hans Magnus. *Com raiva e paciência: ensaios sobre literatura, política e colonialismo*. Tradução de Lya Luft. São Paulo: Paz e Terra, 1985.

GIRARD, Alain. *Le journal intime*. Paris: PUF, 1986.

GUSDORF, Georges. *Les écritures du moi*. Paris: Odile Jacob, 1991.

IFRI, Pascal. "Focalisation et récits autobiographiques: l'exemple de Gide". *Poétique*, Paris, n° 72, 1987.

JDANOV, Andrej. "As tarefas da literatura na sociedade soviética". *Problemas — Revista Mensal de Cultura Política*, ano 3, ago.-set. 1949.

LEJEUNE, Phillipe. *Le pacte autobiographique*. Paris: Seuil, 1991.

LÊNIN, V. I. *Que fazer? As questões palpitantes do nosso movimento*. São Paulo: Hucitec, 1978.

LÖWY, Michael. *Revoluções*. São Paulo: Boitempo, 2009.

LUKÁCS, Georg. *Marxismo e teoria da literatura*. Tradução de Carlos Nelson Coutinho. Rio de Janeiro: Civilização Brasileira, 1968.

MANDEL, Ernest. *O capitalismo tardio*. Tradução de Carlos Eduardo Silveira Matos *et al*. São Paulo: Abril Cultural, 1982.

MARX, Karl. *As lutas de classes na França*. Tradução de Nélio Schneider. São Paulo: Boitempo, 2012.

_____. *O 18 de brumário de Luís Bonaparte*. Tradução de Nélio Schneider. São Paulo: Boitempo, 2011.

OEHLER, Dolf. *Quadros parisienses (1830-1848): estética antiburguesa em Baudelaire, Daumier e Heine*. Tradução de Samuel Titan Jr. e José Marcos Mariani de Macedo. São Paulo: Companhia das Letras, 1997.

_____. *Terrenos vulcânicos*. Tradução de Márcio Suzuki *et al*. São Paulo: Cosac Naify, 2004.

PASOLINI, Pier Paolo. *Empirismo hereje*. Tradução de Miguel Serras Pereira. Lisboa: Assírio Alvim, 1982.

RIEDEL, Dirce Côrtes. *Narrativa, ficção e história*. Rio de Janeiro: Imago, 1988.

SMITH, Adam. *A riqueza das nações*. Tradução de Alexandre Amaral Rodrigues e Eunice Ostrensky. São Paulo: Martins Fontes, 2003.

WEBER, Max. *A ética protestante e o "espírito" do capitalismo*. Tradução de José Marcos Mariani de Macedo. São Paulo: Companhia das Letras, 2011.

Outras fontes

AMADO, Jorge. *Os subterrâneos da liberdade*. São Paulo: Martins, 1963.

_____. *Vida de Luís Carlos Prestes, o Cavaleiro da Esperança*. Rio de Janeiro: Record, 2002.

ANDRADE, Carlos Drummond de. *A lição do amigo*. Rio de Janeiro: José Olympio, 1982.

_____. *O observador no escritório*. Rio de Janeiro: Record, 1985.

_____. *Passeios na ilha: divagações sobre a vida literária e outras matérias*. Rio de Janeiro: José Olympio, 1975.

ANDRADE, Mário de. *Aspectos da literatura brasileira*. Belo Horizonte: Itatiaia, 2002.

ASSIS, Machado de. *Machado de Assis, uma antologia*. São Paulo: Companhia das Letras, 2001.

BARATA, Agildo. *Vida de um revolucionário*. São Paulo: Alfa Ômega, 1976.

BASBAUM, Leôncio. *Uma vida em seis tempos (memórias)*. São Paulo: Alfa Ômega, 1978.

BAUDELAIRE, Charles. *As flores do mal*. Tradução de Ivo Barroso. Rio de Janeiro: Nova Fronteira, 1985.

BEZERRA, Gregório. *Memórias*. São Paulo: Boitempo, 2011.

BRECHT, Bertolt. *Teatro completo*. Tradução de Wolfgang Bader *et al*. Rio de Janeiro: Paz e Terra, 1988, vol. 3.

LAGO, Mário. *Reminiscências do sol quadrado*. São Paulo: Cosac Naify, 2001.

LESSA, Orígenes. *Ilha Grande: do jornal de um prisioneiro de guerra*. São Paulo: Companhia Editora Nacional, 1933.

PINTO, Herondino Pereira. *Nos subterrâneos do Estado Novo*. Rio de Janeiro: Germinal, 1950.

SODRÉ, Nelson Werneck. *Memórias de um escritor*. Rio de Janeiro: Civilização Brasileira, 1970.

TERÊNCIO. *O Heautontimoroumenos (O homem que se puniu a si mesmo)*. Tradução de Walter de Medeiros. Coimbra: Instituto Nacional de Investigação Científica, 1993.

Arquivos consultados

Arquivo Edgard Leuenroth da Universidade Estadual de Campinas (AEL-Unicamp)
Arquivo Nacional (RJ)
Arquivo Público do Estado do Rio de Janeiro (APERJ)
Centro de Documentação e Memória da Universidade Estadual Paulista (CEDEM-UNESP)
Fundação Casa de Jorge Amado (FCJA)
Fundação Biblioteca Nacional (FBN)
Instituto de Estudos Brasileiros da Universidade de São Paulo (IEB-USP)

Créditos das imagens

p. 21: Luís Carlos Prestes e Graciliano Ramos em 1949. José Medeiros/Acervo Instituto Moreira Salles.

p. 23: Registro do serviço de rádio da Polícia Civil do Distrito Federal, de 12 de janeiro de 1937, com a assinatura de Filinto Müller, autorizando a libertação de Graciliano Ramos. Arquivo Público do Estado do Rio de Janeiro (APERJ).

p. 63: Manuscrito das *Memórias do cárcere*, de Graciliano Ramos, datado de 19 de março de 1946, com o início do nono capítulo de "Viagens". Arquivo IEB-USP, Fundo Graciliano Ramos, M-06.023.

p. 69: Fachada do 3º Regimento de Infantaria da Praia Vermelha, no Rio de Janeiro, após o levante de novembro de 1935. Reprodução do livro *PCB: memória fotográfica (1922-1982)*, organização de José Antonio Segatto, José Paulo Netto, José Ramos Neto, Paulo Cesar de Azevedo e Vladimir Sacchetta, São Paulo, Brasiliense, 1982.

p. 73: Os principais integrantes do governo comunista em Natal, em 1935, mencionados por Graciliano Ramos. Da esquerda para a direita, ladeados pelos policiais: Lauro Lago, José Macedo e João Galvão. Reprodução do livro *PCB: 80 anos de luta*, organização de Hiran Roedel, Rubi Aquino, Fernando Vieira, Lucia Naegeli e Luciana Martins, Rio de Janeiro, Fundação Dinarco Reis, 2002.

p. 133: Graciliano e Heloísa Ramos a caminho de um encontro com Portinari, Pablo Neruda e Jorge Amado, no Rio de Janeiro, em agosto de 1952. Arquivo IEB-USP, Fundo Graciliano Ramos, F-13.035.

p. 167: Vila de Dois Rios, na Ilha Grande, RJ, em 1942. Ao fundo, o presídio da Colônia Agrícola do Distrito Federal, construído em 1937. À direita, em segundo plano, o antigo presídio da Colônia Correcional. Acervo pessoal de Oli Demutti Moura.

p. 175a e b: Imagens do prédio da Colônia Correcional de Dois Rios, construído em 1894 na Ilha Grande, RJ, onde Graciliano Ramos esteve preso. A partir de 1942, com a inauguração do novo presídio, o edifício foi transformado em cinema. Acervo pessoal de Oli Demutti Moura.

p. 209: Prisioneiros políticos na Colônia Correcional da Ilha Grande, RJ, em 1937. Reprodução do livro *PCB: memória fotográfica, 1922-1982*, organização de José Antonio Segatto, José Paulo Netto, José Ramos Neto, Paulo Cesar de Azevedo e Vladimir Sacchetta, São Paulo, Brasiliense, 1982.

p. 229: Graciliano Ramos com os redatores da *Tribuna Popular*, em 1945. Da esquerda para a direita: Paulo Motta Lima, Astrojildo Pereira, Graciliano, Aydano do Couto Ferraz, Rui Facó, Dalcídio Jurandir e Álvaro Moreyra. Centro de Documentação e Memória da Universidade Estadual Paulista (CEDEM-UNESP).

p. 237a e b: Panfletos do PCB para as eleições de dezembro de 1945, com os candidatos Luís Carlos Prestes e Jorge Amado. Graciliano Ramos concorreria, sem ser eleito, a deputado federal por Alagoas. Arquivo Público do Estado do Rio de Janeiro (APERJ).

p. 241: Panfleto com os lemas da Aliança Nacional Libertadora. Arquivo Público do Estado do Rio de Janeiro (APERJ).

p. 251: Crônica de Graciliano Ramos para a edição especial do jornal *Classe Operária*, de 1º de janeiro de 1949, comemorativa do aniversário de Luís Carlos Prestes. Centro de Documentação e Memória da Universidade Estadual Paulista (CEDEM-UNESP).

p. 269: Panfleto do PCB seguido de poema que ironiza a relação entre operários e intelectuais: "Eu sou homem de bem/ cursei muito a academia/ discutir com operário/ perco de tudo a valia". Na imagem, o "doutor" e o seu criado. Arquivo Público do Estado do Rio de Janeiro (APERJ).

p. 277: Brochura do Comitê Central do PCB, de janeiro de 1938, acusando o grupo de Hermínio Sacchetta, que acabara de ser expulso do partido, de ser "revolucionário por fora e trotskista por dentro". Arquivo Edgard Leuenroth, Universidade Estadual de Campinas (AEL-Unicamp).

p. 283: Prontuário de Graciliano Ramos feito pelo Departamento de Segurança Pública, em 1949, para obtenção do passaporte com o qual o escritor viajaria à União Soviética. Arquivo Público do Estado do Rio de Janeiro (APERJ).

p. 293: A revista *Fundamentos*, ligada ao PCB, que circulou entre 1948 e 1955, noticia a publicação das *Memórias do cárcere*, de Graciliano Ramos, em outubro de 1953. Arquivo IEB-USP, Fundo Graciliano Ramos, F-03.009.

Sobre o autor

Fabio Cesar Alves nasceu em São Paulo, SP, em 1978. É professor de Literatura Brasileira na Faculdade de Filosofia, Letras e Ciências Humanas da Universidade de São Paulo (FFLCH-USP) desde 2014, onde obteve o mestrado em Literatura Brasileira (2006) e o doutorado em Teoria Literária e Literatura Comparada (2013). Durante três anos, participou da Equipe Graciliano Ramos do Instituto de Estudos Brasileiros (IEB-USP), grupo que visava à organização e ao estudo do arquivo do escritor. Como pesquisador, tem se dedicado às relações entre intelectuais e Estado, com ênfase na Era Vargas, e entre escritores e o Partido Comunista Brasileiro (PCB), sobre as quais vem publicando artigos em revistas especializadas.

Este livro foi composto em Sabon, pela Bracher & Malta, com CTP da New Print e impressão da Graphium em papel Pólen Soft 80 g/m² da Cia. Suzano de Papel e Celulose para a Editora 34, em agosto de 2016.